Olivier
SARFATI

les secrets pour intégrer HEC

DUNOD

Maquette : Arnaud Gautron
Crédits photo : David Kruger
Composition : SoftOffice

ISBN 978-2-10-059830-4

Remerciements

En premier lieu, je tiens à saluer les professeurs qui n'ont pas cru en moi et qui m'ont étrangement donné l'envie de leur prouver qu'ils avaient tort.

Je souhaite aussi remercier certains professeurs pour leur génie pédagogique : leur engagement a beaucoup compté dans l'éclosion de ma passion pour la pédagogie. Je pense notamment à Mme Parzysz, professeur de mathématiques et grande pédagogue au lycée Michelet dans les années 1990.

Je n'oublie pas les centaines d'étudiants que j'ai croisés sur ma route et qui m'ont nourri de leurs talents pendant ces quinze années de coaching individuel. Tous les conseils qui animent cet ouvrage en sont le rayonnement.

Enfin, cet ouvrage n'aurait pas vu le jour sans le concours de Franck Attelan, Eric d'Engenières, Matthieu Daniel, Arnaud Gautron, Jean-Baptiste Lartique, Caroline Jacquin et Nicolas Nebot. Merci à vous pour votre implication et votre sens de l'écoute.

Olivier Sarfati

TABLE DES MATIÈRES

CHAPITRE 1

Mon histoire

RASSUREZ-VOUS, CE CHAPITRE SERA BREF ! IL AURAIT PU NE PAS FIGURER DANS CET OUVRAGE MAIS IL EST LE POINT DE DÉPART DE CETTE ENVIE DE TRANSMETTRE QUI BRÛLE EN MOI DEPUIS PRÈS DE VINGT ANS. Parler de mon histoire est alors apparu comme une évidence, un geste de transparence vis-à-vis de l'étudiant qui s'apprête à découvrir la méthode qui m'a fait passer de l'ignorance à l'excellence académique. Aussi invraisemblable que cela puisse paraître, le récit qui suit est authentique. Soyez les bienvenus dans mon passé.

« Réussir, c'est aller d'échec en échec sans jamais perdre son enthousiasme »

Winston Churchill

1. L'année de Terminale

« Monsieur Sarfati, vraiment ne faites pas une prépa HEC, vous n'avez pas le niveau en maths » lança Mme Pagayo en pleine réunion parents-profs et devant ma mère, atterrée. Mme Pagayo savait de quoi elle parlait : elle était prof de maths et professeur principale de ma classe.

Dans le fond, son discours se comprenait : après un début à 11 de moyenne au premier trimestre, mon second trimestre affichait un minable 6/20 de moyenne en maths. À un mois de l'examen final, je réalisais la prouesse de décrocher la plus mauvaise note de tout le lycée au bac blanc de maths : 3/20. La descente aux enfers.

Pourquoi de tels résultats ? Sans trop rentrer dans le détail, ces performances furent d'abord le résultat d'une certaine légèreté – pour ne pas dire paresse – de ma part. À 17 ans, on me pardonnera. Mais cette chute n'aurait pas été possible sans l'incroyable absence de pédagogie de Mme Pagayo. Un vrai néant. D'une force rare. J'en ai encore un souvenir intact. Toutes ces craies usées sur le tableau noir à recopier le cours, trois heures durant, sans interroger un seul élève. Toutes ces formules qu'elle manipulait avec maestria mais qu'elle échouait à transmettre. Comment faisait-elle pour ne pas voir que les étudiants étaient sur la touche ? Cela reste encore un mystère pour moi.

Toujours est-il qu'il fallut se décider. Faisant fi du conseil éclairé de Mme Pagayo, j'ai finalement déposé un dossier pour entrer en prépa HEC au Lycée Michelet. Contre toute attente, le dossier fut accepté mais je n'avais pas encore le bac en poche ! Trois semaines intensives de révision m'ont permis de le décrocher sans mention avec un modeste 10/20 en maths ! À l'époque, le bac était déjà une quasi-formalité…

La prépa pouvait enfin commencer.

2. La première année de prépa

Autant ne rien vous cacher : ma première année de prépa fut difficile. Mauvaises notes à la chaîne, amateurisme dans les méthodes de travail, rythme de fou… Mon énergie débordait mais elle était mal canalisée. Mes camarades me regardaient un peu comme l'idiot du village : « Le pauvre Olivier : travailler autant pour finir avant dernier du dernier concours blanc » devaient-ils penser tout bas… À l'époque, on passait les concours dès la première année. Comme prévu, ce fut une catastrophe ! J'ai gardé l'original de mes notes à l'ESCP. Vous pouvez le consulter page suivante, il se passe de commentaires.

CONCOURS D'ADMISSION : ESCP 1995 MR. SARFATI OLIVIER

N° DU CANDIDAT 8546 P

[redacted]

ÉPREUVES ÉCRITES

		NOTES	COEFF.	NOTES COEFF.
DISSERTATION	HEC	04,00	5	20,00
HISTOIRE-GEOGRAPHIE	ESCP	03,00	4	12,00
MATHEMATIQUES I	ESCP	06,75	5	33,75
MATH II (G)	HEC.ESCP.ESCL	04,80	4	19,20
SYNTHESE DE TEXTE	ESCP	08,00	4	32,00
LANGUE VIVANTE I ANG		08,98	5	44,90
LANGUE VIVANTE II ESP		08,15	3	24,45

	TOTAL	MOYENNE
30	186,30	6,21

1

Nbre de candidats admissibles : 1119

Nbre de points du dernier admissible : 298,79

CLASSEMENT : 4190 SUR 4908 CANDIDATS

ÉPREUVES ORALES

NOTES	COEFF.	NOTES COEFF.

	TOTAL	MOYENNE

2

Nbre de candidats admis :

Nbre de points du dernier admis :

TOTAL GÉNÉRAL : (1 + 2) MOYENNE GÉNÉRALE : CLASSEMENT : SUR CANDIDATS

DÉCISION DU JURY : NON ADMISSIBLE

Une deuxième année s'annonçait et, comme vous pouvez le constater, ce n'était pas gagné…

3. La deuxième année de prépa

Il ne me restait qu'un peu plus de huit mois pour redresser toutes ces notes. Viser l'excellence partout était impossible dans le temps imparti. Il fallait faire des choix stratégiques et miser sur les matières clés. C'est ce que j'ai fait. En revoyant toutes mes méthodes de travail, j'ai rapidement décollé en seconde année pour atteindre la première place du classement de l'unique concours blanc de l'année avec 360 points (12/20 de moyenne) et un double

16/20 en maths. Le second de la classe était à 300 points… Je remercie au passage le génie pédagogique de ma prof de maths de l'époque : Mme Parzysz. Cette rencontre est sans doute à l'origine de mon éclosion et de ma passion pour la pédagogie.

Après deux ans de travail acharné semé d'embûches, le grand jour approchait. Mon état d'excitation était à son paroxysme. Ces trois semaines d'écrits restent encore aujourd'hui un grand souvenir. Les oraux ? Un souvenir tout aussi immense. Voici le bilan des notes :

CONCOURS D'ADMISSION : HEC 1996 MR. SARFATI OLIVIER

N° DU CANDIDAT 6866 N

[redacted]

ÉPREUVES ÉCRITES

	NOTES	COEFF.	NOTES COEFF.
DISSERTATION HEC	05,00	6	30,00
HISTOIRE-GEOGRAPHIE HEC	07,00	6	42,00
MATHEMATIQUES I HEC	18,00	5	90,00
MATH II (G) HEC.ESCP.ESCL	17,50	4	70,00
CONTRACTION DE TEXTE HEC	11,00	3	33,00
LANGUE VIVANTE I ANG	09,85	4	39,40
LANGUE VIVANTE II ESP	11,85	2	23,70
1 TOTAL / MOYENNE		30	328,10 — 10,94

Nbre de candidats admissibles : 600

Nbre de points du dernier admissible : 320,16

CLASSEMENT : 488 SUR 2856 CANDIDATS

ÉPREUVES ORALES

	NOTES	COEFF.	NOTES COEFF.
CULTURE ET SCIENCES HUMAINES	04,00	7	28,00
ENTRETIEN "FACE A FACE"	13,00	6	78,00
HISTOIRE ET GEOGRAPHIE	17,00	8	136,00
MATHEMATIQUES (OPT G)	15,00	8	120,00
LANGUES VIVANTES I ANG	06,00	4	24,00
LANGUES VIVANTES II ESP	13,00	3	39,00
2 TOTAL / MOYENNE		36	425,00 — 11,81

Nbre de candidats admis : 350

Nbre de points du dernier admis : 713,16

TOTAL GÉNÉRAL : 753,10 (1 + 2) MOYENNE GÉNÉRALE : 11,41 CLASSEMENT : 242 SUR 600 CANDIDATS

DÉCISION DU JURY : ADMIS

Vous constaterez que la moyenne est faible par rapport aux barres d'admissibilité d'aujourd'hui. Les correcteurs de l'époque étaient plus sévères sur les matières littéraires et j'en suis une belle illustration !

4. Quel bilan tirer de cette histoire ?

Avec cette expérience du concours et le recul apporté par quinze ans de coaching de candidats, je peux vous dresser aujourd'hui la liste des ingrédients de la réussite de ce concours.

- **Un « potentiel caché ».**

  Je préfère être honnête avec vous : HEC n'est pas donné à tout le monde. Si c'était le cas, ça se saurait. En revanche, on peut partir de très très bas et décrocher cette école. J'en suis la preuve vivante. Mon potentiel était simplement bien enfoui et le débroussaillage fut long et pénible ! J'ai connu nombre d'étudiants en échec académique malgré un potentiel immense et qu'il a fallu reconstruire. Certains sont aujourd'hui à HEC. Par définition, le potentiel est un paramètre que l'étudiant ne maîtrise pas. Il ne doit donc pas être une obsession et tout le travail consiste à travailler les autres facteurs clés qui suivent.

- **Des méthodes de travail très précises.**

  La redéfinition de mes méthodes de travail en seconde année a été un déclic important pour activer mon décollage en maths. Les étudiants malins et méthodiques que je côtoie au quotidien m'en donnent la preuve tous les jours : sans méthodes de travail, point de salut !

- **Une organisation ultra-rigoureuse.**

  Pendant mes deux années de prépa, et pour la première fois de ma vie, je me suis réellement organisé. Une partie très précise est consacrée à l'élaboration du planning de travail. Cet outil a été déterminant dans l'optimisation de mes progrès.

- **Un mental de champion.**

  Je ne pouvais pas finir cette liste sans vous parler de cet ingrédient majeur. Pour supporter les mauvaises notes, les phrases assassines de vos professeurs et le regard parfois malveillant de vos camarades, il faudra être robuste. Pour que le stress se transforme en excitation, il vous faudra aussi faire preuve de tempérament. Ces qualités mentales sont innées chez certains mais elles s'acquièrent également. La dernière partie de cet ouvrage vous en livrera les clés.

Les chapitres suivants recueillent le meilleur de toutes ces années d'accompagnement d'étudiants brillants et malins. Au-delà des méthodes personnelles qui m'ont conduit au succès à ce concours, c'est l'ensemble des méthodes et secrets de candidats brillants qui sont regroupés dans les pages qui suivent. Consommez ces conseils sans modération.

Mon histoire / En un mot

HEC, C'EST POSSIBLE

Être « nul » pendant plus d'un an de prépa et intégrer HEC avec 18/20 de moyenne en maths, c'est possible. J'en suis la preuve vivante.

LES FACTEURS CLÉS

- Les facteurs clés de succès aux concours HEC sont :
  - Un « potentiel caché »
  - Des méthodes de travail très précises dans toutes les matières
  - Une organisation ultra-rigoureuse
  - Un mental d'acier

CHAPITRE 2

Votre mémoire

AVANT DE RENTRER DANS LE CŒUR DES MÉTHODES PAR MATIÈRE, NOUS ALLONS D'ABORD APPRENDRE À DOMPTER L'OUTIL QUI SERA MOBILISÉ EN PERMANENCE : VOTRE MÉMOIRE. « POUR AVOIR HEC, IL FAUT AVOIR UNE MÉMOIRE PHÉNOMÉNALE » PEUT-ON ENTENDRE ÇA ET LÀ. Et bien figurez-vous que c'est une idée reçue ! Votre serviteur est la preuve qu'avec une mémoire très limitée, très sélective mais diablement entraînée, on peut retenir le juste nécessaire pour intégrer HEC. Alors, bien sûr, nous ne sommes pas tous égaux : j'ai effectivement rencontré à HEC des camarades dotés d'une mémoire exceptionnelle et qui partaient *de facto* avec un avantage. Mais les quelques pages qui suivent vous feront prendre conscience qu'avec un peu de discipline et quelques astuces, vous pourrez tout retenir. Je le répète : tout retenir !

« Apprendre sans réfléchir
est vain. Réfléchir sans apprendre
est dangereux »

Confucius

1. Êtes-vous visuel, auditif ou kinesthésique ?

Vous le savez sans doute, nous avons trois principaux canaux de perceptions sensorielles :

- le canal auditif ;
- le canal visuel ;
- le canal kinesthésique.

Nous utilisons ces trois canaux en permanence mais certains canaux prédominent.

Pour faire simple :

- un étudiant à dominante auditive aimera apprendre en répétant à voix haute et sera sensible à ce que les professeurs disent en classe ;
- un étudiant à dominante visuelle aura besoin d'écrire pour mieux mémoriser ses leçons ;
- un étudiant à dominante kinesthésique aura besoin d'être dans le mouvement, dans l'action, voire dans l'émotion pour fixer les savoirs.

CAS PRATIQUE

Un petit test très simple pour connaître votre canal préféré : « Vous êtes sur une plage. Décrivez ce que cela évoque en vous ? »

- Les visuels parleront spontanément du soleil qui irradie, des cocotiers qui bordent la plage et s'étendent à perte de vue, de l'eau translucide, des montagnes que l'on voit au loin...
- Les auditifs se laisseront plus volontiers bercer par le cri des mouettes, la musique du ressac, le chatouillement du vent sur nos oreilles...
- Quant aux kinesthésiques, ils seront en train de jouer au foot sur le sable chaud, entourés de brésiliens souriants, ou bien repenseront à leur premier flirt sur cette plage déserte du sud de la Sardaigne...

Chaque individu a un canal préféré mais le plus efficace pour mémoriser sera d'utiliser ces trois canaux. Pour ma part, je pense être un bon exemple puisque je n'avais pas de véritable dominante. Ma mémoire étant très limitée par rapport à la moyenne, j'avais besoin de mobiliser les trois canaux en permanence et tout finissait par rentrer. Voyons plus précisément comment.

Notons que, contrairement à une idée reçue, la mémoire « photographique » n'existe pas. Les spécialistes ont démontré qu'on ne retient une image que parce qu'elle est associée à des mots et à du sens. Se prétendre doté d'une mémoire exclusivement visuelle est donc un non-sens !

2. Les quatre grandes méthodes de mémorisation

Quatre grandes méthodes de mémorisation vous seront utiles en prépa :

- la **mnémotechnique ;**
- la **compréhension ;**
- la **répétition ;**
- la **mise en situation.**

Il s'agira de savoir combiner ces quatre méthodes pour optimiser la mémorisation des savoirs et savoir-faire.

A. La mnémotechnique

La mnémotechnique, nous dit le Larousse, est l'ensemble des « procédés utilisés en vue de mieux fixer certains souvenirs, ou d'être plus aisément à même de les retrouver ». En clair, la mnémotechnique consiste principalement à trouver des astuces pour incruster les savoirs dans le cerveau.

En prépa, on utilisera essentiellement **les associations phonétiques, les associations d'idées ou les jeux de mots.** Ces trois astuces seront d'ailleurs souvent combinées. Listons quelques exemples évocateurs qui vous donneront sûrement des idées.

Maths : l'association « convexe – exp »

Qu'est-ce qu'une fonction convexe ? Pour le retenir, je me dis encore aujourd'hui « convexe rime avec exp » comme exponentielle. Je sais alors que la dérivée seconde de l'exponentielle est positive et que sa courbe représentative est au-dessus de toutes ses tangentes (je la visualise dans ma tête). Je conjecture alors que « toute fonction deux fois dérivable et dont la dérivée est positive est convexe. Et toute fonction convexe est au-dessus de toutes ses tangentes ».

Maths : l'association sin(*a* + *b*) et « signes »

Rappelons ces horribles formules trigonométriques :

$$\cos(a+b) = \cos a \cos b - \sin a \sin b$$
$$\cos(a-b) = \cos a \cos b + \sin a \sin b$$
$$\sin(a+b) = \sin a \cos b + \sin b \cos a$$
$$\sin(a-b) = \sin a \cos b - \sin b \cos a$$

Et bien pour ne jamais me tromper, je me racontais l'histoire suivante :

« Le sinus aime bien les signes, ce pourquoi quand je développe $\sin(a+b)$ le signe + est conservé. *A contrario*, le cosinus lui n'aimera pas les signes donc lorsqu'on développe $\cos(a+b)$, le signe + se transforme en – ».

Cette association « rimique » toute personnelle pour retenir ces formules m'a fait gagner beaucoup de temps par rapport à ceux qui apprenaient ces formules par des moyens plus classiques (répétition…).

En langues, les astuces phonétiques peuvent également être à l'honneur.

Anglais : l'association *parrot – carrot*

Voici une association que j'ai trouvée dans *Une mémoire d'éléphant* d'Alain Lieury (Dunod, 2011), livre passionnant traitant de la mémoire :

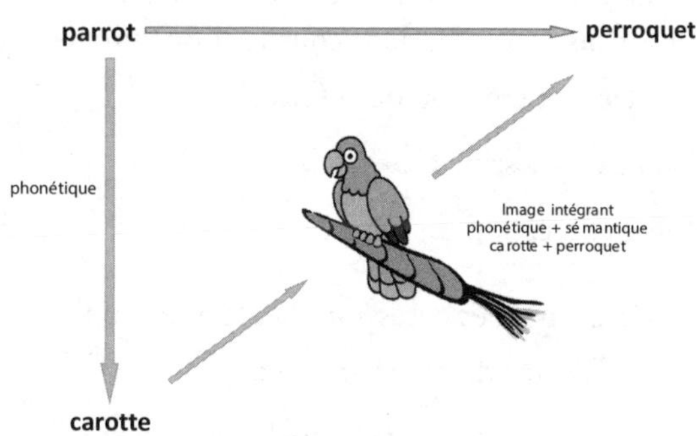

Pour mémoriser le mot anglais *parrot* qui veut dire « perroquet », on visualise un perroquet sur une carotte. On fait alors l'association *parrot – carrot.* Diablement efficace. On combine ici association phonétique et visualisation d'une image amusante pour fixer le mot dans sa mémoire.

Italien : l'association phonétique *ginocchio* – *Pinocchio*

L'une de mes anciennes élèves éprouvait les plus grandes difficultés pour apprendre certains mots de vocabulaire en italien. Ayant eu un nombre non négligeable de cours avec cette élève, j'ai très vite cerné que sa mémoire fonctionnait préférentiellement selon les modes visuel et kinesthésique. Je lui ai alors livré un secret : « pour retenir un mot, raconte-toi une histoire aussi loufoque que possible incluant ce mot et ce sera gagné »...

J'ai pris l'exemple du mot « genou » qui se dit *ginocchio* en italien et qu'elle n'arrivait pas à retenir. Nous avons alors improvisé un complément à l'histoire de Pinocchio : Gepetto avait eu beaucoup de mal à confectionner les articulations en bois de la marionette et notamment les genoux ! Il baptisa alors ce genou le *ginocchio* ! Cette histoire complètement absurde assortie de l'association phonétique *ginocchio-Pinocchio*, n'avait qu'un seul objectif : retenir le mot. Elle le retiendra sans doute à vie. Et moi aussi au passage !

Histoire-géo et Économie : la « méthode des lieux »

Autant vous le dire d'emblée : je ne suis pas un adepte de cette méthode. Certains étudiants l'utilisent et en sont contents pour mémoriser certaines dates mais elle ne fait pas l'unanimité. Quel en est le principe ? Alain Lieury nous explique dans *Une mémoire d'éléphant* que « cette méthode consiste à coder en images ce que l'on doit apprendre et à placer chacune d'elles dans un lieu selon un itinéraire bien connu et représenté mentalement. Pour rappeler tous les éléments dans l'ordre, il suffit de refaire mentalement le trajet et de découvrir l'image qui a été placée en chaque lieu ».

Concrètement, je commence par définir un lieu que je connais parfaitement. Prenons ma chambre. Je veux retenir trois dates clés de la construction européenne :

- avril 1951 : traité de Paris et création de la CECA ;
- juin 1955 : conférence de Messine ;
- 1957 : traité de Rome et création de la CEE.

Pour les retenir, j'associe chacune des dates à un lieu. Par exemple :

- avril 1951 est la porte d'entrée de ma chambre ;
- juin 1955 est mon bureau qui se trouve à gauche de la porte d'entrée ;
- 1957 est le lit qui est dans le prolongement du bureau.

L'itinéraire ainsi fixé va dans le sens de la chronologie et permet de la mémoriser plus facilement.

Cette méthode de mémorisation était très répandue dans l'Antiquité car, à cette époque, peu de gens savaient lire. Cette technique a donc progressivement disparu depuis. Si toutefois cette technique vous parle, n'hésitez pas à en faire usage. Les kinesthésiques et les visuels y trouvent parfois un intérêt. L'un de mes étudiants, très kinesthésique, la trouve très utile pour les chronologies. Pour ma part, j'estime qu'elle ne doit pas remplacer les autres méthodes exposées ici mais se poser en complément éventuel.

Vous l'aurez compris, la mnémotechnique sera votre alliée pour retenir certaines formules de maths, certains mots de vocabulaire ou certaines dates. Néanmoins, ces techniques de mémorisation ne vous sauveront que ponctuellement. Les méthodes qui suivent seront bien plus sollicitées et animeront votre quotidien.

B. La compréhension

Descartes disait déjà en son temps : « il est clair qu'il n'est nul besoin de la mémoire pour toutes les sciences. Car qui comprendra les causes, reformera en son cerveau, par l'impression de la cause, des fantômes tout à fait effacés ».

Sans être aussi catégorique que Descartes, je vais dans le même sens : pour mémoriser les informations en prépa, vous aurez besoin de les comprendre. Ce sera une exigence impérieuse. Notamment dans les matières où le raisonnement est clé : mathématiques, histoire-géographie ou économie, culture générale mais aussi langues vivantes (pour mémoriser certains points de grammaire, il suffira souvent de comprendre leur logique).

Prenons quelques exemples pour illustrer cet impératif.

Maths : les formules de trigonométrie, encore et encore…

Afin d'éviter de déployer une énergie folle à apprendre toutes les formules de trigonométrie par cœur, je vous invite à comprendre la démonstration. Rappelons deux formules de base :

$$\cos(a+b) = \cos a \cos b - \sin a \sin b \quad L_1$$
$$\cos(a-b) = \cos a \cos b + \sin a \sin b \quad L_2$$

À partir de ces deux formules, on peut presque tout redémontrer. Par exemple, en considérant $L_1 + L_2$, on obtient les formules connues :

$$2\cos a \cos b = \cos(a+b) + \cos(a-b) \quad i.e:$$
$$\cos a \cos b = \frac{1}{2}[\cos(a+b) + \cos(a-b)]$$

Et en remplaçant b par a, on trouve une autre formule connue :

$$\cos^2(a) = \frac{1}{2}[\cos 2a + 1]$$

Je vous laisse jouer avec les autres formules portant sur le sinus…

Aux concours, je suis personnellement tombé à l'EM Lyon sur une question de trigonométrie mobilisant ces formules : j'étais bien heureux d'utiliser mon brouillon pour trouver rapidement la réponse !

Maths : la vérification de formules

Certaines formules, aussi basiques soient-elles, vous donneront parfois du fil à retordre. Mes étudiants, notamment en ECE, hésitent encore sur des formules de logarithme, de puissances et d'exponentielles. Nous avons tous eu ces hésitations. Je me souviens encore de l'astuce qui me permettait de déjouer les pièges : lorsque j'hésitais, je prenais systématiquement un brouillon pour valider ou invalider mes intuitions.

Par exemple, si vous hésitez entre $(a^b)^c = a^{b \times c}$ ou $(a^b)^c = a^{b+c}$, il vous suffit de faire deux tests de vérification : $(4^1)^2 = 4^2 = 16 \neq 4^{1+2}$. On voit bien ainsi que la seconde formule est fausse…

La compréhension vient ici renforcer l'apprentissage par cœur et apporte une sécurité très réconfortante pour le concours : vous savez que vous pourrez toujours compter sur votre brouillon pour vérifier vos formules si une hésitation vous tarabuste.

Histoire et Économie : la chronologie de la construction européenne

C'est une question récurrente : comment retenir toutes ces dates, toutes ces chronologies insupportables qu'on nous demande d'apprendre par cœur ? À l'heure où je vous écris, la question m'a encore été posée hier par l'une de mes étudiantes !

Alors évidemment, on peut s'amuser à répéter inlassablement les chronologies et cela finira par rentrer. Certains mobiliseront des méthodes alternatives d'apprentissage (comme la méthode des lieux décrite dans la partie sur la mnémotechnique). Mais avec le recul de plusieurs années de coaching, je pense que la façon la plus intelligente d'apprendre une chronologie est d'en cerner le sens que l'on découpera en grands thèmes.

Par exemple, pour mémoriser la chronologie de la construction européenne, on essaiera de retenir le sens des événements en les regroupant par grandes idées :

- La construction européenne a d'abord reposé sur l'aspect économique : création de la CECA (traité de Paris en avril 1951), puis conférence de Messine en juin 1955 relançant le processus de construction en étendant le marché commun à toute l'économie ainsi qu'à l'énergie nucléaire. Le traité de Rome de 1957 parachève cette ambition avec la création de la Communauté économique européenne (CEE).
- Les élargissements se sont faits par vagues successives…
- L'Europe de la défense…

Je vous laisse poursuivre ce travail.

Cette approche a le grand mérite de vous obliger à comprendre les grandes étapes dans leur ensemble et de stocker le sens dans ce que les experts appellent la « mémoire sémantique ». C'est, avec la répétition, la technique de mémorisation la plus utile en prépa.

De manière générale, comprendre ce que vous apprenez présente plusieurs avantages de taille :

- vous libérerez de l'espace dans votre cerveau en retenant la logique qui lie les informations entre elles et vous évitez ainsi de vous noyer dans le micro-apprentissage de toutes les informations prises séparément ;
- vous développerez des capacités de réflexion et de vitesse de raisonnement indispensables pour faire la différence le jour J ;
- vous renforcerez vos capacités de synthèse, d'interconnexion et d'ordonnancement des phénomènes, ce que les correcteurs apprécieront grandement.

Il me faut toutefois vous faire un terrible aveu : comprendre ne suffira pas… Il vous faudra également répéter, encore répéter, toujours répéter…

C. La répétition

Le tennisman Andy Roddick vient de prendre sa retraite à l'heure où j'écris. Saviez-vous que ce champion faisait certains jours 3 000 revers dans la même après-midi (notamment lors de son premier entraînement avec Jimmy Connors…) ?

Saviez-vous que notre Jean Dujardin national, sur le tournage d'*OSS 117*, répétait en permanence son texte, même lorsque les scènes étaient déjà tournées ? « Ça me permet de faire mes gammes » rétorqua Jean à Michel Hazanavicius, le réalisateur, qui ne comprenait pas ce comportement absurde !

Je peux multiplier les exemples à l'infini. Tous les grands champions, toutes disciplines confondues, passent leur temps à répéter les mêmes gestes, les mêmes mouvements, les mêmes actions.

Vous n'en ferez donc pas l'économie si vous souhaitez devenir des « machines de guerre » aux concours ! Comme je viens de le dire, la compréhension ne suffira pas, notamment pour retenir des formules aussi horribles que celle du crible.

La répétition inlassable permettra alors de fixer, d'imprimer l'information en vous et de la stocker dans ce que les experts appellent la « mémoire procédurale ». C'est la mémoire qui est activée par exemple lorsqu'on fait du vélo, lorsqu'on marche, lorsqu'on conduit…

La répétition sera dès lors une méthode de mémorisation incontournable pour acquérir fluidité, rapidité d'exécution et perfection. Ce ne sera pas facile car vous faites partie d'une génération inondée d'informations. La tentation de la nouveauté est grande, notamment en maths, où les étudiants ont cette fâcheuse tendance à multiplier les exercices à la va-vite alors que la répétition des grands classiques devrait être la priorité ultime.

Petit avant-goût des répétitions qui vous attendent et qui seront détaillées dans les chapitres qui suivent :

- **En maths** : vous devrez faire des rappels de cours en permanence et vous répéterez les mêmes exercices 3, 4 voire 5 fois jusqu'à parfaite maîtrise ;
- **En Histoire-géo ou en Économie, sociologie et histoire des sociétés contemporaines** (qui remplace l'Analyse économique et historique des sociétés contemporaines), vous ferez des tests de la « feuille blanche » (ou *blind-test* ou tests « que sais-je ») autant que possible sur tous les sujets (notamment pour réviser les chapitres de première année lorsque vous serez en seconde année) ;
- **En langue**, vous réviserez sans cesse les chapitres de vocabulaire déjà appris afin de les digérer et ne jamais plus les oublier ;
- **En culture générale**, vous réviserez sans cesse les « pépites » que vous aurez débusquées et rédigées.

Voyons à présent la méthode de mémorisation qui complétera les précédentes afin de fixer plus fermement les savoirs dans votre cerveau : la mise en situation…

D. La mise en situation

L'idée est simple : on apprend toujours de ses erreurs. Selon les tempéraments, les erreurs que vous ferez auront cette tendance à vous faire rire, à vous énerver, voire à vous mettre dans tous vos états. Ne vous êtes-vous jamais dit « comment ai-je pu faire cette erreur, c'était trop simple en fait ! » Pour ma part, j'ai passé toute ma première année à me faire cette réflexion lorsque je regardais les corrections des DS de maths…

Dans tous les cas, l'erreur ne vous laissera pas indifférent et donnera naissance à une émotion qui permettra de fixer le souvenir plus fermement. « Les émotions déclenchent sur le plan neurobiologique, par l'amygdale, une suractivation de l'hippocampe, la structure qui permet l'enregistrement » nous enseigne Alain Lieury, expert de la mémoire (*Une mémoire d'éléphant*, Dunod, 2011).

Listons quelques exemples de mémorisation par mise en situation que je vous invite à méditer pour optimiser la fixation des savoirs dans vos différentes matières :

Les *blind-tests*, « que sais-je » ou « tests de la feuille blanche »

Dans toutes les matières, lorsque vous ferez des rappels de cours, ne vous ruez pas sur vos formulaires ou vos bouquins : commencez toujours par solliciter votre mémoire en premier, pour ensuite vérifier dans un second temps si votre proposition est juste. Un professeur d'Henri IV appelle ça les « tests de la feuille blanche ». On pourra aussi appeler cela un *blind-test* ou un « que sais-je » : on prend une feuille blanche et on pose sur papier tout ce que l'on sait sur le point de cours considéré. On vérifie ensuite sur un support de cours « officiel » (fiche, formulaire, cours du prof). Toutes les erreurs ou imprécisions que vous écrirez créeront une émotion fructueuse. Cette démarche, si vous la systématisez, sera beaucoup plus efficace que la simple relecture de fiches. Ainsi :

- **En maths**, quand vous aurez besoin d'une formule sur une question donnée : faites un rappel en utilisant la mémoire d'abord puis validez-la ou corrigez-la à l'aide votre cours « officiel ».
- **En économie**, pour réviser un chapitre : prenez une feuille blanche et écrivez l'essentiel des mécanismes, des théories, des faits historiques à l'aide de votre mémoire. Puis reprenez un support de cours pour valider ou pas.
- **En histoire-géo** : même démarche. On liste sur une feuille blanche les dates clés, les faits historiques marquants, les définitions des notions clés, les défis majeurs, les arguments géographiques...
- **En langue** : sur une phrase de thème donné, on pose le point de grammaire en utilisant la mémoire puis en vérifiant dans un lexique grammatical.

Cette démarche est consommatrice de temps mais c'est une véritable clé pour gagner en précision, pour faire le lien entre cours et exercices en maths ou pour prendre de la hauteur sur les matières littéraires. Vous aurez l'impression d'aller moins vite que vos camarades, mais les progrès seront palpables à l'arrivée.

L'analyse des erreurs

Même si la tentation est grande, ne brûlez jamais vos DS plantés ou concours blancs catastrophiques. Ayez la discipline de reprendre tous les points qui n'ont pas convaincu ou qui ont exaspéré le correcteur. Et il y en aura parfois beaucoup, notamment en première année.

Fixez toutes les horreurs à éviter absolument sur un petit cahier en écrivant l'erreur puis la correction.

La conférence entre amis

Dans toutes les matières, lorsque vous pensez avoir compris l'essentiel du cours, n'hésitez pas à étaler votre savoir à un ami ou un membre de votre entourage. Émotion garantie ! Si votre propos n'est pas parfaitement ficelé et didactique, vos amis n'hésiteront pas à vous en faire la remarque... Pour illustrer mon propos, voici comment Haris révisait l'économie à deux mois du concours alors qu'il avait négligé cette matière pendant deux ans.

Témoignage d'Haris Mebarki
(Notre-Dame-des-Minimes, ESSEC 2012)

« J'ai embauché ma petite sœur de 13 ans pour faire un jeu que je conseille à tous pour gagner un max de temps et avoir une vision panoramique du cours : à la fin de mon ouvrage d'éco se trouvait un index des notions et concepts. Elle me les a tous énoncés un par un et je devais en quelques mots, rapidement, être capable d'expliquer à ma sœur qui n'avait jamais fait d'économie en quoi la notion consistait. J'avais donc validé mes connaissances, et acquis une vision plus globale, plus distanciée, plus exhaustive de toute la masse d'informations en AEHSC ».

Vous pouvez également faire des conférences tout seul dans votre chambre tel un conférencier dans une salle vide qui développe un argumentaire comme si la salle était pleine. C'est l'une des spécialités d'Élisa, l'une de mes étudiantes.

Témoignage d'Élisa
(Major en économie au lycée Janson-de-Sailly)

« Pour valider mes connaissances sur un chapitre donné, je fais des conférences à mon nounours dans ma chambre ! »

L'intervention orale en cours

Pour les tempéraments les plus téméraires, ayez le courage d'intervenir autant que possible à l'oral. Par exemple en langue, mais aussi en maths en vous rendant au tableau pour corriger un exercice. En faisant des erreurs au tableau, vous en tirerez plus facilement les enseignements.

Cela suppose de mettre en sourdine son orgueil, ce qui n'est pas chose aisée. Vous serez parfois ridicules devant l'assemblée de vos camarades. Mais, contrairement à eux, vous retiendrez davantage le point de cours que vous ne maîtrisiez pas lors de votre intervention orale.

> J'ai personnellement un souvenir très marqué des deux fois où, en anglais, j'ai tenté d'utiliser deux mots dont je ne maîtrisais pas la prononciation : *miserable* et *recipe.* J'étais alors la risée de toute la classe. Je n'ai pas oublié et je n'oublierai probablement jamais grâce à cette émotion qui a fixé en moi ce souvenir.

Néanmoins, si l'émotion risque d'être trop forte, ne prenez pas le risque. À vous de jauger en fonction de votre confiance du moment et de votre niveau.

3. Vous êtes unique, votre mémoire aussi !

Nous avons vu l'essentiel des techniques de mémorisation mais il m'apparaît important de conclure sur ce point fondamental : chaque étudiant est unique et donc les techniques que chacun mobilisera sont à trouver et à expérimenter en début de prépa. Il n'y a pas de recettes transposables partout. Si une méthode de mémorisation était applicable à tout le monde, ça se saurait… Celui qui le prétend n'a pas rencontré assez d'étudiants pour se rendre compte de son erreur.

Je pense notamment à cette question que l'on me pose en permanence : « doit-on faire des fiches ? » Ma réponse est claire : cela dépend ! Certains adorent ficher pour fixer les savoirs, d'autres préféreront lire plusieurs fois leur cours. Les kinesthésiques seront par exemple très sensibles à l'aspect visuel de la fiche. Ken, l'un de mes étudiants, s'est ainsi pris de passion pour le *mind-mapping*, méthode de fichage en arborescence inventée par Tony Buzan. Il est même allé jusqu'à ficher la séance de méthodologie que je propose chaque année à mes étudiants ! Vous pouvez consulter le résultat sur myprepa.fr ou dunod.com.

Autre exemple pour illustrer la singularité de chacun : l'apprentissage d'un texte au théâtre. En sortant d'HEC, j'ai fait une école de théâtre dans laquelle on rencontrait plusieurs comédiens professionnels aguerris. Concernant l'apprentissage du texte, il était amusant de constater que deux méthodes complètement différentes cohabitaient :

- Il y avait ceux qui apprenaient en répétant le texte inlassablement et sans le ton, avec un petit bâton entre les dents (pour mieux articuler). Ils apprennaient d'abord la première phrase. Puis la seconde. Puis ils répètaient la première et la seconde. Et ainsi de suite.
- Il y avait ceux qui faisaient un travail sur le texte en profondeur en analysant la psychologie des personnages, le « pourquoi » de telle ou telle réplique. À force de s'inventer un monde autour du texte, ils finissaient par connaître le texte par cœur.

Cessez donc de vous poser un milliard de questions avant d'agir. Testez les méthodes que je vous ai proposées et voyez ce qui fonctionne. Retenez par contre l'essentiel, qui sera valable dans toutes les matières :

- il faudra **être sélectif** sur les matières littéraires car vous ne pourrez pas tout retenir. Soyez donc intelligents dans cette sélection. Avec ou sans fiche !
- il faudra **comprendre** autant que possible ce que vous apprendrez ;
- il faudra **répéter, encore répéter, toujours répéter** pour devenir une machine de guerre le jour J !
- il faudra **vous mettre régulièrement dans les conditions du concours**, en DS mais aussi au quotidien.

Laissons la parole à Alain Lieury, le spécialiste français de la mémoire et auteur de multiples ouvrages sur la mémoire, notamment en milieu scolaire.

ENTRETIEN AVEC ALAIN LIEURY

Alain Lieury est professeur émérite de Psychologie cognitive à l'Université de Rennes II. Spécialiste français de la mémoire, Alain Lieury a été directeur du Laboratoire de psychologie expérimentale (1982-2007), directeur de l'UFR « Sciences humaines », vice-président de l'Université Rennes II et expert au ministère de l'Éducation nationale.

Commençons par les généralités sur la mémoire. Face à la pluralité de matières à valider, quels conseils généraux pouvez-vous formuler pour l'étudiant qui se lance dans l'aventure d'une prépa ?

Notons d'abord que les techniques de mémorisation sont très différentes selon les matières. Les maths, l'histoire, la géographie et les langues doivent faire l'objet d'un apprentissage spécifique. Mais un point essentiel est commun à tous les types d'apprentissage : le temps ! Concrètement, et sans rentrer dans trop de détails techniques, lorsqu'on apprend une information, un circuit bioélectrique se forme dans notre cerveau et les neurotransmetteurs s'échangent entre les neurones. Mais cette transmission est sélective et unique : elle concerne certains neurones d'abord et seule la répétition de l'apprentissage permettra de renforcer durablement ces connexions spécifiques, ce qui s'appelle la consolidation mnésique. En clair, l'apprentissage prend du temps. Il s'agira donc toujours de favoriser ce que l'on appelle l'apprentissage distribué, bien plus efficace que l'apprentissage massé ou le bachotage. Il faut également que les étudiants gèrent leur effort en s'accordant des plages de sommeil adaptées…

À ce propos, je coache cette année un étudiant très talentueux qui s'est essayé pendant deux mois à la méthode de sommeil polyphasique « Everyman » qui consiste à dormir 3 h 30 par nuit puis à s'accorder 3 siestes d'une demi-heure pendant la journée. À chaque séance, il me paraissait bien moins lucide qu'habituellement…

Évidemment. Le sommeil est une phase importante de consolidation biologique : les dendrites (porte d'entrée des neurones) se construisent pendant la nuit et favorisent alors le stockage d'informations. Le sommeil normal est une suite de cycles d'environ 1 h 30 où le sommeil est de plus en plus profond. Croire qu'en dormant peu, on apprend plus de choses est une hérésie !

Vous parliez de différences dans les techniques d'apprentissage en fonction des matières. Alors commençons par la matière clé : les maths. Comment optimiser l'apprentissage de cette matière si complexe ?

D'abord, comme je le suggère dans mes livres, les maths sont très « procédurales », c'est-à-dire reposent sur la répétition inlassable d'exercices afin d'assimiler la règle ou le théorème en jeu. Contrairement à la pensée commune, comprendre le cours ne suffit pas pour réussir ensuite les exercices. Cette idée reçue – héritage de Descartes qui avançait que la compréhension était la seule méthode d'apprentissage valable – est très répandue parmi les professeurs en général. « Si on comprend, alors c'est enregistré », pensent-ils souvent. Les experts ont assez de recul aujourd'hui pour affirmer que la compréhension ne suffit absolument pas. Au contraire, il faut apprendre pour comprendre ! J'invite donc les professeurs à accompagner chaque démonstration par de nombreux exercices et, en interaction avec les étudiants, constater les points de non-compréhension.

Mais face à la profusion d'exercices que l'on trouve dans les livres ou sur Internet, n'y a-t-il pas un risque de faire trop d'exercices sans réelle compréhension ?
Vous avez parfaitement raison ! Multiplier les exercices sans les avoir compris est vain ! C'est pourquoi j'invite aussi les professeurs à revenir régulièrement sur le travail des fondamentaux sous forme de tests de connaissances ou de savoir-faire. Les Américains l'ont compris depuis longtemps, notamment dans les disciplines de sport de haut niveau : les athlètes répètent tous les jours les mêmes gestes, du plus basique ou plus complexe. En maths, il s'agira de trouver ce juste milieu entre répétition des basiques et nouveaux exercices pour aller plus loin. En expérimentant plusieurs épisodes (exercices ici) autour d'un même concept (par exemple un théorème), l'étudiant comprend et retient davantage. Les informations sont ici stockées par ce que j'appelle l'apprentissage multi-épisodique qui est très puissant pour comprendre et retenir des concepts complexes.

Parlons d'histoire à présent.
Que préconisez-vous pour apprendre un programme aussi vaste ?
Il faut s'organiser ! Les noms propres s'apprennent en utilisant la mémoire lexicale qui est en quelque sorte la carrosserie des mots : on décortique phonologiquement et orthographiquement le mot à apprendre et par la répétition, on finit par le retenir. C'est la même chose pour les langues. Mais le plus important dans l'apprentissage de l'histoire est de comprendre le sens des événements. Pour cela, les recettes qui marchent sont bien connues : faire des schémas, des lexiques, des fiches, des résumés de cours afin d'extraire l'essentiel des idées…

En parlant de fichage, que pensez-vous du *mind-mapping* qui excite bizarrement certains de mes étudiants ?
C'est la victoire du marketing ! Le *mind-mapping* n'est rien d'autre que le schéma tel que nous le connaissons depuis longtemps. Rien de nouveau. Je décris cela dans *La réussite scolaire expliquée aux parents*.

Pour ma part, en histoire ou en économie, je conseille souvent de faire des « tests de la feuille blanche » ou *blind-test* : on prend une feuille blanche et l'on écrit tout ce que l'on sait sur un chapitre donné.
Qu'en pensez-vous ?
C'est une très bonne idée pour valider les savoirs. Et qui marche bien également pour la géographie : on prend une carte vierge

et on dessine les informations que l'on a retenues. Mais cet exercice doit venir après une phase d'apprentissage pure et dure du cours avec les techniques dont on a parlé plus haut : fichage, résumés, lexiques, répétition… En géographie, on commencera par apprendre les villes importantes, puis les cours d'eau, puis les ports, etc. On tourne finalement toujours autour des mêmes impératifs : comprendre et répéter, les deux sont indissociables.

D'ailleurs, en maths, j'invite également les étudiants à faire des rappels de cours en permanence sous forme de *blind-test*, en sollicitant toujours la mémoire dans un premier temps…

Et vous avez raison ! C'est ce que les chercheurs appellent *feedback* ou « retour d'information ». Se mettre en situation puis étudier les éventuelles imperfections ou erreurs permet effectivement d'ancrer encore davantage l'information dans le cerveau. Les étudiants qui égarent leurs mauvaises copies sans les analyser ont donc tout faux. Il faut toujours passer au peigne fin les erreurs et ainsi tirer profit des retours d'informations. Que ce soit en maths ou dans les autres matières.

Pour finir, j'aimerais avoir votre point de vue sur la gestion du stress en prépa. Il m'est arrivé de coacher des étudiants, souvent en déficit de confiance, qui perdaient complètement la mémoire face à leur copie. Comment analysez-vous ce phénomène ?

Difficile de répondre à cette question. C'est souvent du cas par cas. Cela peut être lié à une émotivité trop grande, à un mauvais apprentissage ou à une absence de confiance en soi. Ce dernier point est fondamental. Pour être performant, il faut avoir confiance en soi. Comment ? Par la pratique d'exercices favorisant le renforcement positif. Or, dans ce monde impitoyable de la prépa, mettre en difficulté les étudiants semble être une pratique courante. Les notes en sont le témoin. Certains tempéraments ne le supportent pas et se sentent terriblement incompétents voire incapables. La démotivation menace alors. Les Américains Deci et Ryan ont théorisé ce phénomène d'« amotivation ». Selon eux, trois raisons expliquent l'émergence de l'amotivation. La première est l'impossibilité perçue d'atteindre le résultat souhaité car l'individu a appris à se résigner face à certaines situations. La seconde est la perception par l'individu d'un manque de compétence pour atteindre l'objectif visé. Enfin, la troisième est le fait que l'activité ou le résultat n'ont aucune valeur aux yeux de l'individu. Vous l'avez compris : « saquer » les étudiants n'est pas vraiment l'idéal… C'est précisément tout le contraire qu'il faut faire : construire la confiance par la répétition d'exercices de difficulté progressive. La compétence perçue par l'étudiant devient alors vecteur de motivation.

Monsieur Lieury, merci pour cet éclairage passionnant.

Et voici les livres d'Alain Lieury qui se réfèrent le mieux aux thèmes évoqués :

Une mémoire d'éléphant : vrais trucs et fausses astuces, Dunod, 2011.

Mémoire et réussite scolaire, Dunod, 4e éd., 2012.

Motivation et réussite Scolaire, avec F. Fenouillet, Dunod, 2e éd., 2006.

La réussite scolaire expliquée aux parents, Dunod, 2010.

Votre mémoire / En un mot

LA MNÉMOTECHNIQUE	• Les associations phonétiques : pour retenir des mots de vocabulaire ou des formules de maths. • Les associations d'idées peuvent servir à mémoriser, notamment le vocabulaire. • La méthode des lieux : utilisée par certains étudiants pour mémoriser des chronologies.
LA COMPRÉHENSION	• La compréhension est un outil de mémorisation très puissant. • La compréhension est un outil de vérification de formules très pratique en maths. • La compréhension développe les qualités de synthèse et de hauteur de vue très valorisées aux concours.
LA RÉPÉTITION	• Avec la compréhension, la répétition est la méthode de mémorisation la plus puissante pour fixer les savoirs : – En maths, elle permettra de retenir les formules les plus folles ! – Elle est la base de l'apprentissage des langues vivantes. – Elle développera des automatismes dans toutes les matières permettant d'acquérir fluidité et rapidité d'exécution.
LA MISE EN SITUATION	• À pratiquer aussi souvent que possible lors : – des rappels de cours à l'aide de votre mémoire d'abord ; – des analyses de vos erreurs (DS ou concours blancs) ; – des *blind-tests* ou « tests de la feuille blanche ». • Acceptez de vous tromper. Les retours d'informations permettront alors de fixer encore plus fermement les savoirs.
UNICITÉ DU CANDIDAT	• Vous êtes unique, votre mémoire aussi : – Certains ont besoin de ficher, d'autres pas. – Certains aiment les *mind-maps*, d'autres pas. – Certains retiendront en une ou deux lectures, d'autres en dix lectures…

CHAPITRE 3

Mathématiques

LES MATHÉMATIQUES SONT PERVERSES ! ELLES SONT NON SEULEMENT LES PLUS CONSOMMATRICES DE TEMPS MAIS AUSSI LES MOINS RÉMUNÉRATRICES À COURT TERME. Bien des étudiants abandonnent le travail de cette matière arguant qu'ils n'ont pas la bosse des maths, préférant ainsi se concentrer sur leurs supposées matières fortes. C'est une erreur majeure qui est la cause de bien des désillusions aux concours quand ce n'est pas en fin de première année, au moment du passage. Chaque année, des cubes me sollicitent pour les remettre à flot et il est souvent trop tard. Ce chapitre revêt donc une importance majeure. Relisez-le aussi souvent que possible.

« J'ai souvent aidé mes camarades et j'ai été frappé par leur volonté de comprendre en détail absolument tout, ce qui fait que la révision du cours prenait un temps monstrueux. C'est une intention louable mais il vaut parfois mieux appliquer que se poser de grandes questions métaphysiques... »

Nicolas, major au lycée Ginette, 19,5/20 de moyenne à HEC, 20/20 à l'EM Lyon et à l'EDHEC

1. Les attentes du jury

A. Raisonner avec rigueur et citer avec précision les points de cours mobilisés

Rapport EML 2011 S

« L'argumentation est souvent trop vague et approximative, et la rédaction manque de clarté, de précision et de concision. Le tri entre les arguments utiles à la démonstration et ceux exacts mais inappropriés à celle-ci n'est pas toujours pertinent. »

Rapport HEC 2009

« Les développements mathématiques doivent faire l'objet de justifications rigoureuses s'appuyant sur des raisonnements et des théorèmes qui s'expriment dans un langage clair et soigné. Une réponse qui n'est pas correctement argumentée ne rapporte aucun point. »

Rapport HEC 2007

« Les raisonnements doivent être clairs et précis, les affirmations étant étayés par une argumentation solide. Par exemple, le recours trop fréquent à des phrases du type "il est clair que..." doit être évité au profit d'une justification correcte fondée sur un apprentissage très sérieux et une très bonne connaissance du cours. »

La rigueur exigible est souvent difficile à concevoir lorsqu'on arrive en première année de prépa. Les étudiants sont nombreux à penser que seul le résultat compte. Ils ne comprennent pas qu'au-delà du résultat, il faut que les conditions des théorèmes mobilisés soient énoncées avec précision. Il s'agit donc d'en dire ni trop, ni trop peu.

Par exemple, si l'on veut utiliser le théorème de la bijection, si l'on dit que *f* est dérivable et strictement croissante sur l'intervalle, on en dit trop. Seule la continuité et la stricte croissance doivent être mentionnées. « Oui mais si *f* est dérivable, elle est continue », peut-on entendre souvent... C'est juste mais les correcteurs ont besoin des conditions du théorème et rien que celles-là. En somme, ils ont besoin de savoir si vous connaissez l'énoncé précis des théorèmes en jeu.

Encore un exemple : effectuer une intégration par parties sans mentionner que *u* et *v* sont deux fonctions C1 sur l'intervalle considéré ne rapportera aucun point ou presque...

Vous comprenez peut-être mieux à présent pourquoi les professeurs insistent lourdement sur la connaissance du cours. Les méthodes que je vous propose plus loin vous aideront à mieux digérer ce cours immense et ainsi atteindre cette rigueur incontournable pour atteindre des sommets en maths aux concours.

B. Soigner la présentation

Rapport EML 2011

« Des règles élémentaires de rédaction et de présentation ne sont pas toujours respectées. Rappelons qu'il est impératif de numéroter les questions, de mettre en évidence les résultats, par exemple en les encadrant, et de séparer nettement les questions. »

Rapport ESSEC 2011

« Comme l'an passé et les années précédentes, les correcteurs se sont plaints du manque de soin affiché par certains candidats. Les copies sales, ou peu lisibles ne peuvent qu'indisposer le correcteur. C'est un appel fort qui doit être entendu : les copies se doivent d'être convenablement présentées. Heureusement, une majorité de candidats font l'effort de rédiger correctement et de mettre leurs conclusions en évidence. C'est, avec la rigueur et l'honnêteté des raisonnements, un élément majeur dans l'appréciation des copies. »

Rapport HEC 2009

« Les correcteurs ne sont pas censés corriger des copies dans lesquelles il est nécessaire de déchiffrer des notations de cours écrites dans un style sténographique ».

Les correcteurs de l'EM Lyon sont souvent très à cheval sur la présentation. Louis a eu un double 20/20 aux épreuves d'HEC, 18,6/20 à l'ESSEC, 20/20 à l'EDHEC mais seulement 13,8/20 à l'EM Lyon. Il était évidemment brillant mais souvent sale, pour ne pas dire « dégueulasse », sur ses copies ! *A contrario*, la même année, Hortense a eu 20/20 à l'une des épreuves d'HEC et aussi 20/20 à l'EM Lyon. À la lecture des deux copies, on comprend tout de suite la différence : elle développait une stratégie de perfection et de qualité dans la présentation tandis que Louis privilégiait le volume sans nécessairement soigner la forme. Sachez donc que pour atteindre une grosse note à l'épreuve spécifique de l'EM Lyon, il faudra apprendre à soigner vos raisonnements autant sur le fond que sur la forme. Ce sera donc plus difficile pour les étudiants dont l'écriture n'est pas agréable à lire…

Vous devez aussi comprendre en lisant cet exemple que pour les sujets des parisiennes, avoir une stratégie de volume peut également payer. Louis en est l'illustration. Mais tout le monde n'a pas le cerveau ni la rapidité d'exécution d'un Louis… Il faudra donc ajuster votre stratégie de présentation en fonction de vos qualités. J'y reviendrai dans les méthodes proposées.

C. Être humble et honnête intellectuellement

Rapport ESSEC 2011

« On a vu des candidats affirmer qu'il y avait sûrement une erreur d'énoncé, l'un ajoutant même que «c'est fréquent cette année»... On ne saurait trop inciter les candidats à plus de prudence et d'humilité... »

Rapport ESSEC 2010

- « Il faut rappeler une nouvelle fois aux candidats que seule la rigueur et l'honnêteté paient et que les fausses preuves, visiblement malhonnêtes, n'abusent pas le correcteur et déprécient fortement la copie. »
- « Attention aux candidats qui, en fin d'épreuve, tentent de grappiller des points et offrent là des tentatives de solutions souvent peu convaincantes et parfois peu honnêtes. »

Rapport HEC 2009

« Les correcteurs sont évidemment à même de juger si une réponse est démontrée ou seulement *devinée* ; dans cette dernière éventualité, l'impression générale qui se dégage est négative et ils seront moins cléments pour des questions plus difficiles. »

Soyez-en informés une fois pour toutes : la moindre arnaque sera toujours repérée par un correcteur. Celui-ci n'hésitera pas à sanctionner le candidat malhonnête par des points négatifs (« malus »). Si plusieurs arnaques sont décelées, le correcteur peut choisir d'arrêter de corriger. Un conseil simple donc : ne tentez jamais de tromper le correcteur, ça ne marchera jamais. Je le répète : JAMAIS ! Si vous vous approchez de la réponse mais qu'il vous manque une étape. Ne passez pas en force ! Ne barrez rien. Dites simplement : « j'admets telle étape ». Si votre ébauche de raisonnement est juste, le correcteur vous récompensera, même si vous n'aurez pas tous les points évidemment. Il appréciera en outre votre honnêteté.

D. Être irréprochable sur les questions classiques

Rapport HEC 2011 :

- « Le tracé de la courbe représentative de f est souvent approximatif (on trouve même des courbes en escalier !) ; l'équation de la tangente est rarement donnée et de nombreuses erreurs de calcul de dérivée aboutissent parfois à des densités négatives ! (*Vous apprendrez en seconde année qu'une densité est toujours positive...*) »

- « Ce constat n'est pas une nouveauté, les questions faisant appel aux nombres complexes sont très peu souvent résolues correctement : même le calcul du module de 1 + i est problématique. »

Rapport HEC 2010 :

- « Cette première question du problème, considérée comme très classique ("suite d'Euler"), fut abordée par 90 % des candidats avec un taux de réussite de 15 % ! »
- « Une proportion non négligeable d'études de fonctions fait l'objet d'erreurs sur le signe de la dérivée, sur les limites en 0 ou en l'infini. »

Aux épreuves de l'EM Lyon et de l'EDHEC, mais aussi dans les premières parties de sujets des parisiennes, les questions font souvent appel aux outils de base. L'épreuve d'HEC commence ainsi systématiquement par l'étude d'un ou deux exemples, le plus souvent calculatoires, censée valoriser le travail des étudiants sérieux. Une bonne maîtrise des classiques vous permettra alors de vous en sortir sans encombre. La réussite de ces questions est primordiale car elle annonce d'emblée le niveau du candidat. « Dès la première question, on sait à qui l'on a affaire », s'en amuse tous les ans le directeur de l'épreuve de mathématiques HEC lors de la réunion de « débriefing » qui précède l'annonce des résultats… Être parfait sur ces questions classiques s'avérera bien souvent suffisant pour atteindre la moyenne à HEC. Pour dépasser 15/20, il faudra un peu plus que cela mais si vous êtes surentraînés sur les questions classiques, vous les traiterez rapidement et pourrez libérer un temps précieux pour réfléchir aux questions à forte valeur ajoutée. Dans la partie sur les méthodes, vous comprendrez alors pourquoi j'insiste autant sur la répétition inlassable des mêmes exercices…

E. Prendre le temps de réfléchir sur les questions difficiles

Rapport HEC 2003

« Les candidats semblent vouloir se débarrasser des questions sans même chercher à les comprendre, ni voir comment elles sont reliées aux autres questions. L'écriture automatique, frénétique, fait office de pensée. Bien rares, sans doute, sont les candidats qui travaillent d'abord au brouillon. »

Cette consigne est un impératif pour le candidat qui mise sur les maths pour décrocher une parisienne. Lorsque le sujet est très difficile, il est parfois nécessaire de passer du temps voire beaucoup de temps sur chacune des questions. Je repense à Sofia qui en 2007 est sortie de l'épreuve de maths I quelque peu paniquée :

Témoignage de Sofia
(Saint-Louis – HEC 2007 avec 17/20 en maths)

« Olivier, c'était dur et il fallait réfléchir au moins un quart d'heure sur chacune des questions. Je n'arrivais pas à trouver des questions plus faciles... Du coup, je n'ai pas fait énormément de question... »

Autre exemple : à l'épreuve de maths II d'HEC 1996, l'une des questions était fondamentale pour comprendre la suite de l'épreuve, car le schéma de réflexion se répliquait quasiment à l'identique. Certains candidats ont passé jusqu'à 30 minutes sur cette question cruciale. Ils n'ont pas été déçus...

Un dernier exemple : lorsque le sujet semble classique, deux stratégies sont possibles pour se distinguer. Soit on privilégie la rapidité d'exécution et on essaie d'en faire le maximum (dans le respect de la rigueur exigée), soit on mise sur les quelques questions délicates pour signifier au correcteur qu'on est au-dessus du lot. Prendre le temps de la réflexion sur quelques questions clés est donc une stratégie possible qu'il faut avoir en tête.

J'aimerais pour finir revenir sur la gestion du brouillon. Je vous déconseille fortement d'utiliser le brouillon pour la conduite de calcul. Vous serez surentraînés à l'issue de 18 mois de travail et vous utiliserez un stylo gommable dont je parlerai plus tard dans la partie sur les fournitures. Pour les questions calculatoires ou classiques, rédigez donc directement au propre. En revanche, sur certaines questions délicates, si rien ne vous vient spontanément ou si plusieurs pistes s'offrent à vous, posez rapidement au brouillon les premiers éléments de réflexion et dès que vous êtes certains de la méthode à adopter, repasser au propre et foncez !

F. Privilégier la cohérence et la qualité

Rapport HEC 2003

« Compte tenu du niveau général des copies, le jury pénalisera de plus en plus lourdement les absurdités et les incohérences. En conséquence, les candidats doivent se convaincre que la rédaction raisonnée d'une partie, même limitée, du problème leur procurera une bien meilleure note que l'attitude suicidaire consistant à vouloir, à tout prix et sans contrôle, répondre à toutes les questions. »

Rapport HEC 2001

« Trop de candidats cédant à la précipitation écrivent sans réflexion et sans contrôle comme pour se débarrasser de la question dont ils oublient aussitôt le résultat. Une telle attitude est suicidaire. »

Cette exigence est une évidence mais bien des candidats en font fi et multiplient les stratégies de grappillage désastreuses lorsqu'elles conduisent à des incohérences patentes. Trouver par exemple une probabilité ou une variance strictement négative sans s'en offusquer décrédibilisera complètement le candidat. Affirmer qu'une fonction décroît de 0 vers 1 produira le même effet… Le travail du candidat sérieux consistera donc à ralentir parfois la cadence pour faire des tests de cohérence validant le résultat. Ce ne doit pas être systématique, car l'horloge tourne, mais ciblé sur les questions importantes.

2. Les bons ouvrages

A. Les ouvrages pour bien démarrer en prépa

Bien démarrer sa prépa

Bien démarrer sa prépa : précis de mathématiques
D. Charlot, D. Richi *et al.*, Bréal

Je recommande cet ouvrage pour tous mes futurs étudiants. Il est adapté à la fois pour les ECS et les ECE. Il n'est pas trop indigeste et bien organisé. Un bon bouquin pour les grandes vacances après l'obtention de son bac !

Les ouvrages de cours

Les précis de mathématiques
Collectif d'auteurs, Bréal

Ce sont les ouvrages de référence pour l'apprentissage du cours et des démonstrations. Si votre cours est bien fait, vous n'en avez pas nécessairement besoin. Si en revanche, le cours vous paraît obscur, ce sont les ouvrages qu'il vous faut.

Formulaire maths 1re & 2e années (ECE ou ECS)
Collectif d'auteurs dont Sylvain Rondy, Ellipses

Le petit formulaire est également précieux pour avoir une vision claire du programme. Il n'est pas exhaustif mais permet de retrouver la plupart des théorèmes à mobiliser aux concours.

Mathématiques Tout-en-un ECS (ou ECE) 1re année (ou 2e année)
Christian Gautier, André Warusfel *et al.*, Dunod

B. Les ouvrages de méthodes et d'exercices classiques

La collection Prépa Sciences est pour l'heure celle qui me paraît la plus adaptée aux étudiants d'aujourd'hui. Elle a l'immense mérite de présenter de façon simple les méthodes clés et les grands classiques avec des extraits bien choisis de sujets de concours. Les deux ouvrages à acheter sont les suivants :

Maths ECE (ou ECS) 1re année
Collectif d'auteurs dont Sylvain Rondy – Ellipses

Maths ECE (ou ECS) 2e année
Collectif d'auteurs dont Sylvain Rondy – Ellipses

Vous pouvez également vous intéresser aux ouvrages suivants :

Les incontournables du concours HEC
Steeve Sarfati – Bréal

Cet ouvrage est un recueil de grands classiques du concours. Il est adapté pour les étudiants qui ont de solides bases. Il est très dense donc vous aurez sans doute peur en le feuilletant mais il s'avèrera utile pour les meilleurs d'entre vous et pour ceux qui sont déterminés à intégrer une parisienne.

Mathématiques méthodes et exercices ECS (ou ECE) 1re année (ou 2e année)
Cecile Lardon, Jean-Marie Monnier, Dunod

C. Les ouvrages de sujets de concours

Lorsque les précédents ouvrages seront bien digérés, il sera temps de faire l'acquisition de quelques ouvrages d'annales. Gérer un sujet de concours demande un savoir-faire spécifique qu'un simple travail du cours et des classiques ne développera pas. Voici quelques ouvrages et sites Internet réputés :

À vos maths – 12 années d'EDHEC
Sylvain Rondy - Ellipses

Cet ouvrage est idéal pour travailler les sujets de concours de difficulté intermédiaire et mettre en pratique les méthodes acquises. Les corrections sont bien faites.

Les corrigés d'annales d'Ellipses
Cette collection existe depuis très longtemps et a le mérite de proposer des corrigés de sujets des parisiennes. Les ouvrages de cette collection sont donc adaptés au public visant les parisiennes mais présentent souvent un inconvénient : les corrections sont souvent plus des éléments de correction que de véritables corrigés. La rigueur exigible aux concours n'est donc pas toujours au rendez-vous. Sur certains sujets difficiles, les explications sont parfois insuffisantes et laissent l'étudiant moyen sans voix.

www.spicesagros.fr
C'est le site du fameux prof de maths Christian Skiada. Vous y trouverez à la fois des annales et des corrigés de très bonne qualité pour ECE et ECS.

www.jfcossutta.lycee-berthelot.fr/
Le site de Jean-François Cossutta (ECS), ancien prof « mythique » du lycée Marcelin Berthelot. Les corrections d'annales sont nombreuses et très rigoureuses.

http://mathsece.free.fr/
Le site de Pierre Veuillez (ECE). Ce site regorge de sujets de concours et de corrigés. Quelques erreurs s'immiscent dans certaines corrections mais le tout a le mérite d'exister. Merci M. Veuillez !

3. Les bonnes fournitures

Si vous ne vous organisez pas rapidement, votre chambre deviendra rapidement un chantier invivable où énoncés et corrigés seront souvent désolidarisés. Tout travail de répétition des sujets tombera alors à l'eau. Il n'est pas rare qu'en début d'année je passe mon temps dans la chambre des étudiants pour faire ce rangement si indispensable pour progresser. Afin de m'éviter un déplacement, voici l'organisation que je propose à tous mes étudiants.

A. Pour le rangement du cours, des exercices et des corrections

4 porte-vues – 80 vues

Un porte-vues pour chacune des rubriques suivantes :
- Algèbre
- Analyse
- Probabilités
- Sujets transversaux (annales de concours, concours blanc, algorithmique…)

Dans chacune des pochettes transparentes, classez à la fois vos chapitres de cours et vos exercices.

- Lorsque vous classez un chapitre de cours, numérotez les différentes pages ou agrafez-les, puis mettez dans une seule et même pochette tout le chapitre et ne tombez pas dans le piège d'une page par pochette plastique…
- Lorsque vous classez un sujet ou une feuille d'exercices, mettez en exergue l'énoncé (au recto) et glissez dans la même pochette transparente le corrigé (au verso).

Quand vous choisissez de refaire un sujet, sortez à la fois l'énoncé et le corrigé.

Quand vous avez fini de travailler sur le sujet choisi, remettez-le impérativement dans la pochette dédiée sans attendre une accumulation périlleuse de sujets posés en vrac sur le bureau…

B. Pour la prise du cours et la répétition d'exercices

Un grand cahier, spirale, feuilles détachables

Plutôt que d'acheter des feuilles volantes, je vous conseille d'acheter un grand cahier à spirales, avec des feuilles détachables et perforées. Vous pouvez alors utiliser ce cahier pour :

- **la prise de cours**. Une fois le chapitre terminé, détachez les pages du cahier, numérotez-les (ou agrafez-les) puis placez le bloc de feuilles dans le porte-vue dédié ;
- **refaire les exercices déjà vus**. Comme vous le comprendrez plus tard dans ce livre, vous serez amenés à refaire souvent les mêmes exercices jusqu'à parfaite maîtrise. Ce cahier sera donc votre support pour cette répétition.

Conseil pour les plus ambitieux : écrivez à chaque fois la référence de l'exercice ainsi que le temps écoulé lors de la résolution. Cela vous poussera à être de plus en plus rapide, tout en gardant la même précision et la même rigueur, évidemment…

C. Pour ficher et mémoriser

Un petit cahier (192 pages)

Voici un outil précieux dont vous entendrez également parler dans les autres matières ! Vous y glisserez régulièrement :

- **les erreurs à éviter**. Vos copies, notamment en première année, sont sûrement parsemées de messages d'indignation de votre professeur de maths. « Horreur », « inadmissible », « arnaque »… Recopiez dès lors toutes les erreurs grossières que vous avez tendance à répéter ;
- **les formules importantes**. Certaines formules ont vraiment du mal à rentrer. N'hésitez pas à glisser dans ce petit cahier les formules les plus coriaces. Vous pouvez même les recopier plusieurs fois à différents endroits du cahier. Vous les réviserez ainsi deux fois plus !
- **les astuces et points méthodologiques**. Au-delà des points de cours, les meilleurs candidats ont en tête une boîte à outils gorgée d'astuces et méthodes clés. Répertoriez également toutes les astuces et méthodes que vous rencontrerez et qui vous ont posé problème ;

- **les *best of* des exercices rencontrés**. Le major de maths en ECS à Louis-le-Grand (je vous laisse imaginer le niveau) a fait cela dès la première année. Il apprenait par cœur tous les meilleurs raisonnements rencontrés dans son travail. Cet apprentissage a décuplé sa capacité de raisonnement car il avait en tête une palette de raisonnements complexes qu'il avait non seulement appris mais aussi compris.

Pour être véritablement utile, ce cahier devra être révisé régulièrement. Nous en reparlerons dans la partie sur le planning de travail...

D. Pour rendre une copie d'une propreté inégalée

Un stylo magique

Les traces de blanco, les ratures et autres imperfections graphiques sont une plaie. Les correcteurs s'en plaignent tous les ans. Il est grand temps que cela cesse et j'ai une solution que vous connaissez peut-être : les stylos de la gamme **Pilot Frixion®**. Pour ceux qui ne connaissent pas, ce sont des stylos feutre gommables. Grâce à eux, tous mes étudiants, même les plus « illisibles » rendent une copie présentable. C'était le gros problème d'un de mes étudiants de Louis-le-Grand. Ses parents inquiets l'avaient même envoyé consulter une graphologue avant que l'on se rencontre. Il s'est mis au Pilot Frixion® et tout est devenu plus clair, sans pour autant atteindre des sommets de propreté, n'exagérons rien. Il est à HEC aujourd'hui.

Un petit bémol concernant ce stylo : lorsque l'on gomme massivement au recto, le verso a parfois tendance à s'effacer aussi. Le texte s'efface également lorsqu'on approche une source de chaleur (par exemple une tasse de café) sur une copie écrite au Pilot Frixion®. Cela dit, tous mes étudiants utilisent ce stylo depuis 2007 et sont encore en vie, et même en bonne santé pour la plupart !

> À titre personnel, j'utilise le Pilot Frixion® « Point » qui présente une mine plus fine que les Frixion® « Ball » et qui accroche mieux le papier : lorsqu'on gomme au recto, le verso ne s'efface jamais. Adoptez-le : vous gagnerez un temps précieux en limitant le temps passé au brouillon et la perfection visuelle des copies ravira les correcteurs.

Vous pouvez aussi l'utiliser dans les autres matières mais je vous déconseille de l'utiliser en contraction de texte ou en langues car si quelques mots sont gommés malencontreusement, la note est directement impactée.

4. Les méthodes

A. Travaillez les fondamentaux

Je vais certainement répéter ce sur quoi beaucoup de professeurs insistent. Tout candidat doit se montrer capable de maîtriser parfaitement les outils du lycée. Or, je constate d'année en année que ce *background* mathématique est de moins en moins entretenu. J'invite tous ceux qui sentent leurs fondations mathématiques instables à se tourner vers l'ouvrage *Bien démarrer sa prépa : Précis de mathématiques* dont je parle dans la partie sur les ouvrages de référence.

Rien ne vous empêche aussi de puiser sur Internet des exercices de révision du lycée ou du collège sur un chapitre qui vous met en difficulté. Il n'y a vraiment aucune honte à avoir : la médiocrité mathématique est l'apanage de la plupart des étudiants qui rentre en prépa... J'inclus les futurs HEC dedans !

CAS PRATIQUE

Écricome 2004
Donner le domaine de définition de la fonction définie par :

$$g(x) = \ln\left(x + \sqrt{1 + x^2}\right)$$

Cette question semble simple mais des subtilités techniques menacent ! Une très bonne maîtrise des fondamentaux du lycée est nécessaire. Voici une correction possible, issue de mes supports d'exercices :

CORRIGÉ

g est définie si $1 + x^2 \geq 0$ et $x + \sqrt{1+x^2} > 0$.
Un carré étant toujours positif, on a clairement :
$x^2 \geq 0$ et immédiatement $1 + x^2 \geq 0$.
Par ailleurs :
$x + \sqrt{1+x^2} > 0 \Leftrightarrow \sqrt{1+x^2} > -x$.
Distinguons alors deux cas :
1er cas : si $x > 0$
Alors $-x < 0$ donc, comme une racine carrée est toujours positive, on en conclut que l'inégalité est toujours vraie.
2e cas : si $x \leq 0$
Alors $-x \geq 0$. La stricte croissance de $u \mapsto u^2$ sur $\mathbb{R}_+$ nous permet d'écrire :
$\sqrt{1+x^2} > -x \Leftrightarrow 1 + x^2 > x^2 \Leftrightarrow 1 > 0$.
Cela est toujours vrai et finalement :
$D_g = \mathbb{R}$.

COMMENTAIRES

Rappel : ln est définie sur $\mathbb{R}_+^*$ et $t \mapsto \sqrt{t}$ est définie sur $\mathbb{R}_+$.

Attention piège : on ne peut élever au carré que lorsque les deux membres sont du même signe. S'ils sont positifs, alors l'inégalité ne change pas de sens lorsqu'on élève au carré. En revanche, si les deux membres sont négatifs, on change le sens de l'inégalité en élevant au carré...

Rédaction : parler de stricte croissance de $u \mapsto u^2$ permet de garder l'équivalence.

Ce genre d'inégalité était la spécialité de mon professeur de 1re S ! Il avait raison d'insister : ces fondamentaux vous seront toujours utiles. Les candidats du concours Écricome 2004 l'ont bien senti !

B. Faites des rappels de cours en permanence

Voici le secret le plus précieux que je puisse vous livrer. Lorsque j'étais en prépa, en première année, j'avais tendance à apprendre le cours dans un coin et ensuite à me lancer dans la résolution d'exercices. Sur des chapitres aussi abstraits que celui sur les espaces vectoriels, c'était déprimant : je connaissais le cours mais impossible de résoudre les exercices sans correction. J'ai alors fait part de ma frustration à ma prof de seconde année qui m'a livré ce secret : « c'est simple, apprenez le cours sans trop vous acharner dessus et quand vous attaquez les exercices, faites systématiquement des rappels de cours sur chacune des questions rencontrées. Écrivez le rappel en rouge. Et commencez alors votre démonstration. » J'ai suivi ce conseil à la lettre pendant une année entière sur toutes les questions. Avec le recul, c'est LE tuyau qui m'a permis de décoller.

Je ne vous cache pas que respecter ce conseil demande une grande force de caractère car sur des questions qui paraissent faciles et qu'on peut résoudre rapidement, je ralentissais et restais dans cette routine du rappel de cours permanent. Je faisais donc moins d'exercices que mes camarades mais un nouvel horizon s'ouvrait : je comprenais enfin toutes les connexions entre le cours et les exercices et je développais une rigueur extrême qui a fait ma force le jour J.

Ainsi, sur toutes les questions rencontrées (sauf celles où vous pensez vraiment maîtriser le point de cours), faites des rappels de cours en rouge :

- en utilisant d'abord votre mémoire ;
- en vérifiant ensuite la précision du point de cours sur un formulaire ou dans le cours de votre prof ;
- en étendant le rappel de cours aux notions connexes (sans trop dévier toutefois sinon on n'avance pas !)

CAS PRATIQUE

HEC 2007

Calculer $H=\int_{-1}^{1} f(x)\,dx$ avec $\forall x \in [-1,1], f(x)=\frac{1}{2}e^{-|x|}$

On peut faire deux types de rappels sur cette question : un rappel sur les grandes formules du chapitre intégration et un rappel sur les propriétés de la valeur absolue. En guise d'illustration, voici un rappel de cours « étendu » que l'on peut faire sur la valeur absolue :

FICHE VALEUR ABSOLUE

$$\forall x \in \mathbb{R}, |x| = \max(-x, x) = \begin{cases} -x \text{ si } x < 0 \\ x \text{ si } x \geq 0. \end{cases}$$

$$\forall (a,b) \in \mathbb{R}^2, \quad |ab| = |a| \times |b|$$

$$\forall (a,b) \in \mathbb{R} \times \mathbb{R}_+, |a| \leq b \Leftrightarrow -b \leq a \leq b$$

$$\forall (a,b) \in \mathbb{R} \times \mathbb{R}_+, |a| \geq b \Leftrightarrow a \geq b \text{ ou } a \leq -b \Leftrightarrow a \in \left]-\infty, -b\right] \cup \left[b, +\infty\right[$$

Inégalité triangulaire : $\forall (a,b) \in \mathbb{R}^2, |a+b| \leq |a| + |b|$

Fonction valeur absolue : définie et continue sur $\mathbb{R}$ et dérivable sur $\mathbb{R}^*$.
Courbe représentative :

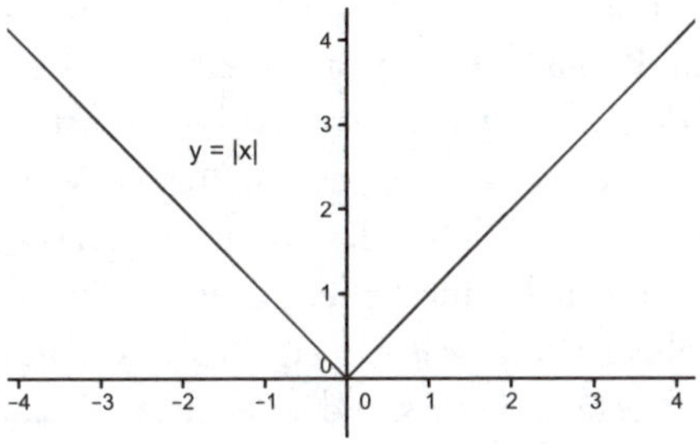

On peut faire le même type de rappel sur les propriétés d'une intégrale. Ici la relation de Chasles était à l'honneur. Je vous laisse gratter le rappel sur votre papier !

Pour les curieux, voici le corrigé de ce petit cas pratique :

CORRIGÉ

On remarque au préalable que :

$$e^{-|x|} = e^{-x} \text{ si } x \geq 0$$
$$= e^{-(-x)} = e^{x} \text{ si } x \leq 0$$

Il vient alors, par la relation de Chasles :

$$H = \int_{-1}^{0} \frac{1}{2} e^{x}\, dx + \int_{0}^{1} \frac{1}{2} e^{-x}\, dx$$
$$= \left[\frac{1}{2} e^{x}\right]_{-1}^{0} + \left[-\frac{1}{2} e^{-x}\right]_{0}^{1}$$
$$= \frac{1}{2}(1 - e^{-1}) + \frac{1}{2}(-e^{-1} - (-1))$$
$$= 1 - \frac{1}{e}$$

COMMENTAIRES

On utilise la définition de la valeur absolue

On utilise la relation de Chasles

Sur cette épreuve d'HEC 2007, une candidate est venue me consulter avec sa copie de concours parce qu'elle ne comprenait pas sa note en dessous de la moyenne. Après quelques secondes d'analyse de la copie, je me rendis compte qu'elle avait primitivé $x \mapsto e^{-|x|}$ tranquillement sans distinguer les cas… Une bonne partie du problème découlait du calcul de cette primitive et donc de cette distinction de cas qu'il était impératif de faire. Elle a malheureusement dû cuber… Elle finit par avoir l'ESCP !

C. Calculez en respectant la règle « une étape à la fois »

Les étudiants ont du mal à respecter ce conseil, notamment en seconde année. Le principe est pourtant simple : quand vous faites un calcul, efforcez-vous de ne faire qu'une seule étape à la fois. Après plus de quinze ans de coaching individuel, j'ai observé que l'immense majorité des erreurs provient du non-respect de cette règle. L'étudiant qui prend confiance a tendance à vouloir accélérer les calculs et les erreurs apparaissent dès lors qu'il essaie de regrouper plusieurs étapes en une seule ligne. Faites-moi entièrement confiance sur ce point : mieux vaut écrire plus de lignes « justes » que réduire le nombre d'étapes et faire une erreur… Aujourd'hui encore, lorsque j'essaie d'accélérer en faisant plusieurs étapes en une, il m'arrive de faire des erreurs… Après 15 ans de calculs au quotidien… C'est également le cas de tous les profs de maths : l'erreur est humaine, même chez un agrégé !

Sachez que certains professeurs (une minorité) vous critiqueront parce que vous n'allez pas à l'essentiel. Ne les écoutez pas. Les rapports de jury sont de mon côté : « tous les calculs doivent figurer sur la copie » précise le rapport de jury de l'EM Lyon en 2011…

CAS PRATIQUE

$$A = \frac{a^4 \times \frac{(b^3 a)^{-2}}{a^6 b^3}}{(a^7 b^{-5})^4 \times \frac{a^{-3} b^8}{a^5 b^{10}}} \text{ avec } (a,b) \in (\mathbb{R}^*)^2$$

Simplifier A

Respectons alors la démarche « une étape à la fois » :

CORRIGÉ

$$A=\frac{a^4\times\dfrac{b^{-6}a^{-2}}{a^6b^3}}{a^{28}b^{-20}\times\dfrac{a^{-3}b^8}{a^5b^{10}}}$$

$$A=\frac{a^{4-2-6}b^{-6-3}}{a^{28-3-5}b^{-20+8-10}}$$

$$A=\frac{a^{-4}b^{-9}}{a^{20}b^{-22}}$$

$$A=a^{-4-20}b^{-9+22}$$

$$A=a^{-24}b^{13}$$

COMMENTAIRES

1re étape : on supprime les parenthèses.

2e étape : on supprime les deux petites barres de fraction.

3e étape : on simplifie numérateur et dénominateur.

4e étape : on supprime la dernière barre de fraction.

5e étape : on achève le calcul.

Je teste souvent ce cas pratique avec mes étudiants (ECE, ECS, bizuths comme carrés) en séance introductive et je suis très surpris de constater le faible nombre d'étudiants qui arrive au bout de ce calcul de classe de 4e…

D. Rédigez toujours comme aux concours

Ce conseil risque de vous embêter quelque peu ! Je vous propose ici de vous comporter lors de vos séances d'entraînement comme si vous étiez devant votre copie de concours. Dans le chapitre consacré au mental, vous comprendrez que ce comportement est commun à tous les grands champions sportifs. Rien de particulièrement exceptionnel donc mais cela doit être nouveau pour les récents bacheliers que vous êtes. C'est vraiment une tendance que j'observe depuis quelques années lors des séances individuelles : les étudiants ont énormément de mal à rédiger comme ils le feraient sur une copie de concours. Ils me rétorquent souvent « oui mais là c'est le brouillon, le jour du DS, je rédigerai ». Monumentale erreur ! Voici trois bonnes raisons de respecter à la lettre ce conseil.

1. **Développer les automatismes** : c'est à force de rédiger comme un fou au quotidien que vous développerez les automatismes le jour J. Après deux ans de rédaction acharnée, vous serez des machines de guerre le jour du concours. Vous ne vous poserez plus la question « comment je vais rédiger ma réponse ? ». Vous libérerez ainsi beaucoup de temps pour réfléchir aux questions. Et le temps, c'est des points en plus donc des écoles en prime !
2. **Déceler les pièges cachés** : vous réaliserez assez rapidement que derrière certaines questions apparemment simples se cachent des discussions de cas en fonction de la valeur de certains paramètres. Les distinctions de cas, ou « facettes », sont fréquentes aux concours. Vous ne repérerez ces pièges cachés qu'à force d'entraînement au quotidien. Si vous restez en permanence en mode « brouillon », vous ne décrypterez que les cas généraux en omettant tous les cas particuliers. Vous serez alors très surpris après les DS lors de la remise des notes…

3. **Atteindre la perfection** : plus vous rédigerez, plus vous arriverez à atteindre à la fois rigueur, précision et concision. Cette dernière exigence est plus difficile à développer. Vous vous rendrez compte qu'en rédigeant, vous allez dans un premier temps proposer des solutions rigoureuses mais lourdes, bavardes. Plus vous rédigerez, plus vos solutions seront concises tout en restant rigoureuses. Ce n'est qu'un travail quotidien qui permettra d'atteindre cette alchimie entre rigueur et concision.

CAS PRATIQUE

Une limite classique.
Calculer la limite de la suite *u* définie par :
$\forall n \in \mathbb{N} \qquad u_n = n^\alpha x^n$ avec $x \in]-1,1[$ et $\alpha \in \mathbb{R}$.

Des subtilités se cachent encore derrière cet exercice anodin. Seule une rédaction « professionnelle » permet de les repérer sans peine.

CORRIGÉ

1er cas : soit $x = 0$. Alors : $\forall n \in \mathbb{R}^*,\ n^\alpha x^n = 0$

Donc en faisant tendre n vers l'infini : $\lim\limits_{n \to +\infty} u_n = 0$

2e cas : Soit $x \in \left]-1,1\right[\setminus \{0\}$

On a alors : $\forall n \in \mathbb{N}^*,\ |u_n| = |n^\alpha x^n| = n^\alpha |x|^n$

Et en passant à la forme exponentielle :

$\forall n \in \mathbb{N}^*,\ |u_n| = e^{\alpha \ln(n)} e^{n \ln(|x|)} = e^{\alpha \ln(n) + n \ln(|x|)}$

En mettant en facteur le terme prépondérant, il vient :

$\forall n \in \mathbb{N}^*,\ |u_n| = e^{n\left[\alpha \frac{\ln(n)}{n} + \ln(|x|)\right]}$

$$\text{Or : } \begin{cases} \lim\limits_{n \to +\infty} \alpha \dfrac{\ln(n)}{n} + \ln(|x|) = \ln(|x|) \\ \ln(|x|) < 0 \text{ car } |x| < 1 \end{cases}$$

$$\text{Donc : } \lim_{n \to +\infty} n\left[\alpha \frac{\ln(n)}{n} + \ln(|x|)\right] = -\infty$$

Et comme $\lim\limits_{x \to -\infty} e^x = 0$, on conclut : $\lim\limits_{n \to +\infty} |u_n| = 0$

i.e. $\lim\limits_{n \to +\infty} u_n = 0$

Dans tous les cas, pour $x \in \left]-1,1\right[$ et $\alpha \in \mathbb{R}$, on a :
$\lim\limits_{n \to +\infty} u_n = 0$

COMMENTAIRES

Rappel : valeurs absolues
$\forall (a,b) \in \mathbb{R}^2,\ |ab| = |a| \times |b|$

Corollaire : $\forall a \in \mathbb{R},\ |a^n| = |a|^n$.

Rappel : forme exponentielle.
$\forall \alpha \in \mathbb{R}, \forall x \in \mathbb{R}_+^*,\ x^\alpha = e^{\alpha \ln(x)}$

Rappel : croissances comparées
Pour $\alpha > 0$, $\ln(n) \underset{n \to +\infty}{=} o(n^\alpha)$

Donc, avec $\alpha = 1$: $\lim\limits_{x \to +\infty} \dfrac{\ln(n)}{n} = 0$

Nous avons utilisé ici une méthode qu'un très bon étudiant de terminal pouvait trouver. En prépa, une seconde méthode consistait à considérer la négligeabilité usuelle suivante :
$n^{\alpha} \underset{n \to +\infty}{=} o(a^n)$ avec $\alpha \in \mathbb{R}$ $a > 1$.
Je vous laisse poursuivre cette seconde méthode...

E. Travaillez toutes les méthodes de résolution

Vous le savez, certaines questions peuvent être résolues de multiples façons. Au début de votre apprentissage, vous repérerez les méthodes les plus lourdes, les plus calculatoires qui ont le mérite d'être les plus classiques. Mais petit à petit, des astuces précieuses pour gagner du temps aux concours vous permettront de répondre beaucoup plus rapidement aux questions posées.

Cependant, à l'entraînement, ne tombez pas dans ce réflexe « paresseux » (mais humain !) qui consiste à ne rédiger que la méthode astucieuse. Disciplinez-vous à rédiger également la ou les autres méthodes de résolution. Cela permettra de travailler les fondamentaux et les classiques mais aussi de mieux mémoriser l'astuce : vous aurez passé tellement de temps sur une méthode lourde qu'on ne vous y reprendra plus le jour du concours ! L'astuce sera incrustée beaucoup plus fermement dans votre mémoire ! Vous ferez peut-être moins d'exercices que votre voisin mais vous progresserez plus.

CAS PRATIQUE

Écricome 2005

Montrer que : $\forall x \in \mathbb{R}_+, \quad \sqrt{x} \leq \frac{1}{2}(1+x)$

On peut gérer cette inégalité de multiples façons. Concentrons-nous sur les principales méthodes.

Méthode 1 : par étude de fonction

On pose $\forall x \in \mathbb{R}_+, f(x) = \sqrt{x} - \frac{1}{2}(1+x)$

Et on montre que $\forall x \in \mathbb{R}^+, f(x) \leq 0$ en dérivant puis en dressant le tableau de variation. Pour gérer des inégalités, cette méthode lourde fonctionnera très souvent...

Méthode 2 : en utilisant la concavité de la fonction racine

On pose $\forall x \in \mathbb{R}_+, f(x) = \sqrt{x}$

Et on montre que *f* est concave donc au-dessous de sa tangente au point d'abscisse 1 qui a pour équation : $\Delta : y = f'(1)(x-1) + f(1)$ c'est-à-dire $\Delta : y = \frac{1}{2}(x+1)$.

Ainsi $\forall x \in \mathbb{R}_+, \sqrt{x} \leq \frac{1}{2}(1+x)$.

Cette méthode est nettement plus élégante que la précédente et comblera de joie le correcteur !

Méthode 3 : en faisant apparaître une identité remarquable
Au brouillon, on trafique un peu ce que l'on veut montrer, comme suit :
$\sqrt{x} \leq \frac{1}{2}(1+x) \Leftrightarrow 2\sqrt{x} \leq 1+x \Leftrightarrow x-2\sqrt{x}+1 \geq 0 \Leftrightarrow \left(\sqrt{x}-1\right)^2 \geq 0$. Ceci est toujours vrai donc on rédige comme suit :
Soit $x \in \mathbb{R}^+$. Un carré étant toujours positif, on a :
$\left(\sqrt{x}-1\right)^2 \geq 0 \Leftrightarrow x-2\sqrt{x}+1 \geq 0 \Leftrightarrow 2\sqrt{x} \leq 1+x \Leftrightarrow \sqrt{x} \leq \frac{1}{2}(1+x)$
Cette méthode ravira également le correcteur. Au passage, cette méthode de résolution des inégalités illustre l'un de mes secrets : transformer au brouillon l'inégalité pour faire apparaître une évidence, puis rédiger en recopiant le brouillon « à l'envers » est un procédé qui marche très souvent et qui m'a sauvé la vie plusieurs fois !
D'autres méthodes pouvaient également être utiles pour prouver l'inégalité : en posant par exemple $X = \sqrt{x}$ ou en élevant au carré l'inégalité à prouver… Je vous laisse poursuivre.

F. Soignez le brouillon comme le propre

C'est une nouveauté : les brouillons que vous ferez ne devront plus être « brouillons » ! Fini les écritures en diagonale au brouillon, les expressions posées négligemment sans quantificateurs, les brouillons confectionnés dans un tout petit bout de feuille illisible. À présent, vous allez apprendre à rédiger des brouillons « professionnels » !

Pourquoi tant de formalisme, vous demandez-vous peut-être ? Simplement parce que, sur certaines questions coriaces, vous devrez explorer plusieurs pistes de réflexion. En rédigeant proprement ces différentes pistes au brouillon, vous apprendrez de vos pistes qui n'aboutissent pas et vous vous dirigerez ainsi plus sereinement vers la piste salvatrice. En revanche, si vous continuez à produire des brouillons « brouillons », ce sera mission impossible.

Plus généralement, deux situations se présenteront :

1. **À l'entraînement** : écrivez le brouillon au propre entre parenthèses à l'intérieur de votre raisonnement. Une fois que votre brouillon vous donne la bonne piste, fermez la parenthèse et commencez votre rédaction
2. **Lors des DS et lors du concours** : faites vos brouillons proprement sur des feuilles et en écrivant sur les rectos. Ce n'est pas très écologique mais c'est plus efficace et vous ne vous perdrez pas en route.

CAS PRATIQUE

Une récurrence délicate.

Montrer que : $\forall n \in \mathbb{N}^*, \left[\prod_{k=1}^{n}(2k)!\right] \geq [(n+1)!]^n$.

Cette inégalité se montre par récurrence mais nous allons voir que ce n'est pas si simple. L'initialisation est évidente donc passons à l'hérédité.

Soit $n \in \mathbb{N}^*$. Supposons que $\left[\prod_{k=1}^{n}(2k)!\right] \geq [(n+1)!]^n$.

Montrons alors que $\left[\prod_{k=1}^{n+1}(2k)!\right] \geq [(n+2)!]^{n+1}$.

Voici « en exclusivité » le brouillon que j'ai dressé lorsque j'ai découvert cet exercice :

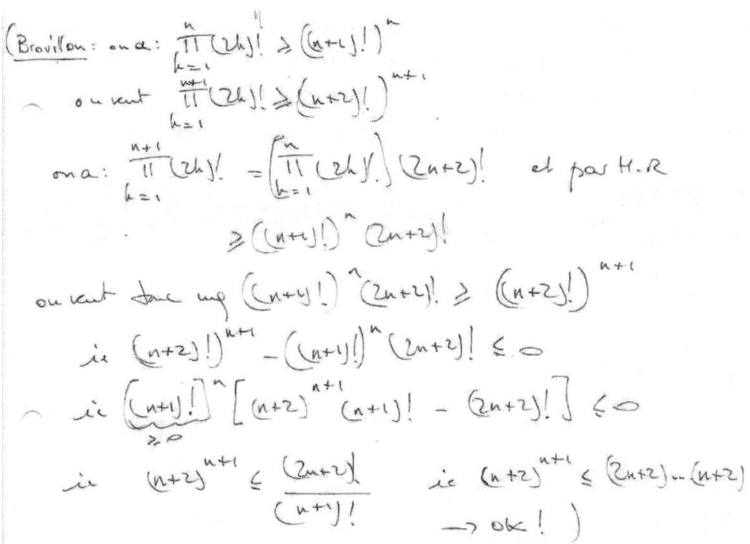
(Brouillon : on a : $\prod_{k=1}^{n}(2k)! \geq ((n+1)!)^n$

on veut $\prod_{k=1}^{n+1}(2k)! \geq ((n+2)!)^{n+1}$

on a : $\prod_{k=1}^{n+1}(2k)! = \left(\prod_{k=1}^{n}(2k)!\right)(2n+2)!$ et par H.R

$\geq ((n+1)!)^n (2n+2)!$

on veut donc mq $((n+1)!)^n(2n+2)! \geq ((n+2)!)^{n+1}$

ie $((n+2)!)^{n+1} - ((n+1)!)^n(2n+2)! \leq 0$

ie $\underbrace{((n+1)!)^n}_{\geq 0}\left[(n+2)^{n+1}(n+1)! - (2n+2)!\right] \leq 0$

ie $(n+2)^{n+1} \leq \frac{(2n+2)!}{(n+1)!}$ ie $(n+2)^{n+1} \leq (2n+2)\ldots(n+2)$

$\rightarrow$ ok !)

Une fois le mystère percé, voici la rédaction au propre, en reprenant le brouillon « à l'envers » :

On remarque que :

$$\begin{cases} n+2 \geq n+2 \geq 0 \\ n+3 \geq n+2 \geq 0 \\ \vdots \\ 2n+2 \geq n+2 \geq 0 \end{cases}$$

En multipliant ces $n+1$ inégalités, il vient :

$$(n+2)(n+3)\ldots(2n+2) \geq (n+2)^{n+1} \quad i.e. \quad \frac{(2n+2)!}{(n+1)!} \geq (n+2)^{n+1}.$$

Je vous laisse alors reprendre le brouillon à l'envers et ainsi achever la récurrence.

Pour la petite histoire, c'est l'un de mes étudiants qui m'avait appelé en panique pour que je l'aide à résoudre l'exercice. Au début, j'avais rédigé un brouillon « brouillon » : je n'y arrivais pas. Je me suis alors résolu à construire un brouillon « professionnel » : mon étudiant fut comblé !

G. Remplissez et révisez le petit cahier

Dans la liste de fournitures, je vous ai suggéré l'acquisition d'un cahier petit format. Relisez ce qui a été dit sur ce sujet. Ce cahier sera votre boîte à outils. Ne le perdez jamais de vue. Ne le laissez pas dans un coin de votre prépa car les vols sont fréquents… notamment dans les prépas privées… Je vous conseille donc de le laisser plutôt chez vous.

Plus loin, dans la rubrique sur l'organisation du planning de travail, vous verrez comment insérer dans votre emploi du temps des plages horaires dédiées à la révision de ce cahier (et de tous les autres). Remplir le cahier sans le réviser est tout bonnement inutile. J'insiste sur ce point. Révisez encore et toujours pour que toutes les astuces, toutes les formules indigestes, tous les *bests of* du concours soient définitivement ancrés dans votre mémoire.

CAS PRATIQUE

Exemple de *best of* à insérer dans le petit cahier.
HEC 2000

Montrer que $\sum_{k=1}^{n} \frac{1}{k} \underset{n \to +\infty}{\sim} \ln(n)$

On écrira dans le petit cahier quelque chose du genre :

1. On part de $k \leq t \leq k+1$
2. On montre que $\frac{1}{k+1} \leq \frac{1}{t} \leq \frac{1}{k}$
3. On intègre et on a $\frac{1}{k+1} \leq \int_k^{k+1} \frac{dt}{t} \leq \frac{1}{k}$ (car $k \leq k+1$)
4. On somme d'abord la partie droite de l'inégalité et on obtient après calcul : $\ln(n+1) \leq \sum_{k=1}^{n} \frac{1}{k}$
5. On somme ensuite la partie gauche de l'inégalité et après changement d'indice, on a $\sum_{k=1}^{n} \frac{1}{k} \leq 1 + \ln(n)$
6. On a l'encadrement $\ln(n+1) \leq \sum_{k=1}^{n} \frac{1}{k} \leq 1 + \ln(n)$
7. On divise l'inégalité par $\ln(n)$
8. Par encadrement on a le résultat…

Cet immense classique peut être posé tel quel aux concours donc il est bon de connaître la trame par cœur.

H. Travaillez le plus possible sur des exercices corrigés

Je vous le dis d'emblée : certains profs de maths ne seront pas d'accord avec ce conseil. Notamment ceux qui donnent des feuilles d'exercices non corrigés à préparer d'une séance sur l'autre. Très chers professeurs, je vous le dis sincèrement : cette méthode ne fonctionne pas. Je le vois au quotidien depuis 15 ans. Malgré leur bonne volonté, les étudiants sont souvent démunis, notamment en bizuth mais aussi en carré. Une exaspération que j'entends souvent : « je n'arrive pas à faire les exercices que me demande mon prof, pourtant j'y passe des heures entières ».

Je m'adresse donc aux étudiants à présent : apprenez parfois à désobéir... Si votre prof vous matraque d'exercices non corrigés, passez-y un certain temps mais pas un temps « fou » ! Privilégiez toujours les exercices dont vous avez les corrections (par exemple sur les ouvrages que je vous ai conseillés). Et ensuite attaquez-vous éventuellement aux exercices non corrigés que vous demande votre prof. Et si votre prof vous ridiculise lorsque vous passez au tableau sur un exercice que vous n'avez pas traité, acceptez le ridicule de la situation. Vous n'en mourrez pas. Si vous saviez le nombre de moments où je me suis ridiculisé en prépa : je préfère taire ce sombre passé !

Si votre professeur vous convoque, soyez sincères : montrez-lui votre planning de travail ainsi que le temps que vous avez passé sur ses exercices. Votre sérieux désamorcera sa colère.

I. Répétez les exercices jusqu'à parfaite maîtrise

L'information ne manque pas en prépa. Internet est un outil extraordinaire qui vous procurera en un ou deux clics des exercices corrigés. Du coup, il est très tentant de faire un sujet de concours différent tous les jours. C'est une grave erreur. Ce n'est pas ainsi qu'on optimise ses progrès. Pourtant, tous les ans, les étudiants tombent dans ce piège et stagnent...

Voici la démarche que je vous propose :

Lorsque vous faites un exercice (depuis un livre ou une feuille de TD), repérez si vous avez été capable de faire l'exercice parfaitement sans la correction :

- Si vous l'avez parfaitement exécuté, « tick-markez-le » comme suit à l'aide du stylo gommable : ☑
- S'il vous a fallu utiliser la correction, c'est que l'exercice n'est pas maîtrisé donc posez l'annotation suivante, toujours au stylo gommable : ☒

Lors des séances de révision qui seront calées dans le planning de travail, refaites alors dans votre grand cahier à spirale les exercices mal maîtrisés en respectant la même discipline.

Il vous faudra parfois plus de cinq répétitions du même exercice pour arriver à une parfaite maîtrise. Il m'est personnellement arrivé de refaire cinq à six fois certaines questions clés d'annales de concours.

Le premier avantage de cette discipline est que vous finirez par parfaitement maîtriser tous les exercices classiques et vous savez à quel point cela compte aux yeux des correcteurs.

Le second avantage est qu'à force de répéter les mêmes exercices, vous les ferez de mieux en mieux et votre capital-confiance grossira. Vous prendrez alors conscience de vos progrès. À l'inverse, ne faire que des exercices nouveaux vous déprimera car vous serez presque toujours mis en difficulté...

J. Entraînez-vous à écrire vite en toute occasion

Les profs de prépa n'insistent que rarement sur ce point. Il est pourtant l'une des clés pour avoir une grosse note aux parisiennes. En séance de coaching individuel, je le vois assez rapidement : ainsi, Médéric, un ancien élève, m'a bluffé dès le premier cours ! Je n'avais jamais vu quelqu'un écrire aussi vite ! Et bien en même temps ! Il a eu HEC haut la main avec la manière et des notes exceptionnelles en maths. *A contrario*, j'ai aussi vu beaucoup d'étudiants très capables mais paralysés par leur lenteur d'exécution. Leurs notes ne dépassaient guère le 8/20...

Un conseil donc : entraînez-vous à écrire vite en toute occasion. En maths mais aussi dans les autres matières. En cours, mais aussi chez vous. À l'entraînement et en DS. Attention, l'idée n'est pas de sauter des étapes dans vos calculs ou vos raisonnements mais simplement de faire fonctionner votre poignet le plus rapidement possible. Le stylo Pilot Frixion® sera là pour toutes les éventuelles coquilles, donc prenez des risques, quitte à être un peu sales au début. C'est à force de vous entraîner à écrire vite que vous écrirez vite et bien. J'insiste, notamment auprès des candidates qui sont souvent plus soignées que les candidats...

Pour constater les progrès, vous pouvez également vous chronométrer sur les exercices que vous refaites. Rien d'obligatoire. Personnellement je ne me chronométrais pas mais je savais que la rapidité de mon écriture était un atout. Je cultivais alors ce point fort au quotidien sans réel indicateur de performance.

K. Soyez stratèges pendant l'épreuve

Au-delà des méthodes que vous ne manquerez pas de suivre, il faudra aussi faire preuve d'intelligence lors des épreuves. Voici pour résumer, les dix facteurs clés de succès que je vous recommande de suivre le jour J.

1. Lisez et annotez le sujet

Consacrez environ cinq minutes à la lecture de l'énoncé. Repérez les thématiques abordées et choisissez *a priori* l'ordre dans lequel vous allez traiter les exercices ou les parties (par exemple, l'exercice 3 en premier à faire en une demi-heure puis l'exercice 1...). Cochez également les questions cachées que vous pensez maîtriser et qu'il faudra absolument aborder lors de l'épreuve.

2. Commencez et finissez fort

La première heure est décisive. Dès les premières lignes, le correcteur saura à qui il a affaire. Il s'agit donc de soigner son image et de proposer une composition parfaite ! Posez bien toutes les variables, mettez tous les quantificateurs, choisissez les méthodes de résolution les plus originales, énoncez toutes les conditions des théorèmes... Bref : vendez du rêve ! Sur les épreuves comportant plusieurs exercices, commencez donc toujours par celui qui vous valorisera le plus. Au-delà de la première heure, préservez les réflexes fondamentaux (variables à poser, conditions des théorèmes) mais commencez à accélérer, par exemple en détaillant moins la conduite des calculs ou en raisonnant par analogie. À l'entame de la dernière heure, concentrez-vous sur les questions à votre portée repérées lors de la lecture préliminaire.

3. N'hésitez pas à sauter une question

Les meilleurs candidats n'hésitent pas à sauter des questions, même lorsqu'elles ne sont pas d'une difficulté majeure. Attention, cela ne signifie pas qu'il faut développer une stratégie de grappillage : les correcteurs en ont horreur et réfléchir longuement sur une partie entière est souvent salutaire. Il s'agit de trouver le juste milieu en fonction de vos atouts.

4. Écrivez vite, écrivez tout

Les meilleurs candidats sont aussi ceux qui exécutent rapidement leurs réponses, quitte à négliger parfois le soin apporté à la copie. Plutôt que de rendre des œuvres d'art, je vous invite donc à limiter l'usage du brouillon (réservé à l'amorce des raisonnements) et à tenter une rédaction rapide sur la copie. Un stylo-feutre gommable vous aidera à rendre le tout plus présentable. Ne vous précipitez pas pour autant dans la conduite de calcul : écrivez vite, certes, mais écrivez toutes les étapes et limitez ainsi le risque d'erreur.

5. Soyez honnêtes

Relisez la partie sur les attentes du jury et vous réaliserez que l'honnêteté est une qualité valorisée. Je le répète ici : l'arnaque ne fonctionnera jamais... Les malus et arrêts de correction existent aux concours...

6. Restez focalisés sur le présent

Les meilleurs candidats sont souvent des « guerriers intellectuels » qui ne pensent qu'à l'envie de réussir la question du moment et qui parviennent à contrôler leur nervosité quand la difficulté s'élève. Self-control maximum donc. Sur l'ensemble des épreuves de mathématiques du concours, vous ne bénéficierez pas du même état de forme, de la même fraîcheur à chaque fois. La perfection permanente n'existe pas. Acceptez donc ces passages à vide sans vous déprécier et poursuivez le « combat » ! Dans le sport de haut niveau, on reconnaît les grands champions par leur capacité à gagner, même en jouant mal. Alors, en forme ou pas, battez-vous jusqu'à la dernière seconde.

7. Simplifiez, rusez, testez

Sur les questions présentant des notations compliquées, pensez à remplacer les variables par des chiffres simples : l'étude d'exemples permet souvent de désamorcer la difficulté. Par ailleurs, plutôt que de vous lancer, tête baissée, sur votre première idée, pensez toujours à l'éventualité de réutiliser les questions précédentes. Parfois, une simple ruse suffit : en 1997, une affreuse matrice d'ordre 4 pouvait ainsi être diagonalisée en moins de cinq minutes si l'on connaissait l'astuce. Plus subtil encore, lisez systématiquement les deux ou trois questions qui suivent pour avoir une idée du résultat vers lequel le concepteur vous conduit : vous y trouverez souvent des idées de méthodes à utiliser ou au contraire à éviter. Enfin, lorsque le résultat d'un calcul important n'est pas donné par l'énoncé, testez-en la cohérence : sur le terme général d'une suite, vérifiez si les deux premiers termes valident la relation que vous avez obtenue. Après avoir calculé des sous-espaces propres, vérifiez par produit matriciel si les vecteurs propres ainsi formés sont justes. Une probabilité devra être comprise entre 0 et 1, une variance sera toujours positive, etc.

8. Sortez du lot

Pour tirer votre épingle du jeu, essayez de repérer les questions qui semblent délicates mais à votre portée. Les correcteurs récompenseront toujours les prestations à forte « valeur ajoutée » et les méthodes originales. Sur l'épreuve de l'ESCP 2000, une inégalité pouvait se montrer de quatre façons différentes dont une utilisant le dénombrement. Les rares copies ayant adopté cette approche ont évidemment été récompensées.

9. Adaptez-vous au sujet

Si le sujet est difficile, n'hésitez pas à réfléchir longuement sur certaines questions. En 2011, à l'épreuve CCIP voie E, le protocole de probabilité mobilisait deux pages d'énoncé : du jamais vu ! Une demi-heure de casse-tête avant d'attaquer la moindre question ! Ne craignez donc pas de passer du temps, beaucoup de temps, sur la compréhension d'une question clé ou d'un énoncé. À l'inverse, si le sujet paraît simple, misez sur une rédaction impeccable et faites preuve d'une grande rapidité d'exécution. Enfin, lorsque le sujet alterne le simple et le plus compliqué, les audacieux se frotteront à la difficulté pour s'extraire de la masse. Vous l'aurez compris : calibrez votre stratégie en fonction du sujet, de l'école, de votre intuition et de vos forces.

10. Faites abstraction des éléments perturbateurs

Dans une salle de concours, tout peut arriver. J'ai, pour ma part, eu droit à la mélopée du marteau-piqueur de Saint-Lazare. Mon voisin de gauche était un cube angoissé qui me parlait de ses nausées du matin. Celui de droite était le major en mathématiques au lycée Louis-Le-Grand et finissait systématiquement tous les sujets. Certains passèrent les concours dans l'immense chapelle du lycée Michelet avec pour fond sonore permanent les roucoulades de tourterelles excitées tandis que d'autres pestaient en dessous d'un néon défectueux projetant une ambiance stroboscopique quelque peu décalée… Tout est possible alors mettez vos boules Quies et adoptez une « positive attitude » inaltérable. Rien ne pourra plus vous arrêter.

5. L'analyse des bonnes copies

A. La stratégie de Louis

Notes aux concours : 20/20 de moyenne à HEC et à l'EDHEC, 18,6/20 à l'ESSEC mais 13,8/20 à l'EM Lyon

Louis était l'un de mes anciens étudiants. Il avait cette tendance à bien commencer les sujets mais bloquait systématiquement au bout de 2 heures. Il a finalement ajusté sa stratégie.

Témoignage de Louis
(Lycée Stanislas, HEC 2010 avec double 20/20 en maths)

« J'ai fini par devenir un prédateur ! La première heure, j'essayais de bien rédiger pour séduire le correcteur puis, au bout d'une heure, j'avais mon chronomètre et si, au bout de deux minutes, je n'arrivais pas à trouver la moindre piste sur une question, alors je passais à la suivante. Ma rédaction devenait aussi moins exhaustive que lors de la première heure. Avec cette stratégie, j'avançais beaucoup plus rapidement et mes notes ont commencé à décoller. »

Voici un extrait de sa première page à l'épreuve CCIP :

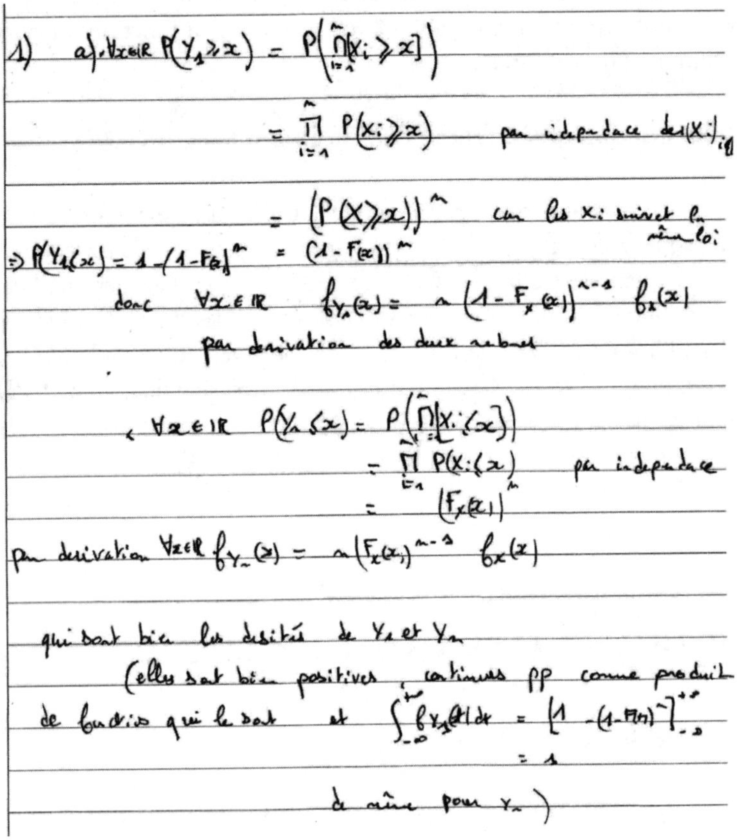

Comme vous l'observez, Louis avait une écriture très désagréable. Au niveau de la rédaction, il mettait les éléments clés mais sans trop s'étendre.

Cette stratégie a payé partout sauf à l'EM Lyon où les correcteurs sont très exigeants sur la rédaction. Voyons à présent une étudiante qui a su également séduire le correcteur de l'EM Lyon.

B. La stratégie d'Hortense

Notes aux concours : 20/20 à l'épreuve CCIP et à l'EM Lyon, 18/20 à l'EDHEC, 16,1/20 à l'ESSEC, 14,8/20 à HEC.

Hortense était également très talentueuse malgré quelques difficultés en probabilité et notamment en dénombrement. Aux concours, elle a comblé ses lacunes et s'est efforcée de proposer une prestation parfaite, à la fois sur le fond et la forme. Contrairement à Louis, elle sautait peu de questions et soignait grandement la forme. Du coup, elle faisait moins de questions que Louis mais la perfection visuelle a dû impressionner plus d'un correcteur ! Voyons un extrait de sa première page à l'épreuve CCIP :

Partie I

1 (a) • $\forall x \in \mathbb{R},\ \mathbb{P}(Y_1 \leq x) = \mathbb{P}(\inf(X_1, X_2, \ldots, X_n) \leq x)$

$= 1 - \mathbb{P}(\inf(X_1, X_2, \ldots, X_n) > x)$

$= 1 - \mathbb{P}((X_1 > x) \cap (X_2 > x) \cap \ldots \cap (X_n > x))$

$= 1 - \mathbb{P}(X_1 > x)\,\mathbb{P}(X_2 > x) \ldots \mathbb{P}(X_n > x)$

car les variables $X_1, X_2, \ldots, X_n$ sont mutuellement indépendantes

$= 1 - (\mathbb{P}(X_1 > x))^n$

car les variables $X_1, X_2, \ldots, X_n$ suivent la même loi que X

Donc : $\forall x \in \mathbb{R},\ \underline{F_{Y_1}(x) = 1 - (1 - F_X(x))^n}$

Comme X et Y_1 sont deux variables à densité, en dérivant, on obtient qu'une densité de Y_1 est :

$\forall x \in \mathbb{R},\ f_{Y_1}(x) = -n.(-F'_X(x)).(1 - F_X(x))^{n-1}$

$\Rightarrow \boxed{\forall x \in \mathbb{R},\ f_{Y_1}(x) = n(1 - F_X(x))^{n-1} f_X(x)}$

Elle écrit bien, elle souligne les résultats, les arguments clés sont là. La perfection ! Cette stratégie est donc la bonne sur bien des sujets mais celle de Louis me paraît plus judicieuse si certaines questions au milieu d'un sujet sont délicates et vous empêchent d'avancer…

C. La stratégie de Margot

Note à l'EDHEC 2011 : 20/20.

Pour conclure, intéressons-nous à Margot, une étudiante ECE que j'ai accompagnée en mathématiques et qui a déployé une rigueur impeccable le jour du concours. Voici un cours extrait de sa première page à l'EDHEC.

b) reprenons l'inégalité du 1.a) et multiplions par $t \in [0;x]$ avec $x>0$ donc $t>0$

$$\forall x>0, \forall t\in[0,x], \quad \frac{t}{e^x+1} \leq \frac{t}{e^t+1} \leq \frac{t}{2}$$

$\left\{ \begin{array}{l} t\mapsto \frac{t}{e^x+1}\ ;\ t\mapsto \frac{t}{e^t+1}\ ;\ t\mapsto \frac{t}{2} \text{ sont continues} \\ \text{sur } [0;x] \text{ avec } x>0 \\ x>0 \text{ i.e. les bornes sont dans le sens croissant} \end{array} \right.$

on peut donc intégrer l'inégalité précédente entre 0 et x et on obtient :

$$\int_0^x \frac{t}{e^x+1}\,dt \leq \int_0^x \frac{t}{e^t+1}\,dt \leq \int_0^x \frac{t}{2}\,dt$$

$$\Leftrightarrow \frac{1}{e^x+1}\left[\frac{t^2}{2}\right]_0^x \leq \int_0^x \frac{t}{e^t+1}\,dt \leq \frac{1}{2}\left[\frac{t^2}{2}\right]_0^x$$

Des qualités indéniables se dégagent de ces quelques lignes :

- un effort de précision dans la définition des variables ;
- la conduite rigoureuse dans la construction d'inégalités ;
- des conditions du théorème de croissance de l'intégration clairement exposées, contrairement à la plupart des étudiants qui négligent la continuité des fonctions en présence ou qui omettent de préciser que les bornes sont dans le sens croissant ;
- la présentation générale qui facilite la correction avec notamment l'utilisation des accolades.

Ces qualités sont assez rares en ECE. Le 20/20 était amplement mérité. Petit bémol toutefois : son application excessive et sa lenteur d'écriture l'ont ralentie et ses notes aux parisiennes n'ont pas été aussi hautes qu'à l'EDHEC. À vous de trouver le bon dosage…

Mathématiques / En un mot

LES ATTENTES

- Être rigoureux et précis dans l'application du cours.
- Être irréprochable sur les questions classiques.
- Prendre le temps de la réflexion et éviter le grappillage.
- Être humble et honnête intellectuellement.
- Soigner la présentation.

LES MÉTHODES

- Achetez les ouvrages de référence.
- Respectez l'organisation proposée (fournitures et classement).
- Travaillez toujours les bases.
- Faites des rappels de cours tout le temps.
- Calculez avec la méthode « une étape à la fois ». Rédigez toujours comme si vous étiez aux concours.
- Travaillez toutes les méthodes de résolution.
- Soignez toujours le brouillon.

LES SECRETS

- Concentrez-vous dans un premier temps sur les exercices avec corrigé et à votre portée.
- Répétez les mêmes exercices jusqu'à parfaite maîtrise.
- Évitez la multiplication compulsive de sujets traités.
- Soyez toujours honnêtes et ne bluffez jamais.
- Faites la différence sur les questions délicates.
- Apprenez dès le début de votre prépa à écrire vite. Soyez stratège pendant l'épreuve.

CHAPITRE 4

Anglais

Les notes proches de zéro, voire négatives, en langues vivantes sont fréquentes lorsqu'on arrive en prépa. Il ne faut surtout pas céder à la panique. Acceptez votre niveau du moment et persévérez car ce sont des matières payantes aux concours. Les récents intégrés ont dû vous le dire. Ce sont, avec les mathématiques, les matières les plus fiables. Un travail sérieux et régulier conduira à une note honorable voire excellente. Si en plus vous respectez les méthodes qui suivent, vous serez comblés ! Elles sont la synthèse de nombreuses discussions avec les candidats qui ont excellé aux concours mais aussi avec des étrangers bilingues et qui m'ont livré leur secret pour atteindre un tel niveau.
Je ne développerai ici que la partie sur l'anglais qui est une matière obligatoire aux concours. N'hésitez pas à répliquer les méthodes pour votre seconde langue vivante. Vous n'aurez pas le détail des bons ouvrages mais tout le reste y sera.

« Pour majorer l'épreuve de version dans ma prépa, j'adoptais toujours la même démarche : je traduisais d'abord littéralement le texte au brouillon puis j'allais directement au propre et je traduisais en bon français mon brouillon »

Guillaume, major en anglais à Ipesup

1. Les attentes du jury

Les attentes du jury sont assez prévisibles mais il est bon de les rappeler et de s'y conformer. Vous constaterez que la forme (langue, style) compte énormément mais que le fond n'est pas en reste…

A. Être irréprochable sur le vocabulaire et la grammaire

> Rapport de jury 2011
>
> « Cette année, plusieurs candidats ont rendu des copies (…) de qualité médiocre. Cette médiocrité va au-delà de simples maladresses de style : elle se traduit plutôt par **d'innombrables fautes de langue inacceptables** tant sur le plan lexical que grammatical (sans parler de l'orthographe !). »

C'est l'exigence fondamentale pour tout candidat : écrire dans une langue irréprochable, tant au niveau du vocabulaire employé que des points de grammaire en jeu. L'erreur de grammaire est toutefois encore plus sévèrement sanctionnée qu'un lexique défaillant. Ce qui ne veut pas dire qu'il ne faut pas enrichir son expression car avoir un vocabulaire pauvre décrédibilisera complètement le candidat…

B. Éviter absolument la traduction littérale dans le travail du thème et de la version

> Rapport de jury : CCIP 2011 LV2
>
> « La voix passive a également compliqué le travail de certain(e)s candidat(e)s : *the use of his legs had been denied him* n'a pas souvent donné une phrase telle que : « il avait perdu l'usage de ses jambes… », ou encore *all his needs* [...] *were attended to by* n'a pas toujours donné lieu à une phrase active, telle que : « les propriétaires s'occupaient de tout ses repas… », ce qui dénote l'absence de certains réflexes dans la manipulation de la langue anglaise, a fortiori dans le cadre du thème et de la version.
>
> Les correcteurs ont fait preuve de clémence face aux imperfections de l'expression écrite, préférant bonifier les copies les plus fluides et les plus fidèles à l'original dans la simplicité et la facilité de lecture, sans que le sens final n'en souffre outre mesure. »

J'ai beau formuler ces évidences aux étudiants tous les ans, le message n'est pas toujours enregistré donc je le répète une nouvelle fois : traduire, ce n'est pas traduire mot à mot mais plutôt adapter la traduction de façon à faire apparaître un texte idiomatique, compréhensible et fluide. Quitte parfois à s'éloigner quelque peu des mots et expressions du texte initial. L'extrait du rapport de jury est assez clair sur ce point…

C. Soigner les idées développées dans la partie sur l'expression écrite

> Rapport de jury 2011
>
> « Il est arrivé que des candidats écrivant un anglais plutôt convenable répondent à côté – sans tenir compte des questions posées – en pensant qu'il leur suffit d'écrire n'importe quoi dans une langue correcte pour obtenir une bonne note. »

En écrivant dans une langue soignée mais sans prêter attention aux idées, vous obtiendrez une note proche de la moyenne mais rarement plus. C'est déjà ça, me direz-vous ! Mais cela traduit une forme de bachotage passif, voire idiot, puisque votre point de vue et votre capacité à répondre à la question posée ne sont pas mis en exergue. Les étudiants qui adoptent cette stratégie sont souvent ceux qui apprennent par cœur des essais en entier et qui les ressortent sans filtre. Les correcteurs ne sont pas dupes… Un impératif donc : répondre à la question avec intelligence ! Dans une langue soignée évidemment.

D. Avoir des repères géopolitiques et historiques

> Rapport de jury 2011
>
> « Cette année, plusieurs candidats ont rendu des copies (…) de qualité médiocre. Cette médiocrité va au-delà de simples maladresses de style : elle se traduit plutôt (…) par des **lacunes surprenantes en géopolitique et en histoire.** »

Ce n'est pas parce que les correcteurs corrigent de l'anglais qu'ils n'ont pas de culture générale ! On ne peut pas écrire n'importe quoi. Ils savent en outre que tout candidat sérieux a travaillé l'économie, l'histoire, la géopolitique et l'actualité au sens large. Montrez-le au correcteur.

Pour conclure, rien de mieux qu'un petit extrait du rapport de jury 2011 :

> « Comme en 2010, les correcteurs ont relevé quelques copies excellentes écrites dans un anglais précis et fluide témoignant de solides connaissances de la civilisation britannique et d'une grande capacité de réflexion personnelle. »

Tout est dit.

2. Les bons ouvrages

A. Pour le travail du vocabulaire

Le préparationnaire moyen a généralement un lexique très pauvre lorsqu'il rentre en prépa. Pour combler vos lacunes, de nombreux ouvrages existent. Je vous conseille pour ma part deux ouvrages :

Le mot pour dire
David Howell – Éditions Bordas

J'ai opté pour cet ouvrage dans les deux langues et je n'ai pas été déçu. Il récapitule tout le vocabulaire de base avec des illustrations qui vous replongeront en enfance ! Pour le débutant que j'étais, c'était parfait. Si vous partez de très loin, c'est l'ouvrage qu'il vous faut. Aux concours, j'ai su traduire notamment les mots « plafond » et « guêpe » grâce à lui !

Le mot et l'idée Anglais 2
Jean Rey, Christian Bouscaren et A. Mounolou – Éditions Ophrys

Cet ouvrage est souvent recommandé par les professeurs d'anglais. C'est une vraie référence. Il est toutefois assez dense et il sera difficile de vraiment tout apprendre par cœur. Soyez donc intelligents dans votre sélection des mots clés par chapitre. Si votre vocabulaire est déjà assez riche, c'est le livre qu'il vous faut.

B. Les ouvrages transversaux de référence

Voici deux ouvrages qui vous permettront de travailler les différentes épreuves imposées aux concours :

L'anglais aux concours commerciaux
Fabien Grenèche – Éditions Ellipses

Ce livre est récent, parfaitement adapté aux exigences du concours et rédigé par un professeur réputé d'Henri IV. Je l'ai découvert par l'intermédiaire d'un étudiant d'Henri IV admissible à HEC avec notamment une belle performance en anglais alors qu'il était en difficulté toute l'année. « Recommande ce livre à tes élèves, c'est celui de mon prof » m'a-t-il lancé. Je l'ai acheté et je n'ai pas été déçu. La partie sur la traduction permet vraiment de bien comprendre les différences profondes entre les deux langues. La partie « Enrichir l'expression » est également très utile pour développer un petit répertoire de jolies expressions idiomatiques. Enfin la partie sur la civilisation est très fournie avec une idée géniale à la fin de chaque chapitre : une liste de phrases de thème grammatical reprenant les informations du chapitre de civilisation étudié.

Les épreuves d'anglais à l'entrée des écoles de commerce
Alain-Louis Robert – Éditions Ellipses

Là aussi l'ouvrage est écrit par un professeur réputé. Malgré quelques faiblesses dans la mise en page (l'intérieur paraît assez indigeste et ne donne pas toujours envie), cet ouvrage est un recueil impressionnant d'annales de concours corrigées. Avec en prime quelques bonnes et mauvaises copies ! Les explications d'A.-L. Robert sont claires et le lexique grammatical est assez bien fait. Beaucoup d'étudiants qui ont réussi ont plébiscité ce livre. Je ne peux que relayer cet engouement.

C. Les ouvrages pour le travail de la traduction

En plus des livres précédemment cités, je vous recommande également l'acquisition des ouvrages suivants pour le travail spécifique de la version et du thème :

L'anglais de A à Z
Michaël Swann – Éditions Hatier

Voici un ouvrage qui se présente comme un dictionnaire grammatical. Il n'est pas complètement exhaustif (les puristes préféreront des grammaires plus étoffées) mais il présente un intérêt de taille : vous donner un accès très rapide à une grande majorité de règles à maîtriser parfaitement. Le temps étant précieux en prépa, je vous recommande cet ouvrage pour exécuter rapidement vos thèmes sans trop vous perdre dans les méandres de la grammaire anglaise.

Le thème anglais systématique
Marie-Laure Chable - Éditions Ellipses

Ce livre existe depuis longtemps. Je l'utilisais déjà en prépa, c'est dire ! Son concept est simple : 950 phrases de thème pour s'exercer à la traduction. En page de gauche : des phrases en français. En page de droite la traduction de ces phrases. En gras : les points importants (grammaire). Avantages : format poche (donc transportable partout), très pratique pour développer des réflexes de traduction, et utile pour étoffer le vocabulaire en situation. Inconvénient : aucune explication n'est formulée. Ce livre n'est donc pas du tout suffisant mais sa simplicité associée à vos méthodes (nous allons y venir, n'ayez crainte) le rendra à la fois ludique et enrichissant.

Pour progresser en thème littéraire, faites l'acquisition d'ouvrages peu volumineux en **collection bilingue**. Généralement, la page de gauche est en anglais, celle de droite en français et des notes de bas de pages rappellent le vocabulaire spécifique. Ci-dessous quelques exemples de livres que vous trouverez facilement :

L'Étrange histoire de Benjamin Button
F. Scott Fitzgerald

Très courte nouvelle qui est à l'origine de l'adaptation au cinéma avec Brad Pitt. Pour ceux qui ont vu le film, c'est une bonne idée de lire cette version en anglais. Votre mémorisation sera alors plus aisée

***La Ferme des animaux* – Animal Farm**
George Orwell

Un grand classique de la littérature anglaise.

***De l'importance d'être constant* – The Importance of Being Earnest**
Oscar Wilde

3. Les bonnes fournitures

A. Pour la traduction et l'expression écrite

2 porte-vues – 80 vues

Un porte-vues pour chacune des rubriques suivantes :
- Traduction (thème et version).
- Expression écrite (essai – résumé d'articles – civilisation).

Porte-vues consacré à la traduction : comme pour les maths, dans chacune des pochettes transparentes, mettez en évidence l'énoncé et glissez dans la même pochette le corrigé. Vous pouvez également ranger dans ce porte-vues les leçons de grammaire spécifiques en mettant en évidence par exemple la fiche que vous avez élaborée sur le chapitre de grammaire en question.

Porte-vues consacré à l'expression écrite :
- pour les chapitres de civilisation, consacrez une pochette transparente par chapitre ou thème ;
- consacrez une double page aux résumés d'articles : stockez dans la page de gauche l'article original (ou une copie) et dans la page de droite le résumé qui en découle. Je reviendrai sur les résumés d'articles plus loin ;
- pour les essais issus d'annales de concours, procédez comme pour la traduction et les mathématiques, en insérant dans une seule et même pochette l'énoncé visible et le corrigé derrière.

B. Pour la prise du cours et la répétition d'exercices

Un grand cahier, spirale, feuilles détachables

Ce grand cahier sera votre pourvoyeur de feuilles simples. Il sera aussi, et surtout, le cahier dans lequel vous referez tous les thèmes et les versions jusqu'à en acquérir une parfaite maîtrise. Un peu comme pour les maths, une fois de plus… On ne change pas une formule qui marche !

C. Pour ficher et mémoriser

Un petit cahier (192 pages)

Encore un cahier petit format. Pour les langues, cette fois. Vous y glisserez régulièrement :
- **les erreurs à éviter.** Vos copies, notamment en première année, sont sûrement parsemées de messages d'indignation de votre professeur. « Horreur », « inadmissible »,

« grammaire »… Recopiez dès lors toutes les erreurs grossières que vous avez tendance à répéter ;

- **les points de grammaire fondamentaux** que vous ne maîtrisez pas encore parfaitement. N'hésitez pas à recopier un même point de grammaire à différents endroits du cahier ;
- **le vocabulaire courant et spécifique**, par exemple en recopiant une phrase incluant le mot à apprendre. Vous le retiendrez toujours mieux en situation ;
- **les *best of* des phrases et expressions rencontrées.** Épluchez les articles de *The Economist*, les corrections d'essais de vos professeurs, les corrections d'annales de concours, vous y trouverez nécessairement un florilège de phrases au style soigné et d'expressions qui feront forte impression sur une copie.

Pour être véritablement utile, ce cahier devra être révisé régulièrement. Nous en reparlerons dans la partie sur le planning de travail…

4. Les méthodes

A. Le travail du vocabulaire

Voici une trame d'apprentissage possible :

1. **Travailler un chapitre par semaine.** Rien d'obligatoire sur ce point, si vous êtes capables d'ingurgiter deux chapitres par semaine, je suis preneur ! Mais fixez-vous quelques objectifs réalistes sans trop plomber le planning de travail.
2. **Sélectionner les mots importants.** Vous ne pourrez pas tout apprendre ou, plus précisément, si vous ne voulez pas passer votre temps à faire du vocabulaire, il faudra être sélectif. Prenez donc un Stabilo puis soulignez les mots qui vous semblent incontournables et apprenez-les.
3. **Utiliser les différents canaux de mémorisation** pour les mots qui ne veulent pas rentrer : la partie sur le fonctionnement de la mémoire vous a déjà donné pas mal de tuyaux pour dompter la vôtre. Avec ces méthodes, aucun mot ne pourra vous résister.
4. **S'accorder au moins une séance par semaine de révisions des chapitres précédents** (ou 10 minutes par jour, au choix) : ce conseil est fondamental. Si vous négligez les chapitres précédemment appris, vous les oublierez progressivement et le travail aura été vain. C'est le piège dans lequel tombent presque tous les étudiants : ils sont effrayés par les interros de vocabulaire de leur prof et apprennent le chapitre du moment par cœur (même les mots quasiment inutiles) qu'ils oublieront deux semaines plus tard, quand sonnera l'heure de la nouvelle interro sur un autre chapitre… C'est suicidaire. Personnellement, à la fin de chaque chapitre acquis, je revoyais l'intégralité de tous les chapitres déjà vus. Au début, j'avais un chapitre à revoir, puis deux, etc. Je les revoyais tellement souvent que les révisions étaient très rapides.

5. Pour ceux qui travaillent sur Mac, le **logiciel Provoc** est très utile et permet de systématiser les révisions. Sur smartphone, vous avez aussi l'**application i-Vocabulary** qui est l'équivalent de Provoc. La version payante coûte environ 5 euros mais quel gain de temps ! Foncez l'acheter ! Certains de mes étudiants ont ainsi appris plusieurs milliers de mots et expressions idiomatiques grâce à ce logiciel et cette application. N'hésitez vraiment pas.

B. Le travail du thème grammatical

Le travail de cette épreuve est fondamental car il est la clé de vos progrès en vocabulaire, grammaire et syntaxe. Avec l'expression écrite, c'est votre *top-priority* ! Consacrez-y environ trois séances par semaine.

Voici la méthode à adopter pour optimiser vos progrès sur chacune des phrases de thème grammatical que vous rencontrerez :

1. **Faire des rappels des mots-clés et/ou des mots connexes :**
   - En utilisant sa mémoire d'abord.
   - En validant à l'aide d'un dictionnaire (Larousse, iPhone...).
2. **Faire des rappels des points de grammaire en jeu :**
   - En utilisant sa mémoire d'abord.
   - En validant avec un livre ou lexique (*L'Anglais de A à Z...*).
3. **Proposer une traduction.**
4. **Analyser la correction** en mettant en lumière les points de grammaire oubliés et le lexique mobilisé.
5. **Remplir le petit cahier** si des points importants émergent.

Comme pour les maths, vous percevez ici l'importance des rappels ! Notez qu'une fois de plus, je vous invite à solliciter votre mémoire avant de vous jeter sur votre dictionnaire ou votre livre de grammaire car c'est comme cela que les points de grammaire et mots-clés feront petit à petit partie de vous. La traduction deviendra alors presque mécanique.

Vous remarquerez en outre que si vous respectez à la lettre cette trame méthodologique, vous ferez certainement moins de phrases que votre voisin. Mais rassurez-vous, ce sera plus efficace. La qualité plutôt que la quantité, ne l'oubliez pas. Comme pour les maths. Comme pour tout d'ailleurs !

Si la phrase de thème vous a posé problème, il faudra la refaire sans dictionnaire ni livre, et ce jusqu'à parfaite maîtrise.

Vous pouvez adopter la même signalétique que pour les exercices de maths, à savoir :

- si vous avez parfaitement déjoué les pièges de la phrase de thème, « tick-markez-la » comme suit à l'aide du stylo gommable : ☑
- s'il vous a fallu utiliser la correction, c'est que les points de grammaire ou le vocabulaire en jeu ne sont pas acquis parfaitement donc posez l'annotation suivante, toujours au stylo gommable : ☒

Pour illustrer la méthode, partons des thèmes d'Écricome qui sont souvent truffés de pièges grammaticaux. Je vais, pour l'occasion, me mettre dans la peau d'un bizuth qui débute !

CAS PRATIQUE :

Écricome 2008 phrase 3

« Quand il verra les chiffres, il comprendra pourquoi on dit que la compagnie est de moins en moins rentable »

1. Le vocabulaire :
   - Vocabulaire de la phrase : chiffres = *figures* ; rentable = *profitable.*
   - Vocabulaire connexe : donnée = *data* ; prospère = *flourishing, thriving.*
2. Les points de grammaire pour le débutant : aucun !
3. On propose une traduction : *When he will see the figures, he will understand why we say that the company is less and less profitable.*
4. Voici le corrigé que propose Fabien Grenèche dans son ouvrage : *When he sees the figures, he will understand why the company is said to be becoming less and less profitable.*
   - Points de grammaire clés :
     « Quand + futur » ⇒ « *When* + présent » si subordonnées de temps.
     Si « On » ne fait pas référence à un agent connu ⇒ voix passive.
   - Points de grammaire connexes :
     Futur dans les subordonnées de temps (*cf.* Grenèche, p. 65).
     Les différentes traductions de « on » (*cf.* Grenèche, p. 78).
5. On remplit massivement le petit cahier car manifestement on est passé à côté de la phrase !

C. Le travail du thème littéraire

Il vous suffit ici de répliquer la méthodologie proposée pour le thème grammatical. Vous trouverez un bon nombre d'annales dans l'ouvrage d'Alain-Louis Robert. Sans compter les thèmes littéraires que votre prof vous distribuera régulièrement.

Là encore, inutile de vous disperser : refaites jusqu'à parfaite maîtrise les quelques thèmes traités et remplissez généreusement le petit cahier s'il le faut.

D. Le travail de la version

Notons tout d'abord que le travail de la version est important mais moins prioritaire que le thème et l'expression écrite. Ne négligez pas totalement cette épreuve mais consacrez-lui par exemple une séance de travail par semaine, guère plus.

La méthode que je vous propose ci-dessous est inspirée des secrets de l'un de mes anciens élèves qui majorait systématiquement les versions dans sa prépa (Ipesup, l'une des meilleures prépas de France). Voici les étapes que je vous conseille de suivre autant que possible :

1. **Traduire littéralement** (mot à mot) sans dictionnaire en prêtant attention aux points de grammaire (temps, etc.). Le fait de ne pas utiliser de dictionnaire vous obligera à trouver des mots proches ou à deviner le sens le plus pertinent en fonction du sens qui semble se dégager du texte.
2. **Traduire en français idiomatique à partir de la première traduction** uniquement. On se sert de la traduction littérale pour formuler ensuite un texte fluide et véritablement français.
3. **Analyser la correction.** Décortiquez bien le corrigé pour extraire le vocabulaire utile et les points de grammaire que vous n'aviez pas décryptés.
4. **Remplir le petit cahier de français** (voir la partie sur le style) **et le petit cahier d'anglais** pour le vocabulaire utile. Comme d'habitude, insérez dans votre petit cahier magique tous les points de grammaire et mots-clés qui vous paraissent importants. Soyez sélectifs et n'y intégrez pas des mots trop pointus.

CAS PRATIQUE

CCIP 2005

Énoncé : *His eyes rested for a moment on Hercule Poirot but they passed on indifferently. Poirot, reading the English mind correctly, knew that he had to say to himself: "only some damned foreigner".*

1. **Traduction littérale :**
   « Ses yeux se reposèrent un moment sur Hercule Poirot mais ils passèrent indifféremment. Poirot, lisant correctement l'esprit anglais, savait qu'il devait se dire à lui-même : "seulement quelque maudit étranger". »
   Vous voyez bien à travers cette première étape que cela est compréhensible mais ce n'est clairement pas du français ! On ne dirait pas les choses comme cela en bon français.
2. **Traduction en français idiomatique :**
   Voici une traduction possible : « Son regard se posa un instant sur Hercule Poirot mais

sans réellement y prêter attention. Poirot, qui connaissait bien la mentalité anglaise, savait ce que cet homme devait penser tout bas : "Rien qu'un étranger de malheur" ». Voici en cadeau ce que le professeur Alain-Louis Robert propose en p. 88 dans son livre (celui que je vous ai recommandé dans la partie « Ouvrages ») : « Ses yeux se posèrent/son regard se posa un instant sur Hercule Poirot, mais il détourna son regard avec indifférence/Il posa un instant son regard sur Hercule Poirot, mais sans s'attarder, indifférent. Poirot qui était capable de lire sans se tromper dans les pensées d'un Anglais, savait que l'homme s'était fait la remarque suivante : "Rien qu'un sale étranger" ».

À la lecture du corrigé, vous vous dites sans doute que cela paraît simple mais chaque année, lorsque je teste mes étudiants sur cette phrase, un nombre non négligeable écrit dans un français « moyennement » idiomatique.

Par exemple, le passage *reading the English mind correctly* donne souvent lieu à des traductions telles que « lisant bien l'esprit anglais » ou encore « lisant bien l'esprit d'un Anglais », ce qui n'est pas très heureux... En français, on dirait plutôt « sachant lire dans les pensées d'un Anglais »... De même, sur le passage *he had to say to himself*, certains écrivent « il devait se dire à lui-même », alors que des expressions telles que « se dire intérieurement », « se faire la remarque » ou encore « penser tout bas » semblaient largement plus adaptées ici...

E. Le travail de l'expression écrite

Aux épreuves BCE, la partie sur l'expression écrite compte pour 60 % de la note finale. Travailler cette partie est donc vital pour assurer une grosse note aux concours. Vous connaissez les attentes : avoir une langue soutenue, du style, mais aussi être structuré, avoir des idées originales et des repères de civilisation. Cela fait beaucoup de choses...

Pour cela, voici comment se découpera votre travail.

Fichez un ouvrage de civilisation

Avoir quelques repères de civilisation, à la fois historiques et actuels, est un atout non négligeable pour passer le cap du 15/20 aux concours. Le livre de Fabien Grenèche présente une partie très intéressante que je vous recommande d'analyser à hauteur d'une séance par semaine environ (sur vos trois séances hebdomadaires consacrées à l'expression écrite).

Faites des résumés d'article de presse « problématisés »

Les étudiants brillants que j'ai accompagnés m'ont aiguillé dans l'optimisation du travail de l'expression écrite. Voici ce que les meilleurs d'entre eux faisaient :

Dans le porte-vues :

1. En page de gauche, on place un article de presse intéressant issu par exemple de *The Economist.*
2. En page de droite, on structure le résumé comme suit :

Vocabulaire utile :	Repères de civilisation :
Expressions à retenir :	
Résumé problématisé de l'article :	

Afin de vous entraîner à donner un point de vue sur tout et en toute occasion, amusez-vous à faire des résumés dynamiques et problématisés en répondant par exemple aux questions que l'on retrouve souvent aux concours :

- Quelle est l'opinion défendue par l'auteur de l'article ?
- Êtes-vous d'accord avec lui ?

Le tout en 10-15 lignes, voire plus si vous êtes inspirés.

En faisant un ou deux résumés d'articles par semaine, vous développerez :

- la capacité à recaser des expressions élégantes avec fluidité ;
- la capacité à réfléchir sur des problématiques variées qui vous serviront aussi pour les épreuves d'histoire-géo en ECS ou d'économie en ECE ;
- la capacité à structurer un propos ;
- votre connaissance de l'actualité.

Vous l'aurez compris, cette discipline sera très bénéfique si vous la respectez avec acharnement et régularité.

Apprenez par cœur des corrections d'essais proposées par votre professeur

Certains profs attentionnés et professionnels vous remettront parfois des corrections d'essais dans une langue adaptée aux exigences du concours. Si ces corrections vous paraissent de bonne tenue, n'hésitez pas à les apprendre par cœur : vous aurez alors des modèles en tête qui vous seront toujours utiles le jour J.

Dans le livre d'A.-L. Robert, des essais corrigés et des bonnes copies de concours vous sont proposés. Apprenez certains passages par cœur et entraînez-vous à adapter toutes les expressions apprises en fonction du contexte.

L'idéal est que vous ayez à peu près réfléchi à toutes les thématiques susceptibles de tomber aux concours : entre le fichage du Grenèche, les résumés problématisés d'articles et l'apprentissage de corrigés d'essais, vous ne pourrez que briller.

F. Les méthodes alternatives pour progresser en anglais tout en s'amusant…

« Les Français sont nuls en anglais ». Ce n'est pas moi qui l'affirme mais une étude de 2008 ! Les 20 000 étudiants français qui ont passé le test du TOEFL en 2008 arrivent tout juste au niveau attendu en fin de lycée – soit en dessous des attentes académiques de l'université et bien en deçà d'un quelconque bilinguisme. Ces résultats placent la France assez loin dans le classement des bons connaisseurs de l'anglais. Au 69e rang d'un classement mondial opéré sur 109 pays et au 25e dans la liste des 43 États européens. Loin derrière l'inévitable peloton de tête des pays nordiques, auquel s'ajoutent les Allemands et les Néerlandais…

Pourquoi un tel retard ? Cette question m'a beaucoup interpellé dans ma quête d'excellence dans toutes les matières. J'ai donc mené une enquête à mon échelle auprès d'étrangers bilingues de mon entourage. Le constat est sans appel : nos méthodes d'apprentissage sont en décalage avec ce qu'il se fait par exemple dans les pays scandinaves. Je connais notamment une Danoise qui maîtrise quatre langues parfaitement et avec qui je me suis longuement entretenu. Plusieurs remarques ressortent :

- **Une place trop importante accordée à la grammaire :** « vos profs ont une obsession de la grammaire. Au Danemark, on n'a jamais appris la liste de verbes irréguliers en une seule fois. On apprenait les verbes au fur et à mesure. »
- **Une absorption de mots de vocabulaire sans mise en situation :** « Au Danemark, on faisait toujours appel à la créativité pour apprendre des mots nouveaux. Plutôt que de nous asséner une liste indigeste de mots, le prof nous proposait systématiquement de

créer des phrases avec les quelques mots nouveaux que l'on voyait. Ce travail amusant nous permettait de retenir beaucoup plus facilement ».

- **Et le plaisir dans tout ça ?** « J'ai le sentiment qu'en France, les profs négligent parfois le plaisir que l'étudiant peut prendre à travailler une langue vivante. Dans mon pays, l'apprentissage se faisait toujours avec ce souci du plaisir de l'étudiant. »

Après réflexion et consultation de cette « experte scandinave », nous avons dressé une liste d'activités linguistiques amusantes qui peuvent vous faire progresser quand vous en aurez marre de travailler le thème grammatical ou l'expression écrite.

La lecture de l'équivalent anglais de vos magazines préférés

Vous avez tous une passion, voire plusieurs, que vous entretenez par la lecture d'ouvrages et de magazines spécialisés. En prépa, faites donc l'effort de lire de temps en temps des magazines traitant de vos thèmes de prédilection mais en langue anglaise. Ce sera peut-être un peu consommateur de temps au début mais très vite vous y prendrez goût puisque la thématique vous passionne.

Une simple recherche Google vous permettra de trouver votre bonheur. Par exemple, les fans de musique pourront découvrir les sites suivants :

- www.qthemusic.com
- www.rollingstone.com
- www.altpress.com
- www.vibe.com

La mémorisation des mots nouveaux et des tournures nouvelles sera facilitée puisque le thème vous est cher.

La lecture de BD de référence

La lecture de BD est un excellent moyen de mémoriser puisqu'elle mobilise deux canaux : le visuel (les dessins) et l'émotion (l'humour). Certains d'entre vous connaissent peut-être déjà *Dilbert*, bande dessinée satirique américaine créée par Scott Adams qui met en scène le monde de l'entreprise au travers de son personnage principal, Dilbert, un ingénieur informaticien. Dans la vie active qui vous attend, presque tout le monde connaît. Inscrivez-vous sur le site www.dilbert.com et vous recevrez tous les matins une mini-BD (*daily strip*) souvent drôle et riche en vocabulaire utile ! J'y apprends des mots tous les jours. Le dernier en date : *pool cue* qui signifie queue de billard ! Je ne sais pas si je m'en servirai un jour mais la mémorisation est tellement facilitée par le visuel que tous les matins, à la réception du *daily strip*, vous apprendrez sans effort et dans la bonne humeur des mots du monde de l'entreprise et des expressions de la vie courante.

La traduction de chansons que vous connaissez

Comme tout étudiant qui se respecte, vous connaissez par cœur un paquet non négligeable de chansons. Pour la plupart, elles sont en anglais, n'est-ce pas ? Vous êtes-vous déjà amusés à comprendre dans le détail la signification des paroles. Alors bien sûr, les chansons sirupeuses n'ont pas toujours en grand intérêt linguistique. Mais quelle que soit la qualité de l'auteur, vous en retirerez presque toujours des mots nouveaux.

CAS PRATIQUE

Cold Play, ***Viva la vida***

I used to rule the world,
Seas would rise when I gave the word,
Now in the morning I sleep alone,
Sweep the streets I used to own.
I used to roll the dice,
Feel the fear in my enemy's eyes,
Listen as the crowd would sing :
«Now the old king is dead ! Long live the king !» (...)
I hear Jerusalem bells ringing,
Roman Cavalry choirs are singing.
Be my mirror, my sword and shield,
My missionaries in a foreign field.

Traduction trouvée en un clic sur Google :
Autrefois je dirigeais le monde
Les mers montaient lorsque je le demandais
Désormais le matin je dors seul
Je balaie les rues qui m'appartenaient
Je décidais du sort de chacun
Je sentais la peur dans les yeux de mes ennemis
J'écoutais la foule proclamer :
« Le vieux Roi est mort ! Longue vie au Roi ! » (...)
J'entends les cloches de Jérusalem qui sonnent
Et les chœurs de la cavalerie romaine qui chantent
« Sois mon miroir, mon épée, et mon bouclier »
Mes missionnaires sur un sol étranger.

Ce que l'on peut en tirer aisément :
– *To rule the world* : diriger le monde
– *To give/say the word* : donner l'ordre (exemple : If you want us to move out, just give the word)

- *To roll dice* : jouer aux dés
- *To roll the dice* (au sens figuré ici) : décider du sort des uns et des autres
- *To sweep* : balayer
- *Sword* : épée
- *Shield* : bouclier
- *Field* : terrain, sol

Traduire vos chansons préférées aura le mérite de faire jouer presque tous les canaux de mémorisation : visuel, auditif (c'est une chanson !), kinesthésique (l'émotion qu'éveille cette chanson en vous). Vous retiendrez les mots très rapidement. Mais attention, les textes de chansons ne doivent en aucune manière être une référence linguistique pour vous. Les chansons sont souvent mal écrites et bourrées de fautes. Soyez donc quelque peu vigilants et critiques dans votre travail. Je le répète, il s'agit d'un complément d'apprentissage lorsque vous en avez marre de traduire des textes sérieux. Une respiration « rafraîchissante » vous permettant de retenir quelques mots usuels sans trop souffrir. Du loisir intelligent en somme !

5. L'analyse des bonnes copies

Dans ces analyses de copies, j'ai sollicité l'expertise d'une amie américaine, Lauren Creecy, très pointue sur la grammaire anglaise… Les commentaires en anglais sont les siens.

A. L'essai transformé de Margaux !

19/20

"In your opinion, what are the prospects for young Europeans in view of the current economic situation? Justify your answer with relevant examples."
CCIP 2012 (Environ 250 mots exigés)

Given the economic turmoil, for the first time, parents fear their children may live under[1] their own living standards in the years to come. Therefore, it raises the question of the prospects for young Europeans.
One solution could be to leave Europe, to emigrate, looking for better prospects. But not just anywhere else[2], it has to be in countries that create rather

1. Word choice : I would say "below" instead of "under", clearer in my opinion but can also be a question of style.
2. I would not put "else" in this case. It is redundant. If you want to use "else", you would have to have a comparison to something else. Ex : "I want to go anywhere else but here".

high-skilled jobs that Europeans could apply for[3]. *Nowadays, the American dream is fading and people would rather fulfill their "Asian dream" in view of Asia incredible growth*[4]. *Indeed, Asian countries and emerging countries may have the answer for young Europeans who no longer expect much from Europe. Latin America, the region of the 21st century according to Deng Xiao-Ping, may also be a good fit for young Europeans.*

And yet, in my opinion, young Europeans should not relinquish[5] *hope for good prospects in Europe. Europe should be able to champion*[6] *its crisis, provided politicians implement comprehensive reforms. "Growth [may be] right around the corner". Although, I understand Spanish Indignados protesters that feel like*[7] *their futures are being taken away from them. It is normal to doubt the future given the current economic downturn. Even though the situation is not that bad in all European countries*[8].

To conclude, young Europeans are not the only ones to doubt their prospects. The uprisings all over the Word[9], *such as those of Chilean students or Egyptians, proove*[10] *that*[11]. *In any case, the harder young people try to live up to their expectations, the better their prospects should be.*

258 mots

(256 mots en vrai)

3. The preposition "for" should not end a sentence. La bonne tournure serait : "But not just anywhere, it has to be in countries that create rather high-skilled jobs to which Europeans could apply".
4. Grammaire : cas possessif. "Asia's incredible growth" et non pas "Asia incredible growth".
5. To relinquish : renoncer. Verbe peu utilisé par les candidats donc différenciant !
6. Wrong word : you champion a cause, something positive... On dira plutôt overcome, defeat...
7. It is superfluous ; OK for more of a spoken style.
8. This is a phrase, not a sentence. Instead, she could say : "It is worth noting that the situation is not that bad in all European countries". Or another option: "However, in fact, the situation is not that bad in all European countries".
9. World.
10. Prove.
11. I would say "this", not "that". This is simply style, not strict grammar.

Commentaires :

Un essai bien construit, des structures et un vocabulaire variés, sans écho ni formules trop scolaires. Une seule grosse faute de grammaire sur un cas possessif. Un propos classique mais précis.

CAS PRATIQUE

L'essai de Margaux retouché par Lauren Creecy

Given the economic turmoil, for the first time, parents fear their children may live below their own living standards in the years to come. Therefore, it raises the question of the prospects for young Europeans.

One solution could be to leave Europe, to emigrate, looking for better prospects. But not just anywhere, it has to be in countries that create rather high-skilled jobs to which Europeans could apply. Nowadays, the American dream is fading and people would rather fulfill their "Asian dream" in view of Asia's incredible growth. Indeed, Asian countries and emerging countries may have the answer for young Europeans who no longer expect much from Europe. Latin America, the region of the 21st century, according to Deng Xiao-Ping, may also be a good fit for young Europeans.

And yet, in my opinion, young Europeans should not relinquish hope for good prospects in Europe. Europe should be able to overcome its crisis, provided politicians implement comprehensive reforms. "Growth [may be] right around the corner." Although, I understand Spanish Indignados protesters that feel their futures are being taken away from them. It is normal to doubt the future given the current economic downturn. However, in fact, the situation is not that bad in all European countries.

To conclude, young Europeans are not the only ones to doubt their prospects. The uprisings all over the world, such as those of Chilean or Egyptian students, prove this. In any case, the harder young people try to live up to their expectations, the better their prospects should be.

B. La déception d'Ella

8/20

"In your opinion, what are the prospects for young Europeans in view of the current economic situation? Justify your answer with relevant examples."
CCIP 2012 (Environ 250 mots exigés)

The crisis of Credit of 2008 combined with the crisis of the Euro currency in 2009 resulted in an unweakening[1] of most European economies. What are the prospects for young Europeans in view of the current economic situation? What does Europe have to offer to[2] young Europeans? Drowning[3] European economies have often resulted in fewer job prospects for young Europeans. For example, a recent survey showed that in the UK, it is twice harder[4] to find a job when you are 25 than[5] it was ten years ago. The situation is very bad for it touches people

1. Weakening.
2. This "to" is not needed, but not wrong technically.
3. Word choice, not used usually to talk about the economy. Use "stalling", "flailing"...
4. Grammar : « twice as hard ».
5. I would say "versus ten years ago" rather than "than" in this case. For your information, we would usually say "twice as hard for 25 year olds". We would not say "you" in this type of essay or article. Nonetheless, the sentence is grammatically correct.

that[6] *are well qualified but cannot find jobs. Evidence of this lies in the lack of involvement from the young in their studies which is felt in several European countries, (even though David Cameron tried to solve this problem by opening a new kind of schools in 2011)*[7]*!*
True, European Economies'[8] *bad shapes*[9] *has*[10] *reflected on*[11] *Young Europeans and it might appear there are low prospects for young Europeans in view of the current economic situation. Still, 25% of the 500 biggest companies in the world are located in Europe (better than the US), and young Europeans can finds jobs in several branches that are always successful. For example, all the structure*[12] *for the Olympic Games of 2012 have*[13] *created a lot of jobs: tourism is always in well* ***shape***[14] *in Europe. When it comes to Education*[15]*, young Europeans are lucky for Europe have*[16] *great universities that can prepare them for international carriers*[17]*.* ***Evidence of this lies*** *in the rates*[18] *of British Universities : Cambridge and Oxford are world-renowned.*
Clearly, the situation might be better for young Europeans but it could also be worth[19]*, and there are still prospects for them.*

270 mots
(288 mots en vrai)

6. "that" is for objects generally, "who" for people. This said, some people break this rule in casual circumstances.
7. Parenthèses inutiles.
8. Pas de majuscule : "economies".
9. « Poor performance » would be better here.
10. Erreur grossière de grammaire : "have".
11. "Affected" would be better here.
12. "structural needs" would be better here.
13. Même erreur de grammaire : "has".
14. "in great shape" instead of "well shape".
15. Pas de majuscule : "education".
16. Grammaire : encore la même erreur… "Europe has" et non pas "Europe have".
17. "careers" et non pas "carriers".
18. Wrong word. "High ratings/ rankings".
19. "worse" et non pas "worth".

Commentaires :
Malgré une certaine élégance dans le style par endroits et un effort de précisions sur les exemples, cet essai présente quelques erreurs inadmissibles : trois fautes grossières de conjugaison (indicatif à la 3e personne du singulier) et un mensonge sur le décompte des mots (sous-estimé par rapport à la réalité, c'est « suicidaire » pour la note). Autre écueil : la répétition de formules ou mots laissant entrevoir les « ficelles » (le mot *shape* ou l'expression *evidence of this lies in*, en gras sur la copie). Enfin, la conclusion est indigne d'un étudiant en prépa HEC.

Anglais / En un mot

VOCABULAIRE

- Apprenez des mots tous les jours ou presque.
- Soyez sélectifs et n'apprenez pas tous les mots (même en cas d'interro… je vous rappelle qu'on bosse pour le concours et non pour l'interro du lendemain…).
- Révisez les chapitres précédemment appris au moins une fois par semaine, notamment grâce aux applications smartphones et autres.

THÈME

- Privilégiez le travail du thème grammatical.
- Faites des rappels de points de grammaire autant que possible pour optimiser la mémorisation.
- Refaites les mêmes phrases de thème jusqu'à parfaite maîtrise.
- Fichez dans le petit cahier les erreurs à éviter, mots importants et points de grammaire clés.

VERSION

- Traduisez d'abord littéralement au brouillon.
- Puis reformulez en « vrai » français idiomatique.
- Fichez dans le petit cahier les expressions intéressantes.

EXPRESSION ÉCRITE

- Fichez un ouvrage de référence pour acquérir les repères de civilisation incontournables.
- Faites des résumés d'articles problématisés.
- Apprenez par cœur des morceaux issus des bonnes copies ou des essais corrigés de vos profs.
- Visez le « zéro faute » de grammaire et évitez absolument les répétitions de mots ou d'expressions.

CHAPITRE 5

Contraction de texte, synthèse de textes

LA CONTRACTION DE TEXTE EST UNE ÉPREUVE PIÈGE. IL N'Y EN A QU'UNE SEULE AUX CONCOURS BCE MAIS ELLE COMPTE POUR TOUTES LES ÉCOLES DU TOP 5 À L'EXCEPTION DE L'ESCP. Et les « plantages » sont fréquents : une de mes étudiantes n'a ainsi été admise qu'à l'ESCP à cause d'un 3/20 en contraction…

Pour limiter la casse, et éventuellement briller, il faut avoir une connaissance précise des attentes du jury et développer une méthode de travail adaptée. En contraction de texte, comme en synthèse de textes. On analysera pour finir deux copies de concours : l'une ratée, l'autre réussie.

« En contraction de texte, j'avais deux obsessions : la reformulation et le fil directeur »

Margaux, 19/20 en contraction de texte,
15/20 en synthèse de texte

1. Contraction de texte

A. Les attentes du jury

Trouver un fil directeur

Rapport 2011

« L'une des étapes essentielles de la contraction reste le repérage du plan du texte, autrement dit de sa progression logique. »

Rapport 2010

« Trouver un fil directeur est, de fait, absolument crucial ; c'est le premier objectif du candidat. (...) La contraction devait chercher à dégager la trame argumentative en se fondant sur une observation très scrupuleuse des connecteurs logiques, sans pour autant se focaliser sur des expressions obscures. Vouloir à tout prix cerner le sens d'une expression comme "l'espèce dernière" (§ 4), qui a donné lieu à de nombreuses approximations, peut certes témoigner d'une intention louable, mais manque d'efficacité analytique et de pertinence dans la hiérarchisation des informations. »

Trouver le fil directeur du texte doit être votre première obsession. À la lecture d'une contraction, le correcteur repérera rapidement la trame argumentative mise en avant par le candidat. Si deux phrases se suivent sans lien apparent, la sanction peut être lourde. On attend donc de vous un certain recul sur le texte pour en cerner la progression logique et les grandes étapes de la pensée de l'auteur. Les étudiants me remettent souvent des contractions lorsqu'ils ne sont pas contents de leur note. Je les lis donc sans avoir lu le texte à contracter. Le constat est systématique : lorsque je ne comprends pas clairement ce qui est dit, la note est moyenne, voire mauvaise. À l'inverse, lorsque le propos est parfaitement enchaîné, cela me donne envie de lire le texte original et la note du candidat est souvent bonne.

Éviter le résumé paragraphe par paragraphe

Rapport 2011

« On ne compte plus les copies qui, même si elles ont repéré la structure argumentative d'ensemble, se contentent ensuite de juxtaposer des résumés partiels sans se soucier de la logique qui les lie, faute d'avoir réussi à caractériser finement la dynamique argumentative de l'extrait. L'un des symptômes les plus courants de cette juxtaposition reste la multiplication des liens logiques faibles : "D'ailleurs, du reste, de plus, en outre, d'abord, ensuite, enfin..." »

Cette attente est directement liée à la précédente. **Ceux qui échouent à mettre en avant le fil conducteur sont souvent ceux qui résument le texte paragraphe par paragraphe. C'est le piège du débutant.** On tombe tous dedans au moins une fois ! Puis on réagit. On finit par comprendre que certains paragraphes sont moins importants que d'autres, même s'ils prennent de la place dans le texte. Dès lors, il ne faut pas hésiter à taire le contenu de certains paragraphes du texte dans la version contractée.

Conserver les exemples clés

Rapport 2011

« Le repérage de la progression logique du texte permettait aussi d'**évaluer la valeur argumentative des exemples** convoqués par l'auteur. Les travaux de Daniel Arasse relèvent de l'histoire de l'art, c'est donc sans surprise que les exemples abondaient dans le texte. Or si certains paraissaient indispensables à la progression logique du propos, d'autres en revanche ne jouaient qu'un rôle secondaire, purement illustratif. »

Voici **le second piège du débutant : croire que tous les exemples doivent être mis de côté !** On ne mettra sur la touche que les exemples qui n'apportent pas d'argument supplémentaire à la pensée. En 2011, mais également lors de mon année de concours, les textes à contracter foisonnaient d'exemples. Il fallait dès lors sélectionner les exemples à forte « valeur ajoutée ». Nous verrons toutefois dans l'analyse des bonnes copies que l'essentiel n'est pas nécessairement de donner la source de l'exemple mais plutôt de reformuler l'idée sous-tendue par l'exemple.

Trois à cinq paragraphes maximum

Rapport 2010

« Une structuration est aussi une simplification, conçue comme le moyen d'appréhender un ensemble complexe grâce à une organisation d'ensemble. Rappelons en outre **qu'au-delà de cinq paragraphes une contraction apparaît fragmentaire et désorganisée**, et ne peut prétendre à la clarté dans la restitution. »

Rapport 2011

« Ainsi, les copies qui, cette année encore, proposaient moins de trois paragraphes ou plus de six, témoignaient presque systématiquement d'une compréhension insuffisante du texte à résumer. »

Gardez cette fourchette en tête : **entre trois et cinq paragraphes maximum**. J'ai déjà vu un 18/20 aux concours avec six paragraphes. Il ne faut donc pas être obsédé par le nombre de paragraphes mais lorsque vous finaliserez votre plan, pensez à cette fourchette et fusionnez certains paragraphes si cela vous semble pertinent.

Reformuler en s'appropriant la pensée

> Rapport 2011
>
> « Comme le rappelle une correctrice, **la reformulation n'est pas qu'un ornement de l'exercice, mais la condition et le critère de sa réussite,** dans la mesure où elle n'est pas une simple substitution (synonymie presque toujours approximative), mais **un signe certain de l'appropriation de la pensée originale du texte par l'analyse et par l'intelligence du candidat.** »

La reformulation est un impératif que les étudiants peinent à respecter. La reprise des expressions du texte en est le premier symptôme mais un autre travers est soulevé par cet extrait de rapport : la substitution par usage de synonymes. Reformuler ne veut pas dire remplacer des mots par d'autres. Au-delà des mots, il s'agit de reformuler des idées. Pour reformuler une idée, il faut l'avoir comprise, assimilée, digérée. Les mots qui sortiront alors de votre stylo seront nécessairement les bons. Retenez donc cette assertion simple : **reformuler, c'est avant tout comprendre…**

Une langue élégante et claire

> Rapport 2010
>
> « On préférera toujours certaines maladresses ou approximations qui constituent de véritables tentatives, même partielles, de réappropriation active, à des stratégies artificielles, parfois très ésotériques, pour paraître manier une langue abstraite peu personnelle et parfois amphigourique. L'expression gagne assurément à une certaine modestie, et les meilleures copies le savent. **On attend des candidats une langue tout à la fois consciente de ses moyens et de ses effets, et la plus élégante possible. Mais il est absolument impératif de conserver à l'esprit la nécessité de produire un texte lisible et cohérent.** »

La clarté de votre contraction doit être une priorité. Bien plus que l'élégance qui viendra comme la cerise sur le gâteau. Or, les candidats suivent parfois la tendance inverse en proposant un style chargé, pédant, jargonneux dans l'espoir d'impressionner le correcteur. Les professeurs de lettres en sont parfois responsables sans le vouloir : en proposant des corrections sophistiquées, ils laissent croire aux étudiants que, pour réussir, il faut savoir écrire dans un style aussi pointu. C'est faux. **La clé, c'est la clarté et la maîtrise de la langue**. N'allez donc pas chercher compliqué. La simplicité est largement suffisante.

Sans faute d'orthographe ou de syntaxe

> Rapport 2011
>
> « **La correction de la langue reste l'un des points importants de l'évaluation des copies** : le jury a maintenu le barème de pénalités en vigueur les années précédentes. Pour rappel, de la quatrième à la sixième faute caractérisée, une pénalité globale d'un point est retenue ; de la septième à la neuvième faute, deux points sont enlevés en tout ; de la dixième à la douzième faute, trois points sont ôtés au candidat. Au-delà, celui-ci perd quatre points. »

Si vos professeurs de lettres sont sévères sur l'orthographe, ce n'est pas par sadisme mais pour faire de la justesse orthographique l'une de vos priorités. Un correcteur ne pourra pas se concentrer sur le fond si des erreurs viennent polluer sa lecture. Prévoyez donc systématiquement **un quart d'heure pour relire** attentivement et lentement votre contraction. J'insiste sur le mot « lentement » : bien des étudiants relisent à la va-vite et oublient des fautes au passage.

Respecter à tout prix le nombre de mots

> Rapport 2010
>
> « Le nombre de mots utilisés est systématiquement recompté par les correcteurs, et toute infraction reçoit une pénalité. Faute avouée n'est pas à demi pardonnée : il ne sert donc à rien d'indiquer un décompte n'entrant pas dans la fourchette du nombre de mots autorisés en comptant sur l'indulgence du correcteur. »

Mobilisez toute votre concentration pour rendre un texte qui rentre dans la fourchette imposée. Et **ne jouez pas avec le feu en mettant un nombre de mots hasardeux. La malhonnêteté sera très fortement sanctionnée**. Zéro risque donc.

Toutes les attentes qui viennent d'être exposées doivent être une obsession lorsque vous construisez votre résumé. Une seule entorse peut à elle seule massacrer votre note. Pourquoi ? Parce que le temps de correction est très réduit. Par exemple, sur le concours 2010, chaque correcteur de cette épreuve a corrigé en moyenne 250 copies… Il ne faut donc absolument pas braquer le correcteur.

Dès lors, soignez le fil directeur, ne reprenez strictement aucune expression du texte et proposez une langue d'une clarté extrême. Il m'arrive souvent de lire des contractions de texte sans avoir lu le texte original. Si je comprends tout ce qui est dit et que ça me donne envie de lire le texte initial, vous pouvez être sûrs que la note sera bonne ! En revanche, quand on ne comprend pas grand-chose et que les phrases se suivent sans logique, la note sera probablement très faible.

> Une de mes étudiantes en bizuth reprenait le passage « expression iconoclaste » , sur l'une de ses contractions, alors qu'elle ne savait pas ce que voulait dire le mot iconoclaste… Les phrases s'enchaînaient sans aucune logique ni sélectivité. Je ne comprenais absolument rien ! Elle a eu 5/20, ce qui était généreux…

En un mot comme en cent, pensez donc toujours au lecteur lambda qui doit découvrir le texte à travers votre résumé. Donnez-lui envie de lire l'original avec vos propres mots tout en soignant le fil directeur de la pensée de l'auteur.

B. Les méthodes

Voici plutôt « une » méthode possible car votre professeur aura certainement la sienne.

1. **1re lecture :** repérage avec prise de note :
   - des grandes idées ;
   - des arguments servant les idées ;
   - des exemples qui servent l'argumentation ;
   - des connecteurs logiques (à souligner dans le texte et à figurer dans la prise de note sous forme de symbole).
2. **2e lecture :**
   - Amélioration de la prise de note (précision, clarté).
   - Suppression des arguments et exemples moins importants.
3. **Construction du plan** (extrait du rapport de jury 2011) :

§1-2 : Introduction		
§3-10 : le nouveau genre du portrait guillotiné Argument 1 Exemple Argument 2	§11-18 : le portrait de guillotiné reflet du genre classique du portrait Argument 1 Argument 2	§19-27 : collaboration imaginaire entre la photographie et la guillotine Argument 1 Argument 2 Exemple
§28-30 : conclusion		

4. **Rédaction :**
   - À l'aide de la prise de note et du plan.
   - En évitant autant que possible les retours au texte.
   - En essayant d'équilibrer les parties.
   - En respectant toutes les consignes des rapports de jury.

> Certains professeurs conseillent de faire une première lecture sans prendre de notes afin de découvrir le texte. Je pense pour ma part que cette stratégie est risquée pour des raisons évidentes de gestion du temps. Si vous le souhaitez, expérimentez les deux techniques et jugez-en par vous-même.

N'oubliez pas de lire la partie sur l'analyse des copies de concours. Sur la contraction de texte, nous analyserons le sujet d'HEC 2012. Vous y apprendrez beaucoup de choses…

2. Synthèse de texte

La synthèse est une épreuve originale proposée par l'ESCP Europe. En un mot, elle consiste à synthétiser les idées de trois textes qui traitent de près ou de loin d'un thème commun à découvrir. Relevons tout d'abord certaines attentes communes à la contraction de texte : la langue doit être claire, fluide, sans faute et la reformulation est un gros impératif de l'épreuve. Il faut bien évidemment avoir compris les textes à synthétiser et en dégager une problématique commune.

A. Les attentes du jury

Le rapport de la synthèse de 2012 illustre bien les attentes spécifiques du jury. En voici un extrait :

> « Le texte à produire commence par une question, la plus précise possible, mais aussi la plus apte à saisir l'unité du corpus ; toute autre forme d'introduction s'éloigne de l'attente des correcteurs ;
> la conclusion qui viendrait clore le travail après le point de convergence et les trois points de confrontation est largement facultative, voire déconseillée ; elle ampute d'autant la restitution des idées du corpus et se limite souvent à des banalités convenues, ce qui est normal dans un aussi petit nombre de mots ;
> les points de confrontation sont formulés sous forme de questions, ce qui correspond plus à un usage qu'à une stricte obligation ;
> le respect de la fourchette imposée (300 mots, plus ou moins 10 %) est impératif. Le non-respect de cette règle entraîne des pénalités croissantes par tranches de mots manquantes ou excédentaires ; dans le décompte des mots, les noms des auteurs comptent pour un seul mot ; de la sorte, un candidat qui écrirait, cette année, "Jacques de Saint Victor" pour respecter les usages de la politesse, ne serait évidemment pas sanctionné ;
> le respect de l'orthographe est impératif ; certes, les pénalités ne frappent pas la copie dès la première faute et une "licence" d'une, deux, voire trois fautes est laissée à l'appréciation des correcteurs ; au-delà, la sanction est forte et appliquée de manière systématique. »

Vous serez certainement surpris lors de vos premières synthèses : les textes proposés n'ont pas toujours des points de confrontation ou de convergences évidents à dégager. Le respect des méthodes proposées vous y invitera progressivement.

Concernant la fourchette et l'orthographe, on rejoint les contraintes de la contraction de texte.

B. Les méthodes

Dressez le plan détaillé de chacun des trois textes

Dès la première lecture, rédigez sur une page le plan détaillé de chacun des textes. Si vous lisez vite, vous pouvez vous lancer dans une première lecture sans prise de notes mais je le déconseille : la plupart des étudiants lisent à un rythme plutôt lent, notamment devant des textes complexes ; il ne faut donc pas perdre trop temps en lecture préliminaire.

Répondez à trois questions clés

Lorsque vous aurez finalisé les plans détaillés, réorganisez-les afin de répondre aux trois questions suivantes :

1. De quoi parlent les textes ?
2. Que veut démontrer l'auteur ?
3. Par quels moyens ?

Trouvez une question générale et trois points de confrontation

À l'issue de ce travail préparatoire, vous devez être en mesure d'extraire une question générale à laquelle chacun des trois textes tente de répondre. Concentrez-vous ensuite sur trois points de confrontation que l'on introduira sous forme de question, même si cela n'est pas une nécessité absolue.

Finalisez le plan

Pour finir, construisez un plan détaillé faisant apparaître la question générale, les trois points de confrontation et l'ordre dans lequel vous intégrerez les arguments de chacun des auteurs. Si certains auteurs sont en accord, mentionnez-le clairement. De même, si un auteur se démarque et s'inscrit en faux, mettez-le aussi en évidence. Comme pour la contraction de texte, lancez-vous dans la rédaction en adoptant un style clair, limpide et sans faute.

3. L'analyse des bonnes copies

Intéressons-nous à l'épreuve de contraction de texte d'HEC 2012.

Avant de lire les commentaires des deux prestations qui suivent, je vous invite à lire le texte à contracter ! Vous pourrez également le télécharger sur le site www.dunod.com ou sur le site www.myprepa.fr

J. 12 1179

Code épreuve : 303

BANQUE COMMUNE D'EPREUVES

Conception : ECOLE DES HAUTES ETUDES COMMERCIALES

CONTRACTION DE TEXTE

OPTIONS : SCIENTIFIQUE, ECONOMIQUE, LETTRES & SCIENCES HUMAINES, TECHNOLOGIQUE

Mercredi 9 mai 2012 de 14 h. à 17 h.

Résumez en QUATRE CENTS MOTS plus ou moins 5 % (soit 380 – 420 mots), le texte suivant, en vous attachant à mettre en valeur les idées essentielles et les articulations de la pensée de l'auteur.

Mentionnez le décompte par 50 mots et, en fin de copie, reportez le nombre de mots utilisés.

N.B. :
Cet exercice doit rester impersonnel dans le fond comme dans la forme, et respecter STRICTEMENT les limites imposées.
La copie doit être entièrement rédigée : la correction et la clarté de la langue entrent pour une part dans l'appréciation du correcteur.
Il n'est fait usage d'aucun document ; l'utilisation de toute calculatrice et de tout matériel électronique est interdite.

****

S'il est clair que sans la culture et sans les livres nous n'héritons de rien, on ne peut donc qu'éprouver le sentiment d'une douleur devant une répartition des choses et de la société qui consiste à laisser le plus grand nombre en proie à la dictature des loisirs et de l'*entertainment* télévisé, et à le savoir privé du puissant secours de la culture, de la lecture et des livres par où l'on devient homme. Cette séparation que creuse entre les hommes la privation de culture, de livres, est philosophiquement, politiquement intolérable parce qu'elle sépare l'homme de lui-même et du monde. On dira : mais qui éprouve cette douleur, qui en est le sujet ? Et on objectera : celui qui vit sans les livres est comme l'ignorant selon Socrate, qui ne sait pas qu'il ignore. Seul celui qui vit avec les livres sait ce dont il jouit et dont l'autre est privé. Or cela n'est pas vrai. Car quiconque est « sans livre », ou n'a pas l'usage des livres et des œuvres, puisqu'il ne peut alors vivre que d'une vie imparfaite ou incomplète ne peut pas ne pas en être, d'une certaine façon, averti. Cette douleur, il peut l'éprouver même s'il ne peut la nommer. C'est le sentiment ou le pressentiment terrible que « *le vaste monde commence à côté* ». Comme le dit une « femme de ménage » citée par Pierre Bourdieu dans *La Distinction* : « *Quand on sait pas grand-chose, on reste un peu à l'écart.* » Comment s'accommoder de cette séparation, de ce vide, de cette douleur ? Comment aussi les traiter ?

La question a divisé gravement ceux qu'on appelle communément les « intellectuels », ceux à qui les livres n'ont pas été refusés. Lutter contre cette injustice ? S'en accommoder ?

Le fait même de l'appeler injustice suscite quelques observations. Car encore faut-il en effet saisir exactement la nature de cette injustice. Elle ne peut se comparer à aucune autre. La misère qui accable les quatre cinquièmes du genre humain affecte la vie comme *zôé* ; la misère spirituelle qui affecte les hommes « sans culture » affecte leur vie comme *bios*, leur capacité à vivre dans le monde ; à avoir un monde. Le manque de livres ne fait pas mourir le corps, il ne fait même pas mourir l'âme, ou l'esprit : il empêche seulement l'homme d'être, de devenir homme. Voilà pourquoi on ne peut s'indigner devant l'inégalité culturelle comme on s'indigne devant l'inégalité sociale. Ces deux formes de l'inégalité, si elles vont souvent de pair, ne s'adressent pas au même ordre de vie. On ne peut, *on ne doit pas* comparer entre eux ces deux ordres différents de l'injustice, non seulement par décence, parce qu'il est évidemment « plus grave » de mourir de faim que d'avoir faim de livres ; mais aussi parce que cette comparaison ne saurait se faire qu'aux dépens de la culture. Dans l'ordre des revendications premières, primaires, le pain l'emportera toujours sur les livres, ou, comme dit Hannah Arendt dans *Essai sur la révolution*, l'appel de la misère l'emportera toujours sur l'appel à la liberté.

Mais il y autre chose. Si la question est véritablement celle de la vie avec les œuvres, et donc de la douleur de la vie sans les œuvres, on ne peut faire de l'absence « de culture » le seul déni d'un droit. Car si être cultivé, c'est être pleinement homme, alors « se cultiver » *est un devoir, autant qu'un droit.* C'est le devoir de faire accéder en soi « la vie » à une forme plus haute afin qu'elle devienne pleinement une vie d'homme. Or un droit peut être conquis – socialement, politiquement : et c'est en effet indispensable. Mais un devoir doit se vouloir, et il peut donc se refuser. Nul ne refusera un droit qu'on lui accorde, mais on peut refuser de se plier à un devoir, car il est une contrainte et l'obligation à un effort. N'oublions jamais l'autre face de l'entreprise humaine, dont l'ombre obscurcit nos rêves de justice : *la misosophie* n'est-elle pas consubstantielle à l'homme, autant que la *philosophie* ?

La participation à la culture – aux livres, aux œuvres de l'imagination et de la pensée – est demeurée longtemps et presque exclusivement l'apanage d'un petit nombre. En ce sens être cultivé est un privilège : puisque c'est l'accès à un bien, injustement refusé au plus grand nombre.

L'erreur fatale, le piège où sont tombés bon nombre d'intellectuels a été de croire que la suppression de ce privilège passait par la dénégation de l'idée même de culture et non par la suppression des obstacles qui en tiennent écartés la grande masse des dépossédés. C'est ainsi qu'un mouvement de pensée, issu de la recherche sociologique, s'est employé depuis quelques décennies à mettre en œuvre ce qu'il faudrait appeler une entreprise générale de délégitimation de la culture, et qui se résume ainsi : les jugements de valeur, en matière de culture, ne sont que les reflets de la position sociale de celui qui les profère ; la « culture » et « les livres » n'ont d'autre légitimité que celle que leur confère la « violence symbolique » de l'Ecole.

Les conséquences en sont désastreuses. La douleur de « la vie sans les livres », la douleur de savoir d'innombrables vies laissées sans le secours des mots, sans le recours des livres, de la « culture » et « des œuvres » devient alors sans objet. Ce n'est donc plus une « injustice » (même si l'emploi de ce mot peut susciter des réserves) que d'être privé de livres et de culture ; ni même un privilège. Livres et culture ne sont que de fausses valeurs qu'il convient de démythifier : la culture n'est plus que le rempart ultime dont la destruction contribuera à effacer une classe condamnée par l'histoire.

Prenons-y bien garde : ou bien la culture, les livres sont un privilège, et il faut l'abattre comme tous les autres ; ou c'est un bien, et il faut alors qu'il soit accessible au plus grand nombre. On ne peut concilier les deux points de vue. Si la culture est un privilège, et rien de plus, si la culture n'est qu'un apanage des élites, ou l'autre nom du loisir distingué, et non pas le lieu de l'arrachement à soi et de l'ouverture au monde, de quoi souffrent-ils, ceux qui en sont privés ? De rien d'autre qu'une illusion, une chimère, dont il convient de les débarrasser.

Cette dangereuse théorie n'a pas toujours trouvé jusqu'ici la réfutation qu'elle appelait ; au contraire, l'Ecole et les médias se sont vus gagnés par ses sophismes pernicieux. De nombreuses études sociologiques ont repris et amplifié ce thème, lui donnant la caution scientifique qui lui manquait, effaçant, du moins en apparence, les fondements politiques qui le sous-tendaient, brodant au fond toujours sur le même motif : la culture est une imposture ; le goût et la fréquentation des œuvres n'est pas le moment de l'émancipation, mais le pur reflet du niveau scolaire et de la place qu'on occupe dans l'appareil de production.

Pourtant, du constat de la séparation culturelle, deux conséquences opposées peuvent être tirées : inconciliables en toute rigueur. La première consiste à déplorer que l'inégalité sociale se double presque toujours d'une injustice culturelle ; à déplorer qu'une injuste répartition des richesses culturelles offre aux uns *A la recherche du temps perdu*, tandis que la grande masse est condamnée à *Nous Deux*, à *Confidences* et aux « Sacrées soirées » télévisuelles ; que la participation aux œuvres supérieures de la culture et de l'esprit soit réservée à un petit nombre d'héritiers. La conséquence en est l'obligation de militer pour que soit étendu à tous ou du moins au plus grand nombre, et notamment par l'Ecole, ce qui était réservé à quelques-uns.

La deuxième est, à l'inverse, celle du nihilisme culturel : les prétendues valeurs de culture ne sont que les valeurs au moyen desquelles on trahit (ou revendique) son appartenance de classe. Lieu où se reflète et se reproduit la division de la société en classes, la culture n'est qu'un signe, une marque de « distinction » des couches supérieures de la société : « *La musique représente la forme la plus radicale, la plus absolue de la dénégation du monde et spécialement du monde social que l'ethos*

2/5

bourgeois porte à attendre de toutes les formes d'art » (La Distinction). Il est donc vain d'opérer une distinction entre les grands livres et les autres, entre les bons films et les nanars, entre un Cremonini et les *Poulbots* de la Butte : plus vain encore de revendiquer pour ceux qui en sont exclus l'accès à la « culture cultivée ». La revendication pour un partage et une extension de la « culture cultivée » n'ayant plus de légitimité, la lutte contre les « privilèges culturels » n'a désormais plus pour fin de rendre à tous un bien commun, qu'un petit nombre confisquait indûment, mais de démonter que la culture cultivée jouit elle-même d'un privilège exorbitant et immérité, lorsqu'elle obtient d'être considérée comme une valeur.

Cette position est conciliable avec l'égalitarisme démocratique. Elle offre à chacun le contentement qu'il souhaite dans la capacité dont il peut faire preuve de se saisir d'objets de culture égaux, et interchangeables. La lecture ne dépend pas de l'œuvre, mais de ce que je suis capable d'y mettre. Une heureuse diversité démocratique accorde ainsi à la dactylo de trouver dans « *Violée le soir de ses noces* » la nourriture spirituelle que d'autres reçoivent d'*Anna Karénine*. L'éloge des différences et de la créativité se mue inévitablement en consentement aux inégalités.

La culture cultivée finit donc par être rangée dans ce à quoi précisément elle tendait à s'arracher : la culture au sens anthropologique du terme. « *On ne peut comprendre complètement les dispositions qui orientent les choix entre les biens de culture légitime qu'à condition de les réinsérer dans l'unité du système des dispositions, et de faire rentrer la « culture » au sens restreint et normatif de l'usage ordinaire dans la « culture » au sens large de l'ethnologie » (La Distinction).*

La conséquence en est claire : non seulement rien ne sera plus tenté pour ouvrir au plus grand nombre le règne émancipateur de la culture et des livres, mais le triomphe de ces thèses ne pourra que renforcer la séparation qui existe déjà entre ceux qui lisent et ceux qui ne lisent pas.

Comme le dit Alain dans un style un peu vieilli : « *Une élite qui ne se soucie pas d'instruire est plus injuste qu'un rentier qui vit de ses coupons.* » L'une des questions les plus énigmatiques et les plus préoccupantes de notre siècle est pourtant bien celle de l'acharnement des intellectuels contre la culture : autrement dit, celle de *la trahison des clercs*.

Qu'est-ce qu'un clerc qui trahit ? C'est un homme des livres qui ne croit pas à leur valeur émancipatrice, et s'accommode de leur inégale répartition entre les hommes.

Comment en est-on arrivé là ? Comment expliquer que l'intellectuel né des Lumières, successeur de ceux qu'elles nommèrent le « Philosophe », ait pu rompre à ce point avec le triple idéal du XVIIIème siècle européen : arracher l'homme à toutes les formes de sujétion, l'émanciper du poids de la nature, des idoles et des dieux, et ne pas plus s'accommoder de l'inégalité culturelle que de l'injustice sociale ?

Plusieurs motifs s'y conjuguent.

La culpabilité, dont nous avons été tous la victime – le refus d'être un « chien de garde » des valeurs bourgeoises, la honte de s'être sauvé tout seul, la peur d'avoir trahi les siens et abandonné les pauvres.

Le tiers-mondisme, qui, complété par le motif du relativisme culturel, du respect des cultures et des différences, a renversé la supériorité coloniale en admiration pour les cultures des exploités. Ainsi est née, chez nous, une variante moderne du populisme qui, au lieu de déplorer l'abandon culturel des masses dépossédées, s'est mise à célébrer comme culture authentique la dépossession culturelle mêlée aux restes frustes des anciennes cultures.

Leszek Kolakowski l'a dénoncé dans une formule parfaite comme « *l'aberration à laquelle sont enclins les intellectuels une fois qu'ils ont réussi à se persuader que la solidarité avec les classes opprimées exige qu'ils admirent et non qu'ils corrigent ce qui a été la plus grande infortune de ces classes : leur incapacité à participer au développement de la culture spirituelle (L'Esprit révolutionnaire) ».*

Les dernières décennies ont ainsi vu l'émergence d'une certaine classe d'intellectuels, d'un nouveau « parti intellectuel » aurait dit Péguy, pour qui la culture n'est plus une *faute*, - erreur des populistes mais erreur généreuse – sans être redevenue pour autant une valeur, une *chance* qu'il faudrait offrir à un plus grand nombre : elle est demeurée au pire une illusion à abattre, au mieux un objet à étudier. Erudits, experts en sciences humaines, politologues, voire spécialistes de littérature qui puisent dans les livres un savoir et non une leçon, hommes de la culture livresque qui n'ont pas éprouvé en eux-mêmes la valeur émancipatrice des livres, et qui souvent n'usent de la culture et des livres que pour s'assurer des places fortes dans la presse ou l'université, ils se sont résignés à la perte

de ce qu'ils n'avaient peut-être jamais expérimenté : que la culture, et précisément les Lettres, sont le lieu où s'opère l'arrachement à soi, à ses déterminations, à la vie ordinaire, à la morne répétition des jours et des tâches. Ils s'en vont ainsi trahissant leur mission éducative et rejoignent le reste du temps la vie ordinaire dans leurs loisirs. Rien ne leur interdit plus aujourd'hui d'ignorer superbement que l'expérience des livres est cette brèche par où *le monde s'ouvre*, et la possibilité de devenir autre.
[...] Ne pourrait-on pas parfaitement appliquer à « la vie sans les livres » ce qu'écrit Nietzsche dans une lettre du 15 janvier 1888 à Heinrich Kostelitz : « *La vie sans musique est tout simplement une erreur, une fatigue, un exil* », et laisser résonner un instant, au prix d'une confusion provisoire entre les arts, la culture et les livres, la douleur que cette phrase fait entendre ? Ne serait-ce que pour ne jamais oublier que l'inégalité culturelle, ou l'inégalité devant les livres, n'est pas une injustice comme les autres : qu'elle est d'abord une douleur et que la douleur est une question *philosophique* et non pas seulement sociologique ou politique.

Qu'est-ce donc, selon Nietzsche, que la vie sans les œuvres ? C'est *la vie désolée, la vie séparée*, la vie dans l'erreur, la vie incapable d'élan, de création, la mort dans la vie. Que serait-ce donc que la vie avec les œuvres ? Le contraire de la fatigue, ce n'est pas le repos, c'est l'action et la pensée. La vie avec les œuvres, ce serait *la vie réconciliée,* la vie dans la vérité, la création et la force, *la vie consolée.*

Les livres, la culture et « les arts » se voient ici associés dans le même élan qui arrache l'existence à l'ennui, à la répétition et même au divertissement. Comme la culture et les arts, la littérature est plus qu'un loisir ou un plaisir, elle est une expérience de la vie, donc capable de transformer celui qui l'a faite.

La culture cependant ne se confond pas non plus avec les arts ; un homme cultivé n'est pas exactement un esthète, ni seulement un amateur d'art. Un homme cultivé est celui qui, selon la définition la plus forte et la plus ancienne de la culture, a su passer de l'état d'homme in-culte, de barbare in-cultivé *(« nie kulturny* », dit-on en russe pour désigner l'illettré), à un autre état qui le fait entièrement homme. La culture est un procès, un travail, un chemin, au terme duquel apparaît un homme nouveau.

On reconnaîtra ici les analyses d'Hannah Arendt dans *La Crise de la culture* et notamment celle que la philosophe allemande fait des deux héritages qui se sont conjugués pour donner naissance à l'idée moderne, européenne, de culture.

L'héritage romain de *colere* (en latin, cultiver) désigne à la fois le plaisir qu'un dieu éprouve à se trouver dans un certain endroit et les honneurs qui lui sont rendus. Dans la logique de l'étymologie et de la métaphore, cultiver son esprit, *se cultiver*, c'est prendre de soi le même soin, le même « *tendre souci* » qu'on prend de la nature ; c'est défricher et rendre fertile.

L'héritage grec de la *paideia* désigne en revanche l'arrachement, la formation au sens vrai du mot, que l'on se donne au contact et par l'intermédiaire des œuvres (notamment de la poésie) ; la libération spirituelle et morale du sujet qui suppose, exige et détermine une coupure radicale entre l'ordre de la nature et celui de l'esprit.

La culture « *concerne les objets et est un phénomène du monde ; le loisir concerne les gens et est un phénomène de la vie* ». La culture n'est pas un bien que l'on consomme pour se remettre des fatigues du travail. La culture est un arrachement : non un divertissement, ni une distraction sinon au sens fort d'un écart, d'une mise à distance qui vous rend à vous-même, fait accéder le « moi » à l'universalité du « soi », et vous ouvre, par l'intermédiaire des œuvres, à l'ordre du monde. La culture est donc forcément toujours absente du « culturel », objet d'un « affairement » (« *Kunstbetrieb* », Heidegger), exploitation, mise à disposition d'un patrimoine d'œuvres conçu comme un ensemble d'objets à consommer. « *Tout se passe alors*, écrit Hannah Arendt dans le même article, *comme si la vie elle-même sortait de ses limites pour se servir de choses qui n'ont jamais été faites pour cela* ».

Puisque la culture commence, dit encore Arendt, avec l'attitude de désintéressement et de joie qui ne peut surgir que quand, *« délivrés des nécessités de la vie, les hommes peuvent être libres pour le monde* », c'est une dangereuse confusion qui nous pousse en effet à désigner du même mot de culture *l'ensemble des œuvres* (patrimoine qu'il s'agit de *gérer,* ou de *transmettre)* et la culture comme *procès* (« se cultiver »). Car si la première peut s'accommoder du recours aux moyens modernes, techniques, de la transmission, de la diffusion, de la communication, et même le légitimer, il n'est pas sûr que ces mêmes moyens soient suffisants pour que s'accomplisse le procès de transformation qui fait d'un homme un homme « cultivé ». La technique peut rapprocher les œuvres ; elle peut les mettre

4/5

à notre portée : elle ne nous rapproche pas d'elles. Or, se cultiver, ce n'est pas mettre l'œuvre en rapport avec notre faiblesse, notre fragilité, notre subjectivité, notre ignorance : c'est forcer notre faiblesse, notre fragilité, notre ignorance à s'ouvrir et à fondre devant la force de l'œuvre. L'œuvre doit se forcer son chemin, même contre nous. « *Un livre*, dit Kafka dans son *Journal*, *doit être la hache qui brise en nous la mer gelée.* »

La question de « *la culture* » *n'est pas une question technique* : elle ne pourra en tout cas jamais être résolue si l'on s'en tient à une définition de la culture comme un ensemble donné d'objets culturels, livres, sonates, tableaux. « La culture » n'est pas ce qui me livre les œuvres, c'est ce qui me livre à elles : il s'agit moins de les faire miennes que de m'ouvrir à elles ; moins de les rendre accessibles à tous, que d'ouvrir en tous la voie d'accès aux œuvres. La « culture » est un travail par lequel on s'arrache à soi-même, non pour conquérir les œuvres, mais pour y prendre leçon – leçon d'arrachement, à soi, aux sols, aux traditions, leçon d'ouverture.

La confusion que nous avons dite, entre les œuvres de la culture et le chemin qu'il faut accomplir, trouve son point d'aboutissement dans la notion contemporaine de « pratique culturelle », l'une des plus dangereuses que la sociologie ait importée dans la réflexion, et qui n'a pas peu contribué à brouiller encore les distinctions qu'il est indispensable de faire entre la culture, les arts, les livres, l'œuvre.

Pourquoi ?

Parce qu'elle dissout la « culture » dans les manières de passer le temps, d'occuper ses loisirs, de répondre à l'angoisse du temps libre. Parler de « pratiques culturelles », c'est ranger la culture dans l'ordre des comportements, c'est l'inscrire immédiatement dans l'ensemble des activités humaines, c'est enfin rabattre la culture sur sa définition anthropologique. Parler de pratiques culturelles, c'est diviser le temps de la vie en ses diverses occupations, c'est diviser la journée en manières successives de passer le temps : travailler ; se reposer ; consommer ; se distraire.

Comment se « cultiver » - au sens de se faire, se former – trouverait-il encore sa place, lorsque sont mises en parallèle les sorties au théâtre et les sorties au restaurant ? Toute distinction est alors rendue impossible entre les divers « objets » de cette « pratique ». Ce sont tous des produits, que ne distingue qu'une marque extrinsèque, qu'une « valeur » ajoutée par l'usage : culture cultivée et culture de masse, produits légitimes et produits marginaux. Mis en concurrence avec « la télévision », la « musique », le sport, le restaurant ou le jogging, le culturel n'est alors que l'autre nom du loisir distingué. [...]

La lecture est une expérience : ce n'est pas une « pratique culturelle ». Car, s'il est évident qu'on ne peut pas séparer les livres, les œuvres, l'art, de l'expérience concrète qu'en font les hommes vivants, on ne doit pas cependant les y réduire : s'il faut du temps pour lire ou « se cultiver », lire, se cultiver n'est pas une manière d'occuper son temps. Laisserons-nous donc les sciences sociales réduire l'expérience littéraire, la plus haute que l'homme puisse faire avec celle de l'amour, à des sondages concernant nos loisirs, alors qu'il s'agit du sens de notre vie ?

Si l'on veut donc concevoir de la culture l'idée la plus haute, et la plus nécessaire, c'est sur le modèle des Lettres qu'il faudrait la forger. C'est à partir du livre, et de l'expérience des livres, et sur le modèle de l'usage des livres, et de la nécessité des lettres, que devrait être définie la culture, et non à partir de la fréquentation des autres « arts » : la peinture, la musique, les chefs-d'œuvre des musées. Ainsi, la culture cesserait d'être une collection d'œuvres, le système de références des privilégiés, un loisir d'élite, un supplément d'âme, ou un ensemble de valeurs arbitraires destiné à masquer la réalité froide des rapports sociaux. Et on ne pourrait plus, en dénigrant la culture, en n'y voyant qu'une marque de « distinction sociale » (ce à quoi il arrive qu'on utilise la culture cultivée, et même les livres), contribuer à renforcer l'exclusion et la dépossession de ceux qui en sont privés.

Danièle SALLENAVE
Le Don des Morts, Gallimard, 1991
pp. 81-97

5/5

A. Analyse d'une prestation « ratée »

3/20 **Contraction de texte**
HEC 2012

Le poids des loisirs[1]*, privant le peuple du seul héritage humain*[2]*, les livres et la culture, est douloureux. Cette séparation culturelle, véritable privation*[3]*, ne permet qu'une vie incomplète, pour ces exclus, qui, de fait ignorent même ce qu'ils perdent*[4]*. Les intellectuels semblent eux-mêmes divisés : faire avec ou faire évoluer cette injustice*[5] *? Celle-ci, n'étant pas liée à une misère effective, nuisant la zoé, s'apparente plutôt à une misère culturelle affectant le bios*[6]*, sans toucher effectivement l'homme, mais freine son épanouissement. Même si ces formes d'inégalités vont de paires, elles restent incomparables par décence pour les plus démunis et par souci de la culture. Par ailleurs*[7]*, cette vie douloureuse sans œuvres ne relève pas d'une absence de droit, mais plutôt d'un devoir*[8]*, dépendant de la volonté de l'homme de « se cultiver » pour rendre sa vie humaine, pouvant être alors décliné il est appréhendé comme une contrainte*[9]*. Une erreur cruciale chez les intellectuels, qui, voulant supprimer ce privilège qu'est la culture est de la délégitimer en lui conférant une valeur symbolique, révélant la position sociale. Ni un privilège, ni une injustice, simple reflet d'une élite elle serait une valeur à abattre. Cependant*[10] *au lieu d'être fustigée, cette théorie réfutant toute émancipation humaine, est médiatiquement et scientifiquement soutenue*[11]*. Toutefois*[10]*, cette séparation culturelle proviendrait d'une inégalité sociale et provoquerait un nihilisme culturel, véritable signe de distinction sociale*[12]*. Il faut alors démontrer que la « culture cultivée*[13] *», comme valeur, est en elle-même un précieux privilège. Rejoignant*[14] *l'égalitarisme démocratique*[15]*, la lecture dépendant*[14] *plus de l'apport personnel que de l'œuvre, ces inégalités sont consenties.*

1. Faux sens : c'est l'absence de culture qui est douloureuse.
2. Trop proche du texte.
3. Trop proche du texte.
4. Contresens : l'exemple de la femme de ménage dit exactement le contraire.
5. Mal dit.
6. Trop proche du texte.
7. « Par ailleurs » : lien logique faible donc à éviter absolument
8. Contresens : c'est l'apprentissage de la culture qui pourrait relever d'un devoir.
9. « Par ailleurs… contrainte » : phrase trop longue avec contresens et trop proche du texte.
10. Il est maladroit de placer deux adverbes exprimant une opposition à deux phrases d'intervalle.
11. À la fois incompréhensible pour qui n'a pas lu le texte et trop proche du texte.
12. « nihilisme culturel » : reprise d'un mot du texte que l'on pouvait reformuler, et « signe de distinction sociale », invention du candidat.
13. Trop proche du texte.
14. Utilisation excessive du participe présent dans cette phrase.
15. À la fois incompréhensible pour le lecteur lambda et trop proche du texte.

La culture retrouvant[14] alors son sens anthropologique[16], rien n'est possible pour combler cet écart. Plus inquiétante encore, reste la question de l'acharnement des intellectuels contre la culture, véritable trahison des clercs[17]. Un nouveau populisme, à l'encontre des idéaux des Lumières, lié à une certaine culpabilité et au tiers-mondisme[18], explique cet engouement pour une culture exotique au lieu de réduire cette[19] injustice. Depuis peu, les intellectuels appréhendent la culture comme chance et non comme émancipation de leur vie banale. Selon Nietzsche, la vie sans culture, les livres et les « arts », est déchue. Mais, la culture, faisant progresser l'homme, diffère des arts. Selon Arendt, la culture, comme fertilisation ou comme dépassement de soi, s'intéresse au monde alors que le loisir s'occupe des gens[20]. A l'opposé du culturel, elle est désintéressement. Certes, elle s'accomode[21] de la technique pour se répandre mais cela ne suffit pas pour rendre un homme cultivé. La démarche doit venir du sujet, qui se livre à l'œuvre[22]. Les « pratiques culturelles »[23] diluent la culture en un passe-temps. Telle la lecture, la culture, véritable[24] expérience de vie, ne permettrait donc pas de distinction sociale.

419 mots

(473 mots en vrai)

16. Pas clair et proche du texte.
17. Trop proche du texte.
18. Trop proche du texte.
19. Style : utilisation excessive de « cette ».
20. Trop proche du texte.
21. Orthographe : « s'accommode ».
22. Trop proche du texte.
23. Pas de lien avec ce qui précède, témoignant d'une absence de fil directeur.
24. Style : utilisation excessive de l'adjectif « véritable ».

Commentaires :

- Contresens fréquents.
- Très faible reformulation.
- Fil directeur peu apparent.
- Sélectivité des arguments contestable.
- Style à revoir : participe présent excessif, tics (cette, véritable).
- Fluidité à revoir.
- Passages incompréhensibles pour qui n'a jamais lu le texte.
- Malhonnêteté sur le décompte des mots.
- Qualité : l'orthographe avec une seule faute.

Le 3/20 était donc amplement justifié, pour ne pas dire généreux…

B. Analyse d'une prestation réussie

19/20 **Contraction de texte**
HEC 2012

Au XXe siècle[1], on déplore le fait que la majorité de la population soit privée de la culture et de la littérature, et s'abêtisse[2] dans des loisirs de masse. Certes, la priorité est de sortir de la misère pécunière[3], avant de penser à se cultiver. Les besoins du corps l'emportent sur les besoins de l'esprit. Néanmoins, la culture est essentielle à l'homme. L'humain sans livres n'est, ne peut être pleinement homme. La vie sans culture est insoutenablement routinière et manque de saveur et de vivacité[4]. On peut distinguer deux attitudes intellectuelles et politiques face à ces inégalités culturelles. Ou bien, selon une idée héritée des Lumières, il faut élargir l'accès à la culture, de telle sorte que chacun puisse disposer de cette opportunité. Ou bien on voit dans la culture le reflet des hiérarchies de classes sociales, et on cherche alors à établir au même niveau toutes les cultures. Dans cette deuxième optique, on considère que tous les objets culturels ont même valeur. D'où vient cette idée surprenante que tout se vaut ? D'abord du sentiment de honte de certains intellectuels, confrontés à leur position de privilégiés culturels. C'est ensuite la conséquence d'un mouvement de relativisme culturel. Ce qui était lié à une inégalité sociale (l'inculture) devient désormais l'expression d'une particularité à conserver. Face à la souffrance de ceux qui se savent exclus du cercle des cultivés, on a voulu abaisser la culture. Le fait d'être cultivé a été vu comme un privilège à abolir. En fait, la question des inégalités culturelles est davantage philosophique que socio-politique. Certes, chacun doit avoir le droit d'accéder à la culture, mais il est également indispensable que chacun exerce son droit. Se cultiver, ce n'est pas seulement

1. Datation non présente dans le texte mais implicite puisqu'il est fait mention du loisir télévisé.
2. Verbe un peu fort mais qui traduit toutefois la pensée de l'auteur.
3. Orthographe : « pécuniaire ».
4. Termes contestables mais traduisant toutefois une réelle reformulation et appropriation de la pensée de l'auteur.

disposer d'objets culturels, de patrimoine. C'est avant tout effectuer un processus personnel de formation, d'édification. Il ne suffit pas d'analyser les œuvres rencontrées, encore faut-il être transformé par leur vision, leur lecture. A l'époque moderne, alors que la sortie culturelle est devenue un loisir comme un autre, en particulier celui des classes sociales supérieures, on veut démocratiser l'accès à la culture. Mais on oublie alors que seule une culture édifiée par la lecture est vraiment formatrice, et que cette culture, loin d'être socialement hiérarchisante, est au contraire nécessaire et humaniste.

398 mots

Commentaires :

Un texte bien assimilé avec un recul assez remarquable et une reformulation extrême et fluide qui témoigne d'une réelle appropriation de la pensée de l'auteur. On aurait pu reprendre la référence d'Hannah Arendt. Elle a choisi de faire sans. Ce qui n'est pas bien grave au regard des autres qualités démontrées.

Au niveau du style, remarquez à quel point les phrases sont courtes, sans fioritures et sans termes jargonneux. La clarté et la fluidité, tout simplement.

Les deux secrets de cette étudiante : « la reformulation et le fil directeur ». Et ça se voit !

Je m'amuse souvent à donner ces deux contractions de texte sans les notes à mes étudiants. Je leur demande alors de formuler une analyse et de donner une note à chacune des deux contractions. Les bizuths se trompent presque systématiquement et félicitent la première prestation…

C. Corrigés de la synthèse

Après avoir analysé la contraction d'HEC 2012, je vous propose deux corrigés officiels de l'épreuve de synthèse de 2010.

BANQUE COMMUNE D'EPREUVES

304
ESCP_ST

Conception : E.S.C.P. – EUROPE

ETUDE & SYNTHESE DE TEXTES

OPTIONS : SCIENTIFIQUE, ECONOMIQUE, TECHNOLOGIQUE, LETTRES & SCIENCES-HUMAINES

MERCREDI 12 MAI 2010 de 8 h. à 12 h.

Vous présenterez, en 300 mots (tolérance de 10% en plus ou en moins), une synthèse des trois textes ci-après, en confrontant, sans aucune appréciation personnelle et en évitant autant que possible les citations, les divers points de vue exprimés par leurs auteurs.

Indiquez, en fin de copie, le nombre de mots utilisés.

Il n'est fait usage d'aucun document ; l'utilisation de toute calculatrice et de tout matériel électronique est interdite.

1/6

Texte 1

Les empereurs[1] possédaient, il est vrai, un pouvoir immense et sans contrepoids, qui leur permettait de se livrer librement à la bizarrerie de leurs penchants et d'employer à les satisfaire la force entière de l'État ; il leur est arrivé souvent d'abuser de ce pouvoir pour enlever arbitrairement à un citoyen ses biens ou sa vie : leur tyrannie pesait prodigieusement sur quelques-uns ; mais elle ne s'étendait pas sur un grand nombre ; elle s'attachait à quelques grands objets principaux, et négligeait le reste ; elle était violente et restreinte.

Il semble que, si le despotisme venait à s'établir chez les nations démocratiques de nos jours, il aurait d'autres caractères : il serait plus étendu et plus doux, et il dégraderait les hommes sans les tourmenter.

Je ne doute pas que, dans des siècles de lumières et d'égalité comme les nôtres, les souverains ne parvinssent plus aisément à réunir tous les pouvoirs publics dans leurs seules mains, et à pénétrer plus habituellement et plus profondément dans le cercle des intérêts privés, que n'a jamais pu le faire aucun de ceux de l'Antiquité. Mais cette même égalité, qui facilite le despotisme, le tempère ; nous avons vu comment, à mesure que les hommes sont plus semblables et plus égaux, les mœurs publiques deviennent plus humaines et plus douces ; quand aucun citoyen n'a un grand pouvoir ni de grandes richesses, la tyrannie manque, en quelque sorte, d'occasion et de théâtre. Toutes les fortunes étant médiocres, les passions sont naturellement contenues, l'imagination bornée, les plaisirs simples. Cette modération universelle modère le souverain lui-même et arrête dans de certaines limites l'élan désordonné de ses désirs.

Indépendamment de ces raisons puisées dans la nature même de l'état social, je pourrais en ajouter beaucoup d'autres que je prendrais en dehors de mon sujet ; mais je veux me tenir dans les bornes que je me suis posées.

Les gouvernements démocratiques pourront devenir violents et même cruels dans certains moments de grande effervescence et de grands périls ; mais ces crises seront rares et passagères.

Lorsque je songe aux petites passions des hommes de nos jours, à la mollesse de leurs mœurs, à l'étendue de leurs lumières, à la pureté de leur religion, à la douceur de leur morale, à leurs habitudes laborieuses et rangées, à la retenue qu'ils conservent presque tous dans le vice comme dans la vertu, je ne crains pas qu'ils rencontrent dans leurs chefs des tyrans, mais plutôt des tuteurs.

Je pense donc que l'espèce d'oppression dont les peuples démocratiques sont menacés ne ressemblera à rien de ce qui l'a précédée dans le monde ; nos contemporains ne sauraient en trouver l'image dans leurs souvenirs. Je cherche en vain moi-même une expression qui reproduise exactement l'idée que je m'en forme et la renferme ; les anciens mots de despotisme et de tyrannie ne conviennent point. La chose est nouvelle, il faut donc tâcher de la définir, puisque je ne peux la nommer.

Je veux imaginer sous quels traits nouveaux le despotisme pourrait se produire dans le monde : je vois une foule innombrable d'hommes semblables et égaux qui tournent sans repos sur eux-mêmes pour se procurer de petits et vulgaires plaisirs, dont ils emplissent leur âme. Chacun d'eux, retiré à l'écart, est comme étranger à la destinée de tous les autres : ses enfants et ses amis particuliers forment pour lui toute l'espèce humaine ; quant au demeurant de ses concitoyens[2], il est à côté d'eux, mais il ne les voit pas ; il les touche et ne les sent point ; il

[1] *Les empereurs* : il s'agit des empereurs de l'Antiquité latine.
[2] *Quant au demeurant de ses concitoyens* : quant au reste de ses concitoyens.

2/6

n'existe qu'en lui-même et pour lui seul, et, s'il lui reste encore une famille, on peut dire du moins qu'il n'a plus de patrie.

Au-dessus de ceux-là s'élève un pouvoir immense et tutélaire, qui se charge seul d'assurer leur jouissance et de veiller sur leur sort. Il est absolu, détaillé, régulier, prévoyant et doux. Il ressemblerait à la puissance paternelle si, comme elle, il avait pour objet de préparer les hommes à l'âge viril ; mais il ne cherche, au contraire, qu'à les fixer irrévocablement dans l'enfance ; il aime que les citoyens se réjouissent, pourvu qu'ils ne songent qu'à se réjouir. Il travaille volontiers à leur bonheur ; mais il veut en être l'unique agent et le seul arbitre ; il pourvoit à leur sécurité, prévoit et assure leurs besoins, facilite leurs plaisirs, conduit leurs principales affaires, dirige leur industrie, règle leurs successions, divise leurs héritages ; que ne peut-il leur ôter entièrement le trouble de penser et la peine de vivre ?

C'est ainsi que tous les jours il rend moins utile et plus rare l'emploi du libre arbitre ; qu'il renferme l'action de la volonté dans un plus petit espace, et dérobe peu à peu à chaque citoyen jusqu'à l'usage de lui-même. L'égalité a préparé les hommes à toutes ces choses : elle les a disposés à les souffrir et souvent même à les regarder comme un bienfait.

Après avoir pris ainsi tour à tour dans ses puissantes mains chaque individu, et l'avoir pétri à sa guise, le souverain étend ses bras sur la société tout entière ; il en couvre la surface d'un réseau de petites règles compliquées, minutieuses et uniformes, à travers lesquelles les esprits les plus originaux et les âmes les plus vigoureuses ne sauraient se faire jour pour dépasser la foule ; il ne brise pas les volontés, mais il les amollit, les plie et les dirige ; il force rarement d'agir, mais il s'oppose sans cesse à ce qu'on agisse ; il ne détruit point, il empêche de naître ; il ne tyrannise point, il gêne, il comprime, il énerve, il éteint, il hébète, et il réduit enfin chaque nation à n'être plus qu'un troupeau d'animaux timides et industrieux, dont le gouvernement est le berger.

J'ai toujours cru que cette sorte de servitude, réglée, douce et paisible, dont je viens de faire le tableau, pourrait se combiner mieux qu'on ne l'imagine avec quelques-unes des formes extérieures de la liberté, et qu'il ne lui serait pas impossible de s'établir à l'ombre même de la souveraineté du peuple.

Alexis de Tocqueville,
De la Démocratie en Amérique II, Quatrième partie, Chapitre VI (1840)
(« Quelle espèce de despotisme les nations démocratiques ont à craindre »)

Texte 2

La ligne de démarcation entre le monde posthistorique et le monde historique change rapidement et se révèle ainsi difficile à tracer. L'Union soviétique s'est apparemment déplacée rapidement d'un camp dans l'autre ; son éclatement impliquera probablement une division entre des États successeurs qui réussiront leur passage à la démocratie libérale, et d'autres qui ne le pourront pas. La Chine d'après Tien An Men est loin d'avoir réalisé la démocratie, mais depuis le commencement de la réforme économique, sa politique étrangère est devenue, pour ainsi dire, *bourgeoise*, et de manière croissante. Les dirigeants actuels de la Chine semblent comprendre qu'ils ne peuvent pas faire tourner à l'envers la pendule des réformes économiques, et que leur pays devra rester ouvert à l'économie internationale. Cela a interdit tout retour à une politique extérieure de type maoïste, malgré les tentatives pour faire revivre à l'intérieur certains aspects du maoïsme. Les États les plus importants d'Amérique latine — Mexique, Brésil et Argentine — sont passés au cours de la dernière génération d'un monde à l'autre, et bien que les rechutes soient toujours possibles pour chacun d'eux, ils paraissent maintenant fermement rattachés aux autres démocraties industrielles par le jeu de l'interdépendance économique.

A plus d'un titre, les mondes historique et posthistorique garderont des existences parallèles mais séparées, avec peu d'interaction entre elles. Il y aura toutefois plusieurs axes au long desquels ces deux mondes se heurteront. Le premier est le pétrole, cause véritable de la crise internationale qui a suivi l'invasion irakienne du Koweït. La production pétrolière reste en effet concentrée dans le monde historique et elle est vitale pour le bon fonctionnement du monde posthistorique. Quoi qu'on ait dit au cours des crises pétrolières des années 1970 de l'interdépendance croissante du monde entier pour une grande variété de produits, le pétrole reste la seule ressource dont la production est suffisamment concentrée pour que le marché en soit soumis aux manipulations et aux ruptures pour des raisons politiques ; la rupture peut déclencher presque immédiatement des conséquences économiques dévastatrices pour le monde posthistorique.

Le second axe d'interaction est moins visible actuellement que le pétrole, mais il est peut-être le plus riche de problèmes à long terme ; c'est l'immigration. On constate aujourd'hui un flux constant de peuples provenant de pays pauvres et instables vers les pays riches et sûrs ; ce phénomène a affecté presque tous les États du monde développé. Ce flux, constamment croissant ces dernières années, pourrait être soudainement accéléré par des bouleversements politiques dans le monde historique. Des événements comme la dislocation de l'Union soviétique ou l'éclatement de violences interethniques en Europe de l'Est, ou encore l'annexion de Hong Kong par une Chine communiste restée orthodoxe, pourront être autant d'occasions de transferts massifs de population du monde historique au monde post historique. Ce flux de population garantira que les États posthistoriques continueront de s'intéresser au monde historique, soit pour endiguer le flot, soit parce que ces nouveaux immigrants seront entrés dans le système politique et forceront leurs nouveaux hôtes à s'impliquer davantage.

Il s'est révélé très difficile pour des pays posthistoriques de faire obstacle à l'immigration pour au moins deux raisons. La première est que la plupart des pays posthistoriques ont eu des difficultés à formuler un principe juste d'exclusion des étrangers qui ne paraisse point violer les principes du droit universel envers lesquels les démocraties libérales sont engagées, et qui ne soit ni ne semble raciste ou nationaliste. Toutes les démocraties développées ont imposé des limites à l'immigration, à un moment ou à un autre, mais elles l'ont toujours fait, pour ainsi dire, avec mauvaise conscience.

La seconde raison pour l'accroissement de l'immigration est économique, depuis que presque tous les pays développés ont connu des pénuries de main-d'œuvre non qualifiée ou peu qualifiée, dont le tiers monde regorge. Tous les travaux peu payés ne peuvent pas être exportés. La compétition économique dans un marché mondial unique doit favoriser la poursuite de l'intégration des marchés régionaux du travail, tout comme le premier capitalisme a engendré la croissance des Etats-nations unifiés avec de hauts niveaux de mobilité intérieure de la main-d'œuvre.

L'axe final d'interaction entre les deux mondes sera constitué par certains problèmes sur l'« ordre du monde ». En raison de la menace particulière que certains pays historiques posent à leurs voisins, de nombreux pays posthistoriques s'y intéresseront abstraitement en empêchant la diffusion de certaines technologies vers un monde historique jugé trop enclin au conflit et à la violence.

Francis Fukuyama, *La fin de l'histoire et le dernier homme*, Champs-Flammarion, 1992 (traduction de Denis-Armand Canal)

4/6

Texte 3

Des événementialistes

[…] Il n'y a aucune visée mystique (et encore moins cognitive) dans l'événementialisme négatif de notre époque. Le rien y est approuvé comme la seule positivité à notre portée. L'acceptation de tout ce qui apparaît (tout ce qui est « nouveau » est bien) est un des traits caractéristiques d'Homo festivus, dont le saint patron pourrait être en effet le Pangloss de Candide. Son adhésion non critique, inconditionnelle, aux inventions de la « modernité », le révèle (mais est-ce une surprise ?) comme tout à fait étranger à Hegel et au rôle essentiellement positif que ce dernier attribuait à la négation, par laquelle le donné se trouve sans cesse détruit pour laisser place à la réalisation de possibilités nouvelles. Le donné étant également du néant, on ne voit plus très bien ce que l'on pourrait désirer y modifier. Pour en terminer avec cette seconde non-guerre du Golfe[3], et insister sur la non-croyance complice et fervente qui, pour cette nouvelle occasion, a uni spectateurs et commentateurs, il est amusant de remarquer que les seuls à avoir manifesté une certaine crédulité à propos de l'imminence postiche de ce non-événement sont justement les apparatchiks planétaires de l'hyperfestif : je pense au gouvernement japonais et au Comité international olympique qui ont solennellement demandé aux États-Unis de ne pas attaquer l'Irak pendant les jeux d'hiver de Nagano. Il y avait là, en effet, un conflit exemplaire, et finalement le seul : entre le sport devenu aujourd'hui l'unique métaphore acceptable des anciennes guerres (dont il canalise la violence, qu'il met au service de la restauration du « vivre-ensemble » et de la recréation du « lien collectif »), et la guerre dématérialisée (mais publicitairement vendue comme une menace réelle) qui risquait de lui faire concurrence. Que les responsables du festif sportif aient été les seuls adversaires (les seuls dupes) de ce pseudo-néo-conflit, est finalement moral : les promoteurs des microscopiques et insupportables guerres à blanc du sport n'ont pas de pire ennemi que le réel en tant qu'accident.

Mais ils ont eu bien tort de s'alarmer : les propagandistes de la nouvelle non-guerre du Golfe ne parlaient, eux aussi, que d'une guerre à blanc.

À mesure qu'achèvent de se dissoudre, dans l'indifférence générale, la plupart des éléments de la réalité d'autrefois, se multiplient dans les mêmes proportions les entreprises précipitées de reconstruction de cette réalité à partir de ses propres débris. C'est le cas de ces anciens quartiers que l'on normalise, de ces rues que l'on a rendues au public sous forme de voies piétonnes congelées, et de ces bons vieux endroits quelconques de jadis qui deviennent des « zones d'activités » ou encore des « espaces ». C'est l'ensemble de la réalité récemment sinistrée qui devient l'objet de tentatives unanimes pour la relever, la rebâtir, la redresser tant bien que mal. Et « voir les choses comme elles sont », dans ces conditions, c'est voir précisément comme elles ont été transformées par ceux qui ne veulent pas qu'on voie ces transformations. Mais ce bricolage universel crée quelques emplois. La vie sociale elle-même, saccagée de fond en comble, est reconstruite de toutes pièces contre espèces sonnantes et trébuchantes. Dans *Topaze*, Pagnol évoquait un escroc appelé Ménétrier : « On lui a donné une très belle chaîne de montagnes du côté de Tananarive. Il est allé là-bas pour la vendre aux gens qui l'habitent », dit de lui un des personnages de la pièce. L'entrepreneur d'événements vend indifféremment aux populations actuelles catastrophes, accidents, incidents, coups de théâtre et réjouissances, toutes choses dont elles disposaient très bien sans lui, ou qu'elles étaient parfaitement capables de se procurer par leurs propres moyens, avant que la condition même

[3] L'auteur fait ici référence à des tensions dont les observateurs de l'époque (1998) craignaient qu'elles n'entraînent une seconde guerre du Golfe, après la première de 1990-1991.

5/6

d'existence de ces choses (le hasard) n'ait été éradiquée. On peut ainsi, de nos jours, rencontrer des socio-réparateurs dans tous les domaines. J'en ai même connu dont l'étonnant métier consistait à prendre contact avec des propriétaires d'appartements de luxe et leur louer ceux-ci au profit d'autres personnes désireuses d'y organiser un dîner, une soirée, enfin d'y recevoir des gens *comme chez eux*. Où l'on peut constater que la vie quotidienne a aussi tendance à entrer dans la catégorie de la reconstitution historique. Privé de toute substance, désincarné, éternisé, le rituel du dîner chic passe avec le reste de l'autre côté de l'Histoire, dans cette région où tout sonne creux, mais où tout se poursuit et se poursuivra sans nécessité, sans objet, parce que c'est comme ça et parce qu'il le faut. À chacun des niveaux d'activités humaines, la tentative de relever ce qui a été mis par terre, de rebricoler quelque chose avec les moellons du concret effondré, prend les allures d'une œuvre de longue haleine. Ce sera le travail du troisième millénaire. Toutes les activités « spontanées » ou « naturelles » de l'être humain ne vont plus de soi. Elles nécessitent, comme on dit dans les partis politiques en débâcle, d'être « refondées ». Et, bien entendu, quand elles le sont, elles n'ont pas davantage de sens, ni d'avenir, que les « refondations » politiques en question.

L'événementiel, en même temps qu'il cessait d'être un adjectif pour devenir un nom, a cessé de désigner des faits, des actes, des accidents, des incidents marquants. La seule chose qui n'existe plus dans le monde des entrepreneurs d'événements (mais comment les appeler ? événementialistes ? aventuriens ? péripétistes ? accidentiers ?), ce sont les événements : l'aventure qui survient sans être attendue. Le hasard, aujourd'hui, n'a pas du tout bonne presse. Il n'est plus dans le camp du monde qui gagne. L'imprévisible est une gêne. C'est le point noir, la hantise du marchand d'événements. Se produirait-il, quelques semaines avant l'an 2000, une péripétie inopinée, c'est-à-dire à l'ancienne, qu'elle apparaîtrait comme un scandale, et même comme un affront mortel, aux organisateurs de l'an 2000 ; lesquels se sont arrogé pour cette époque-là, plus encore que pour tout autre, le monopole de l'événement.

Philippe Muray, *Après l'histoire*, Les Belles Lettres, 2000
(texte initialement publié dans la *Revue des Deux Mondes* en 1998)

6/6

Extrait du rapport :

« À titre d'exemple, le jury propose le corrigé suivant qui respecte les diverses normes imposées par l'exercice. Le texte proposé ci-dessous s'organise autour des trois axes dominants évoqués ci-dessus au fil des textes :

- la question de l'insupportable prévisibilité des choses ;
- celle des rapports entre le monde moderne et postmoderne et le monde d'avant, le monde passé, le monde qui n'était pas encore tout entier tenaillé par les rêves de maîtrise et d'uniformisation qui se donnent libre cours depuis la fin du xxe siècle ;
- la question de la posture qu'adoptent les auteurs vis-à-vis d'évolutions et de situations qu'ils dépeignent, analysent et décrivent, mais aussi qu'ils commentent, louent ou condamnent de diverses façons. »

CAS PRATIQUE

HEC 2010 – Exemple n° 1 de synthèse

Les sociétés modernes vivent-elles la fin de l'Histoire ? [ou] La féconde incertitude de l'Histoire est-elle vouée à disparaître dans les sociétés modernes ?

Évoluons-nous dans un monde trop prévisible ? Assurément selon Tocqueville, qui imaginait la démocratie du futur peuplée d'individus renonçant toujours plus systématiquement à l'esprit d'initiative. Muray, lui, dépeint la dérisoire obsession contemporaine à reconstruire artificiellement des situations aseptisées, préservées des incertitudes du hasard et de l'imprévisibilité de la vie. Mais Fukuyama apprécie de voir émerger un monde clivé entre univers historique et posthistorique, susceptibles d'interagir dans certaines situations connues d'avance : règlement des questions énergétiques, contrôle des flux migratoires, lutte contre la diffusion de technologies potentiellement hostiles.

Le présent peut-il dès lors ne pas caricaturer le passé ? Non, nous dit Tocqueville, qui oppose le monde d'hier et ses tyrannies brutales à celui qui vient, dominé par un pouvoir paternaliste et apaisé qui exercera sur des populations fédérées par des idéaux médiocres une tutelle aussi ennuyeuse que systématique. Muray raille notre univers de simulacres festifs, d'où les guerres et les tragédies ont été bannies ou ne subsistent que comme leurres. Pour Fukuyama, au contraire, nulle dégradation caricaturale là où il faut louer l'avènement d'un univers toujours plus homogène dans ses choix politico-économiques.

Une telle situation est-elle acceptable ? Pas pour Muray, qui souhaite déconstruire l'absurde logique d'un postmodernisme incapable de faire place à l'authenticité et à l'incertitude. À l'inverse, Fukuyama se réjouit de voir la démocratie marchande étendre progressivement sur le monde l'emprise de ses valeurs rationnelles et de son esprit calculateur, meilleure prévention contre les imprévisibles bouleversements dont demeurent tributaires les civilisations engluées dans l'Histoire. Tocqueville adopte enfin la position médiane d'un observateur rigoureux des formes de la pacification des passions politiques et sociales dans les sociétés modernes, que saisirait l'imperceptible nostalgie d'attitudes de grandeur et d'affirmation de soi devenues inconciliables avec la modernité démocratique.

318 mots
[323 avec la seconde question introductrice, plus longue]

CAS PRATIQUE

HEC 2010 – Exemple n° 2 de synthèse

Afin de montrer que le jury est ouvert à des propositions variées dans les copies, il publie un second état du corrigé.

Les philosophies de l'histoire ont-elles encore une pertinence ?
La fin de l'histoire est-elle concevable ? Muray la considère comme déjà atteinte : l'acceptation sans critique réduit le donné au néant, et la négation hégélienne, productrice de nouveauté, est maintenant sans objet ; l'événement est impensable : une guerre et une compétition sportive sont équivalentes. Selon Fukuyama, la démocratie libérale constitue le but ultime : les pays post-historiques, qui l'ont atteinte, s'opposent aux pays historiques, attardés dans la pauvreté et dans l'instabilité. Tocqueville, quant à lui, redoutait que la démocratie ne dégénère en un régime proprement innommable dans les termes de l'histoire traditionnelle.
Quels seraient le sens et le moteur de l'histoire ? Pour Fukuyama, le progrès de la démocratie libérale dans le monde a pour moteur la conjonction de l'efficacité économique, du respect des droits universels et de la recherche de la paix, qui conduisent à des conflits avec les pays historiques à propos du pétrole, de l'immigration et des transferts de technologies. Tocqueville déplorait au contraire que, de la tyrannie latine au despotisme démocratique, la lutte entre liberté et égalité aboutisse à la victoire de la seconde. Muray, lui, observe seulement un monde répétitif « sans nécessité » et où « le hasard (...) n'a pas du tout bonne presse » : la dialectique qui permettait l'émergence de l'événement a disparu.
Quelle anthropologie anime ces visions historiques ? Pour Fukuyama, l'homme est sujet de droits économiques et politiques que protège la démocratie libérale. Tocqueville dépeignait un homme originellement passionné, voué au « trouble de penser » et à « la peine de vivre » ; il lui attribuait le libre arbitre et la volonté, pour regretter que la servitude démocratique l'en dépouille. Muray, se plaçant dans une perspective quasi évolutionniste, élabore la notion d'« Homo festivus » et dénonce dans la fête généralisée une entreprise commerciale qui caricature l'événement et dénie à l'homme sa spontanéité naturelle.

319 mots

Cet extrait de rapport se veut rassurant puisqu'il vous fait la démonstration qu'il n'existe pas de synthèse idéale. Dès lors, ne cherchez pas de façon obsessionnelle une question générale miracle qui recouperait toutes les questions des trois textes. Choisissez celle qui vous paraît la plus pertinente selon votre analyse et foncez.

Inspirez-vous du style de ces deux synthèses, notamment dans la façon dont sont introduits les différents auteurs au sein de chacun des points de confrontation.

Contraction de texte et Synthèse / En un mot

ATTENTES DU JURY

- Contraction de texte :
  - Faire apparaître clairement le fil directeur de la pensée de l'auteur.
  - Reformuler et se réapproprier ainsi la pensée de l'auteur.
  - Proposer une langue, claire, fluide et sans faute.
  - Respecter le nombre de mots imposé.
- Synthèse :
  - Dégager une problématique commune aux trois textes sous forme de question.
  - Avoir compris les trois textes.
  - Trouver trois points de confrontation le plus souvent sous forme de questions.
  - Respecter la fourchette de mots imposée.
  - Avoir une langue claire, fluide et sans faute.

MÉTHODES

- Contraction de texte :
  - Prenez des notes dès la première lecture.
  - Affinez la sélection des arguments et exemples en seconde lecture.
  - Construisez le plan du texte en 3-4 parties.
  - Rédigez en reformulant et en soignant la clarté du propos.
- Synthèse :
  - Faire un plan détaillé pour chacun des trois textes.
  - Exhibez une question générale et trois points de confrontation.
  - Rédigez dans une langue claire, fluide et sans faute.

SECRETS

- Contraction de texte :
  - Reformulez à l'extrême.
  - Soignez absolument le fil directeur.
- Synthèse :
  - Posez-vous trois questions : De quoi parlent les textes ? Que veut démontrer l'auteur ? Par quels moyens ?
  - Inspirez-vous du style des deux corrigés officiels pour animer vos points de confrontation.

CHAPITRE 6

Culture générale

« LA CULTURE GÉNÉRALE, C'EST ALÉATOIRE ». VOILÀ UNE PENSÉE RÉCURRENTE DANS L'ESPRIT DES FUTURS CANDIDATS. C'était aussi mon avis lorsque j'étais en prépa, ce pourquoi j'avais négligé son travail. Avec les résultats que vous connaissez… Permettez-moi, aujourd'hui, de revenir sur ce point de vue et d'affirmer que des méthodes très précises existent pour être performant le jour J. Cette assertion est née de plus de 15 ans de discussions avec des étudiants brillants en culture générale. Les cancres m'ont également apporté leurs précieux conseils : avec leurs recettes intelligentes, ils ont parfois dépassé les 12/20 en quelques semaines de travail bien ciblé… Nous terminerons ce chapitre par un entretien avec un étudiant exceptionnel qui, avec quasiment la même dissertation aux quatre épreuves du concours, a obtenu 20, 20, 19 et 17. Incroyable !

« Ma méthode est simple
mais très atypique, ce qui promet
un succès quasi certain
si on la maîtrise parfaitement.
Vous serez certainement surpris
en lisant mes copies, au sens où les
quatre sont quasiment les mêmes. »

Alexis, 19/20 de moyenne au concours, 20/20 à HEC

1. Les attentes du jury

A. Trouver une problématique

Rapport ESSEC 2011

« (...) Importance primordiale de la problématisation (il nous faut donc **sanctionner** toute copie dont l'introduction n'est qu'une formalité, qui évite ou dénature le sujet et **se contente d'annoncer un programme là où on attend l'énoncé d'un problème**).

Je tiens à vous rassurer sur ce point : je lis encore aujourd'hui beaucoup de bonnes copies (plus de 17/20) reposant sur une problématique somme toute basique, voire simpliste. Il est important d'exhiber une subtilité dans les termes qui rend le sujet intéressant mais n'allez pas non plus chercher une problématique folle.

B. Oser développer une pensée personnelle

Rapport EML 2009

« Le jury déplore donc, une fois encore, le trop **faible pourcentage de copies qui font preuve d'une véritable pensée.** Il faudrait ici, avec beaucoup de correcteurs, supplier le public des préparations aux grandes écoles de commerce de ne pas se réfugier dans le prêt-à-penser, quel qu'il soit, de ne pas craindre d'aller contre les idées reçues, en gardant le cap de la raison (...) et d'oser penser, d'oser relever le défi du sujet, d'oser questionner les connaissances apprises, **d'oser critiquer les auteurs, de discuter avec eux, au lieu de les réciter bêtement** et de les ressasser parce qu'on ne les comprend pas. »

Oser développer une pensée personnelle, oui, mais sous certaines conditions. Vous ne le ferez que si vos analyses ont été validées au préalable par un professeur. Bâtir une analyse nouvelle le jour J est donc à éviter absolument. Je vous déconseille également de trop critiquer la pensée des philosophes. Les professeurs de culture générale ont souvent un avis bien tranché sur les thèses des grands penseurs. Les remettre en cause pourra heurter certains correcteurs. Soyez donc prudents et osez critiquer les auteurs « non philosophes » : romanciers, poètes, réalisateurs, musiciens...

C. Soigner l'enchaînement des idées

Rapport EML 2011

« Les candidats sont invités par de très nombreux correcteurs à **bannir les "de plus" et autres "en outre", qui transforment certains développements en inventaires** ou en accumulations indigestes d'arguments, d'exemples et d'idées, et à **revenir à une syntaxe logique normale** en recourant aux connecteurs logico-grammaticaux dont la langue française est loin d'être avare (**"Or", "Donc", "Mais"**). La construction dialectique de la dissertation y gagnerait autant que la composition rhétorique. Beaucoup de correcteurs notent **la logique faible de la plupart des copies, y compris des compositions bien écrites.**

Les correcteurs seront très sensibles à la conduite du raisonnement. Une dissertation qui présente des blocs sans lien logique apparaîtra comme scolaire et sans relief. Soigner les transitions entre les parties mais également entre les idées doit donc être l'une de vos priorités. Bannissez donc les « de plus », « de surcroît », « en outre »... Faites attention de ne pas tomber dans l'excès inverse qui consiste à mettre des liens logiques forts là où il n'en faut pas. L'emploi généralisé de liens logiques tels que « en effet » ou « pour autant » en est un exemple récurrent...

D. Sortir du lot

Rapport EML 2009

- « La composition est assez correcte dans l'ensemble, mais généralement convenue, pour ne pas dire "téléphonée". »
- « Que les candidats aient **le courage de se distinguer** ! Il ne s'agit pas ici d'un polycopié ou d'une fiche de lecture à restituer passivement, mais d'une réflexion à conduire dans un contexte de concours. Est-ce trop demander à de futurs responsables économiques, que de faire preuve d'ouverture d'esprit et de curiosité intellectuelle ? De remettre en question les lieux communs de la pensée ? » ;
- « Il y a une **incroyable uniformité des copies qui semblent toutes inspirées des mêmes sources** (manuels, sites Internet). On doit encourager les élèves à des lectures personnelles qui les sortent de cette vulgate fastidieuse. »

Vouloir à tout prix sortir du lot est une intention louable mais elle peut se retourner contre le candidat lorsque la recherche d'originalité nuit à la clarté du propos. C'est notamment ce qui est arrivé à certains de mes étudiants, pourtant brillants en culture générale dans leurs prépas respectives. Ce fut le cas d'Arnaud, major en culture générale dans sa prépa, qui a « sous-performé » à 9 de moyenne au concours en raison de plans trop complexes. Cette mésaventure est l'occasion de vous livrer un nouveau secret : ne sortez pas du lot en misant sur l'originalité du plan. Dans bien des cas, l'originalité se transforme en complexité et le risque de heurter, voire noyer, le correcteur survient. Je vous rappelle que le correcteur lira environ 100 dissertations. **La clarté de la pensée doit dès lors s'imposer comme la qualité première de votre devoir**. En revanche, rien ne vous empêche de sortir du lot par le développement de références originales. C'est d'ailleurs le point que nous allons aborder à présent.

E. Soigner les références choisies en étoffant leur analyse

Rapport EML 2011

« Le groupe des bonnes copies comprenait [systématiquement] des **références (...) consistantes**, des connaissances précises, les unes et les autres faisant réellement progresser la réflexion au lieu d'en jalonner rhétoriquement les étapes. (...) **Nous conseillons aux candidats d'approfondir les références et de travailler par eux-mêmes les textes, les livres, de se procurer des exemples originaux si possible.** »

Rapport ESSEC 2011

« [Notons] **l'importance des exemples** que, là encore, **on doit choisir et exposer avec attention et scrupule** (il nous faut donc sanctionner et les copies sans exemple et celles qui, pratiquant la livraison en vrac d'exemples à peine évoqués, la plupart du temps confondent d'une part références et exemples et d'autre part exemples littéraires, philosophiques et historiques). On redira enfin que "citation n'est pas raison" et qu'il faut donc garder en mémoire le point suivant : **une citation n'a de valeur que par le commentaire qui l'explique et l'exploite. (...)**

Les copies que nous avons valorisées sont donc celles où le candidat s'installe et séjourne dans les références et non celles présentant une juxtaposition de doctrines sans analyses ni transitions. »

L'entraide est une vertu appréciable en prépa HEC. Néanmoins, dans votre recherche de références originales, je vous invite à faire preuve de discrétion car l'originalité est réellement une qualité qui vous permettra de faire la différence par rapport aux candidats « concurrents ». Comme je vous le disais plus haut, pour surprendre le correcteur vous devez initier un réel travail de recherche en balayant tous les champs possibles : littérature, poésie, musique, cinéma, théâtre, histoire... Une étudiante passionnée de musique s'était illustrée une année sur le thème de la beauté : sa troisième partie parlait exclusivement de la musique de Beethoven. Sa note : 20/20.

Retenons l'essentiel : une introduction qui soulève un problème, des références à la fois originales et analysées, un propos aussi enchaîné que possible. Le tout dans un style clair et agréable à lire. Point barre. Et c'est déjà beaucoup !

2. Les bons ouvrages

Cette sélection est subjective mais elle reflète l'observation des ouvrages préférés de ceux qui ont réussi. Il nous faut distinguer ici les ouvrages des deux années car, comme vous le savez, l'année de bizuth est générale tandis que l'année de carré aborde un thème spécifique.

Les ouvrages de première année

Leçons particulières de culture générale
Éric Cobast – PUF

Une référence de la culture générale. En plus d'être enrichissant, il est extrêmement agréable à lire. Inspirez-vous du style de M. Cobast.

La philosophie de A à Z
Collectif d'auteurs – Hatier

Ouvrage très pratique pour trouver rapidement une définition précise de toutes les notions philosophiques clés. Les définitions ne sont pas toujours très étoffées mais constituent déjà une bonne base de travail.

La bibliothèque du littéraire
Yannick Mercoyrol – PUF

Une étudiante brillante me l'avait conseillé. Vous y trouverez le type d'analyse recherché pour faire mouche aux concours.

100 fiches de culture générale
collectif d'auteurs – Breal

Ouvrage un peu scolaire mais bien pratique pour passer en revue l'histoire de la culture de façon synthétique. Utile, notamment pour l'oral d'HEC ou vos colles de culture générale.

La mythologie : ses dieux, ses héros, ses légendes
Edith Hamilton – Marabout

Ouvrage de référence sur la mythologie grecque et son analyse.

Histoire de l'art
Ernst Hans Gombrich – Phaidon

Un peu indigeste, cet ouvrage n'en demeure pas moins la référence en matière d'histoire de l'art. Vous y trouverez ça et là des exemples pouvant illustrer vos arguments de dissertation de manière originale.

Les ouvrages de 2e année

20 dissertations sur…
Collectif d'auteurs – H & K

Cet ouvrage, qui sort tous les ans sur le thème à étudier, est vraiment très pratique pour avoir une idée des thématiques qui peuvent tomber aux concours. Il est découpé en trois parties :

la méthodologie, les textes clés analysés, et vingt dissertations entièrement rédigées par un professeur de culture générale. Je vous le dis d'emblée : les dissertations sont très inégales. Ce pourquoi certains professeurs ont cet ouvrage en horreur ! Mais dans le lot, vous trouverez toujours des références pertinentes et originales qui feront forte impression. À vous de les trouver. J'ai découvert cette série d'ouvrages par un étudiant en grande difficulté en culture générale et qui a eu 12 de moyenne aux concours en apprenant certains passages par cœur à deux mois du concours...

Leçon philosophique sur...
Frédéric Laupies – PUF

Cet ouvrage sort également tous les ans sur le thème de l'année. Il est beaucoup plus rapide à lire (une centaine de page, en petit format) mais aussi plus théorique que le *20 dissertations* donc sa lecture n'est pas toujours aisée. Il enrichira néanmoins votre réflexion et étoffera les commentaires sur vos références.

Autres lectures ?

Pour clore cette partie sur les bons ouvrages, un dernier conseil politiquement incorrect : ne lisez que très partiellement, voire pas du tout, les œuvres qu'on vous impose pendant les sessions de vacances. En prépa, il faut faire des choix et, croyez-moi, vos priorités sont ailleurs. Les lecteurs de mon blog le savent déjà : désobéir est nécessaire en prépa alors n'ayez crainte. Soyez stratèges et refusez de consacrer des heures entières à la lecture d'œuvres, sûrement passionnantes mais au final peu utiles pour être performant le jour J. Je reviendrai sur la désobéissance dans la partie sur le planning de travail.

3. Les bonnes fournitures

Un porte-vues pour chaque année

Vous rangerez dans le porte-vues :
- vos cours ;
- les concepts et définitions clés ;
- vos dissertations ou autres bonnes copies.

Un grand cahier – feuilles détachables

Ce sera votre pourvoyeur de feuilles blanches. Vous pouvez aussi opter pour l'écriture à l'ordinateur. Vous imprimerez alors vos cours et les rangerez dans votre porte-vue.

Un petit cahier

Rien d'obligatoire mais ce petit cahier peut s'avérer utile pour mémoriser plus rapidement. Vous y glisserez :
- des citations commentées ;
- le meilleur des bonnes copies que vous aurez lues ;
- des commentaires de référence que vous aurez rédigés ;
- les définitions et concepts clés.

4. Les méthodes

Il nous faut ici distinguer les deux années. Ne passez pas un temps fou sur la culture générale en 1re année car votre thème du concours n'est pas encore connu. Voyons toutefois comment travailler intelligemment.

A. En 1re année : le travail des bases et de la méthode

Il s'agit en bizuth de renforcer les bases de terminale. À la fin de l'année, votre objectif est d'avoir une connaissance précise des concepts philosophiques clés. Il sera également apprécié de connaître quelques références incontournables et passe-partout. Dès lors, voici la trame méthodologique que je vous propose :

1. Puisez dans les cours et les ouvrages de 1re année **les références qui vous plaisent**.
2. **Rédigez** au brouillon, puis dans le petit cahier ou sur votre ordinateur **des paragraphes soignés analysant les références** sélectionnées (à l'aide d'Internet, de Wikipedia, d'ouvrages explicatifs...).
3. **Apprenez par cœur ces paragraphes et les tester en DS** pour valider leur pertinence.
4. **Maîtrisez parfaitement tous les concepts clés** (liberté, action, conscience, pensée, langage, etc.) :
    - étymologie ;
    - définition ;
    - références illustrant chacune des définitions.
5. **Analysez soigneusement les corrections des DS** afin de perfectionner la méthode de la dissertation.
6. **Étudiez les bonnes copies de concours :**
    - 1re étape : analyse du sujet, recherche de problématique et construction d'un plan détaillé (parties, sous-parties, exemples) – 1 h 30.
    - 2e étape : rédiger avec soin l'introduction et la conclusion – 1 h.
    - 3e étape : lire la bonne copie et en dresser le plan détaillé.
    - 4e étape : recopier dans le petit cahier les meilleurs passages.
    - 5e étape : ranger le travail effectué dans le porte-vues.

B. En 2e année : le travail du thème de l'année

Je vais détailler ici une méthode permettant de décrocher la moyenne, voire d'atteindre des sommets. Elle risque sans doute de dérouter les « puristes » de la culture générale mais je peux vous garantir, étudiants brillants à l'appui, que cela marche. La méthode est la suivante :

1. **Lisez, comprenez et fichez dans le petit cahier** tous les meilleurs exemples du *20 dissertations.*
2. Sur certains exemples, **faites des recherches pour étoffer l'analyse**.
3. **Recherchez des exemples dans des disciplines variées :** littérature, philosophie, poésie, théâtre, peinture, musique, sculpture, cinéma, architecture, BD, gastronomie… Vos professeurs vous donneront certainement des listes de références à creuser.
4. **Rédigez** au brouillon puis dans le petit cahier ou sur votre ordinateur **un paragraphe soigné et personnel sur chacune des références** trouvées.
5. **Testez les paragraphes ainsi rédigés en DS et CB.**

L'intérêt de cette méthode est de gagner du temps sur la rédaction des exemples et ainsi libérer du temps pour la réflexion et la rédaction des enchaînements d'idées et transition. Nous verrons dans la partie sur l'analyse de bonnes copies que certains vont même plus loin : Alexis est allé jusqu'à concevoir une unique dissertation idéale qu'il a adaptée dans les quatre sujets tombés aux concours. Ses notes : 20, 20, 19 et 17… De quoi dégoûter tous ceux qui pensaient que la culture générale, ce n'était pas du « par cœur »…

5. L'analyse des bonnes copies

Voyons à présent quelques prestations et stratégies d'étudiants qui ont réussi. Nous commencerons par la dissertation d'Inès qui devrait vous paraître accessible et qui a été couronnée d'un 17/20. Nous analyserons ensuite l'incroyable stratégie d'Alexis…

A. L'exemple d'Inès

Inès venait de louper ses concours carrés lorsqu'elle est venue me voir. Avec des notes moyennes mais homogènes en culture générale (10, 13 et 12 aux concours BCE, soit une moyenne de 11,67), son potentiel n'était pas encore pleinement exploité. Je lui ai alors proposé la méthode que je vous ai décrite précédemment. Elle a été très disciplinée dans la recherche des références qui font mouche aux concours. Elle a eu double 17/20 à HEC et à l'EM Lyon. Voyons cela de plus près avec l'analyse de sa copie à l'EM Lyon, suivie d'un extrait de sa prestation à HEC.

17/20 « L'imagination est-elle une puissance incontrôlable ? »
EML 2011

Perrette, héroïne de la fable de Jean de LA FONTAINE « Perrette et le pot au lait », se rendait au village, le pot au lait sous le bras, toute légère et primesautière, en pensant à l'argent qu'elle récolterait de la vente de son lait et à l'usage qu'elle en aurait. Mais, perdue dans ses rêveries, elle trébuche et fait tomber le pot au lait : « Adieu veaux, vaches, cochons », ses espoirs sont anéantis et elle risque même d'être battue par son mari. Mais quel esprit « ne bat la campagne », « ne fait château en Espagne », dit alors Jean de LA FONTAINE[1] ? En effet[2], tout homme s'adonne à la rêverie et peut alors en oublier le réel. Il semble donc, à l'image de Perrette, que l'imagination puisse être dangereuse, en nous déconnectant de la réalité. Dès lors, l'imagination serait-elle une puissance incontrôlable ? C'est ce que suggère KANT, en considérant que bien souvent, « l'imagination se joue volontiers de nous ». Néanmoins, le rôle primordial dans la recherche, à la fois scientifique, historique et artistique, atteste de la capacité de l'homme à maîtriser son imagination, à la mettre au service de la quête de la vérité, de la connaissance et de la création, sans pour autant ôter à l'imagination son caractère fécond. Comment contrôler son imagination ? Qu'entendons-nous par « contrôler » son imagination ? Mais que dire du caractère incontrôlable de l'imagination ? L'imagination est-elle par nature une puissance incontrôlable, ou bien en sommes-nous, dans certains cas, responsables ? En effet, il semble que dans bien des cas, nous cherchions volontairement à être dominés par notre imagination, à être sous son emprise : pour quelles raisons ? Qu'est-ce que nous cherchons alors à atteindre par le biais de l'imagination ?[3]

Tout d'abord, l'imagination peut être en effet[4] considérée comme une puissance incontrôlable (I). Néanmoins, il semble indéniable que l'homme ait une emprise sur

1. Cette accroche a été apprise par cœur dans l'ouvrage *20 dissertations*. Lors d'une séance que nous avons eue, je la revois encore toute enthousiaste à l'idée de recaser cette référence en accroche !

2. Style : « en effet » qui sera répété bien trop souvent par la suite.

3. Le nombre de questions est quelque peu élevé pour une problématique mais il témoigne d'une volonté d'étoffer l'analyse.

4. « en effet » évitable ici et créant encore un écho. Un tic verbal qui peut irriter le correcteur d'autant que cette expression est très fréquemment rencontrée...

cette faculté et qu'il soit capable de l'utiliser comme il l'entend (II). Enfin, si le caractère incontrôlable de l'imagination revêt une connotation péjorative, ne peut-on pas dire qu'il est également souhaitable et qu'il contribue à la richesse de l'imagination ? (III)[5]

En effet[6], force est de constater que l'imagination apparaît à certains égards comme une faculté incontrôlable, ce qui explique la méfiance qu'elle suscite, PASCAL allant jusqu'à la qualifier de « maîtresse d'erreurs et de faussetés ».
Le caractère contrôlable de l'imagination provient de la capacité de l'imagination à tromper, à illusionner : elle peut nous faire confondre le réel et l'imaginaire, nos rêves et la réalité, la distinction étant difficile à réaliser. C'est en effet[6] le problème soulevé par DESCARTES[7], dans les <u>Méditations Métaphysiques</u> : le philosophe nous avoue avoir été trompé par son imagination et ses sens, entre autre à l'occasion d'un rêve ; certains songes sont « bien liés », bien construits et il devient alors difficile de les considérer comme tels, de ne pas les prendre pour des événements réels passés. L'imagination peut donc être fourbe et nous plonger dans le doute, nous conduire à prendre nos rêves pour la réalité. Dès lors, la frontière entre le réel et l'imaginaire est brouillée si bien que l'imagination peut altérer notre vision du réel et provoquer des maux, sans que nous ne puissions lutter : le vertige est la parfaite illustration de la prise de contrôle de l'imagination sur notre corps. Si, lorsqu'un individu se trouve en haut d'un bâtiment, la distance entre le sommet et le sol est bien réelle, justement perçue, en revanche la peur du vide et de tomber est provoquée par l'imagination, qui affecte la perception, les sens, le corps et plonge ainsi l'individu dans la crainte, l'effroi. ALAIN avance alors que l'imagination est responsable de ces sensations, qu'elle décuple jusqu'à brouiller notre juste perception du réel. L'homme est alors sous l'emprise de son imagination déployée, qu'il ne peut pas contrôler.
Une imagination incontrôlable est également[8] une

5. Numérotation des parties non nécessaire en culture générale. Les correcteurs n'aiment généralement pas. Cette maladresse n'est toutefois pas vraiment sanctionnée et présente l'avantage de cadrer le développement.
6. À éviter absolument en début de partie ! L'expression est censée étoffer un argument précédent et non pas introduire une partie. Très maladroit ici, d'autant plus que l'effet « écho » commence à être pesant pour le correcteur.
7. Notez l'usage des majuscules pour tous les auteurs mentionnés : ce n'est pas du tout obligatoire mais Inès a fait ce choix stratégique pour montrer indirectement à un correcteur qui lirait en diagonale la variété des références choisies. Malin !
8. Lien logique faible à éviter autant que possible.

imagination qui prend le pas sur la raison, et peut avoir des conséquences désastreuses sur notre existence. Telle est l'expérience vécue par Catherine Morland, héroïne du roman Northanger Abbey de Jane AUSTEN[9], qui, invitée par le père de son prétendant, le Général Tilley, à l'abbaye de Northanger, suspecte celui-ci d'avoir assassinner[10] ou de retenir en otage son épouse. Catherine, férue de romans gothiques, ne se rend pas compte de l'absurdité de ses accusations, convaincue de détenir des preuves évidentes. Elle est alors victime de son imagination, nourrie par la lecture abusive de romans gothiques, qui prend le pas sur sa raison. Catherine ne parvient plus à analyser la situation avec sa raison, et compromet sa réputation et son avenir sans s'en rendre compte. L'imagination a donc le pouvoir d'endormir, de faire taire notre raison, à notre insu, ce qui peut nous être néfaste, voire fatal, notamment lorsque l'on se retrouve sous l'emprise totale de l'imagination.
Le caractère incontrôlable de l'imagination est aussi[11] la cause de graves dérèglements et maladies psychiques, tels que la schizophrénie. L'imagination projette alors sur la vie réelle du malade ses propres productions fictives, que le malade ne distingue pas comme telles : il est victime des illusions produites par son imagination, qui fait naître en lui la paranoïa et le déconnecte du réel. D. ARONOFSKI aborde cette thématique dans son dernier film Black Swan[12], dans lequel la danseuse étoilée, Nina, sombre dans la schizophrénie, aggravée par le double rôle du cygne noir et du cygne blanc qu'elle interprète, et en vient à se poignarder, en croyant se battre avec une danseuse rivale. L'imagination ici ne semble donc pas contrôlable et entraîne dans le délire imaginaire quasi permanent sa victime.
L'imagination apparaît donc comme une puissance incontrôlable, et de ce fait au potentiel destructeur, ce pourquoi elle suscite la méfiance.

Néanmoins, il semble que l'homme ait le pouvoir d'agir sur son imagination, de la discipliner et d'en maîtriser l'usage.

9. Exemple issu de la littérature anglaise : très original et permettant de sortir du lot.

10. Orthographe : « assassiner ». La faute n'a pas été relevée par le correcteur.

11. Encore un lien logique « d'accumulation » qui peut irriter le correcteur.

12. Exemple cinématographique récent : référence risquée mais parfaitement dans le sujet. Le film a été bien accueilli par les critiques donc le risque d'Inès était bien calculé.

Il est possible d'encadrer son imagination, de distinguer, ses productions, images de la réalité. DESCARTES, dans la 6e Méditation fournit des critères de distinction : un événement est réel s'il est cohérent avec le cours de notre existence et si sa localité et temporalité s'accordent avec notre vie. Si ces critères demeurent insuffisants, ils attestent de la possibilité de questionner les choses dont nous doutons et que nous soupçonnons d'être le produit de notre imagination. Dès lors, celle-ci ne semble pas toute puissante et pleinement capable de nous illusionner.

De fait, l'imagination peut être disciplinée et mise au service de la recherche de la vérité, de la connaissance, notamment dans les domaines scientifique et historique. L'imagination occupe une place centrale dans la science en contribuant à la formation de nouvelles hypothèses et de tests pour tester[13] la validité de ces hypothèses, lorsque les scientifiques sont confrontés à un phénomène nouveau, « polémique » (G. BACHELARD) que le savoir, la théorie déjà acquis ne permettent pas d'expliquer. C'est ce que soutient PASCAL, qui souligne que la compréhension de phénomènes nouveaux, encore inexpliqués, implique de recourir à l'imagination, encadrée par la raison et les connaissances acquises. De même, l'imagination est indispensable dans la reconstitution historique, comme l'explique COLLINGWOOD[14]. L'historien, après avoir réunit[15] des documents historiques faibles, des archives et témoignages historiques, use de son imagination pour relier les faits entre eux, pour présenter sa reconstitution historique sous la forme d'un « fil » continu et cohérent. Ainsi aucune reconstitution historique n'est objective, puisque imprégnée de la subjectivité de l'historien ; mais cette part de subjectivité nécessaire est réduite au minimum, grâce au solide travail de recherche mené au préalable. L'imagination peut donc être maîtrisée, encadrée par la connaissance, la raison et l'expérience ; cette

13. Style : « tests pour tester » n'est pas très élégant…

14. Parler de l'historien britannique était particulièrement pertinent et original ici. Cette référence a dû faire mouche !

15. Orthographe : « réuni ». L'erreur a été relevée par le correcteur.

puissance s'associe alors à la mémoire, à la perception, la raison pour permettre à l'homme de créer, d'expliquer et de connaître.
S'il est tentant de laisser son imagination se déployer, prendre le contrôle de l'esprit et du corps, il semble que les vertus et la richesse de l'imagination ne soient pleinement assurées que lorsque l'imagination est maîtrisée par l'homme. Pour ce faire, Jane AUSTEN, dans Northanger Abbey[16], recommande implicitement d'enrichir nos connaissances, notre culture pour nous doter d'un esprit rationnel et critique, pour éviter d'être manipulé ou « absorbé », comme Catherine Morland, par notre imagination. Mais pour être salutaire, bénéfique, l'imagination doit-elle systématiquement être contrôlée ? Une imagination toute puissante n'a-t-elle rien de bon à nous apporter ? Et ce caractère incontrôlable de l'imagination ne peut-il pas être volontairement recherché par l'homme ?

16. Reprise d'une référence de la partie I témoignant d'une volonté salutaire de « séjourner » parmi les références, pour reprendre les attentes formulées dans les rapports de jury. Cette reprise a certainement dû être appréciée.

Si l'imagination revêt intrinsèquement un caractère incontrôlable, celui-ci peut être volontairement recherché, renforcé.
Tout d'abord, l'imagination s'oppose au principe même de contrôle, par sa force « libératrice » : cette « Reine des facultés » (selon l'expression de BAUDELAIRE) permet de se libérer de l'emprise du réel, qui peut être étouffant, comme le déplore C. BAUDELAIRE dans Les Fleurs du Mal, en désignant par le « spleen » la dépression du poète, errant dans ce monde terrestre décevant, médiocre et morne. En effet, FREUD[17] souligne l'importance de l'imagination dans l'existence humaine : elle agit comme une « catharsis », dans le sens où elle permet à l'homme de laisser s'exprimer ses désirs, de les satisfaire, imaginairement, par le rêve, alors même que le monde réel ne le permet pas forcément, la réalité pouvant décevoir, frustrer, blesser les individus. D'une certaine façon l'imagination est encore le « refuge de la liberté » : elle permet de satisfaire ses désirs, envies et besoins, par le rêve éveillé ou nocturne. Ceci implique donc une imagination

17. Exemple psychanalytique adapté.

débordante, débridée, suffisamment puissante pour nous porter hors du réel, vers une « surréalité » pour reprendre l'expression baudelairienne, c'est-à-dire une réalité supérieure, à notre image.
Ainsi, nous laissons volontairement notre imagination être toute puissante, pour nous détourner du réel. NIETZSCHE va dans ce sens en affirmant que l'homme cherche volontairement à produire des illusions pour échapper à la vérité, souvent trop difficile à supporter, à assumer en raison de la dureté de la vie, de la condition humaine, dont la fin est incertaine : la mort rappelle à l'homme qu'il est voué à disparaître. Ainsi, nous nous plongeons dans une vie imaginaire, nous laissons notre imagination nous transporter et transformer notre vision du monde, volontairement erronée[18]*. J.-J. ROUSSEAU défend à ce titre la rêverie qu'il considère comme « le repos de l'âme » : dans Rêveries d'un promeneur solitaire, il raconte comment son imagination peut conférer à la nature une dimension féérique, magique, bienveillante et protectrice qui apaise l'auteur et lui provoque un sentiment de bien-être intense, que la vie en société n'autorise pas.*
De même, une imagination débridée, déployée volontairement se retrouve dans la création artistique. Selon C. BAUDELAIRE, l'artiste ne doit pas chercher à reproduire la nature, dépourvue d'intérêt, mais à produire de l'inexistant, de la nouveauté, la beauté résidant, selon le poète, dans la « surréalité », une réalité supérieure accesible par l'imagination. Il faut donc laisser l'imagination nous envoûter, nous posséder spirituellement et charnellement pour accéder à une réalité supérieure, libérée de la contrainte matérielle et corporelle.

Ainsi l'imagination peut volontairement être incontrôlée, dans l'espoir de se détâcher du monde, de lui échapper pour accéder à la liberté.
L'imagination, « reine des facultés » si puissante et donc si difficilement contrôlable, peut être encadrée par l'homme, ainsi assuré de parvenir à ses fins. Mais

18. Orthographe : « erronée ». Le correcteur n'a pas relevé cette coquille.

si la perte de contrôle peut être dangereuse, elle conditionne également la richesse de l'imagination et sa puissance : comme l'affirmait Virginia WOOLF[19], seule la vie imaginaire importe, même si cela implique de laisser notre imagination nous posséder, au risque de retomber dans une « prison », imaginaire, plus destructrice que celle du réel, comme en témoigne l'expérience du joueur d'échec de S. ZWEIG[19], libéré puis emprisonné par le monde des échecs, libéré puis emprisonné par son imagination.

19. Inès termine sur deux références de la littérature étrangère. Original et pertinent.

Les points faibles :
Un niveau d'abstraction assez limité pouvant heurter les puristes de la philosophie.
Des « en effet » trop nombreux en début de devoir.
Des arguments qui ont parfois tendance à s'accumuler, comme en témoigne l'usage des liens « également », « de même »...

Les points forts :
Des références à la fois originales, creusées et variées (littérature, poésie, histoire, cinéma, psychanalyse, philosophie).
Malgré quelques maladresses, le style reste clair et agréable.
Un plan simple et efficace qui a le mérite de ne pas trop surprendre le correcteur.
Une écriture très agréable (on ne le voit pas ici mais je vous l'affirme).

Au final, cette copie est loin d'être impressionnante. J'aurais pu vous proposer un 20/20 incroyable mais cela vous aurait sans doute découragés. Ici, on a conscience du travail mais on sent que le 17/20 est accessible.

Pour arriver à de telles notes aux concours, Inès a parfaitement respecté les conseils que je lui ai proposés. Notamment celui d'apprendre parfaitement certaines références afin de gagner du temps sur l'élaboration du plan et sur le soin apporté aux transitions. A l'épreuve d'HEC, elle a ainsi repris quasiment mot pour mot la référence à *Black Swan.*

17/20 **« Les images auront-elles raison de nous ? »** HEC 2011

« Le film récent d'ARONOFSKI, Black Swan, nous entraîne dans l'univers de la paranoïa et du dédoublement de personnalité : Nina, jeune danseuse étoile, sombre peu à peu dans la schizophrénie, ce qui est aggravé par le double rôle du cygne blanc et du cygne noir qu'elle interprète, et en vient à se poignarder, alors qu'elle croyait se battre avec une danseuse rivale. Ses images mentales ont eu raison d'elle, elles l'ont dominé et l'ont aveuglée sans qu'elle n'ait conscience de basculer dans la folie. »

Reprenez la première dissertation et retrouvez ce même passage sur *Black Swan*. Étonnant, non ?

B. L'incroyable stratégie d'Alexis

Soyons sincères : Alexis n'était malheureusement pas l'un de mes étudiants ! Il m'a été présenté par l'un des lecteurs de mon blog qui a senti que ce profil me séduirait. Et il y avait de quoi : Alexis a eu aux concours 20, 20, 19 et 17 en culture générale en faisant quasiment la même dissertation.

Je ne plaisante pas. La même dissertation pour quatre sujets différents ! L'introduction, la problématique, le plan, l'ordre des références, la conclusion. Presque tout a été appris par cœur. Incroyable !

Alexis est ainsi allé encore plus loin que ce que je proposais jusqu'à présent à mes étudiants ! Quand je conseillais d'apprendre par cœur des références, Alexis apprenait par cœur une unique dissertation censée répondre à tous les sujets !

Que les professeurs de philosophie se rassurent : derrière cette idée se cache un professeur de philosophie génial qui exerce son art dans la région lyonnaise…

Pour illustrer cet exploit, voici l'introduction et l'amorce de la partie I de deux sujets du concours 2012 :

20/20 « L'ordre de la société »
HEC 2012

La société serait ce tissu de relations non instituées d'individus, ce tissu de situations réciproques de termes différents où les individus se sociabilisent. L'ordre de cette société signifierait le devoir qu'impose la société à ceux qui la composent. Dès lors, une situation paradoxale se fait jour : l'individu social est défini par son autonomie, par sa conscience inexpugnable. En ce sens, le fait que la société lui impose un ordre établi souligne cette situation paradoxale que l'on qualifiera de « facticité » au sens où l'individu va être « jeté au monde » selon la formule d'HEIDEGGER, inscrit d'emblée dans un réseau qui lui est ordonné. Il conviendrait donc de savoir si cet ordre de la société ne se constituerait pas dans la violence, au sens où cet ordre va être source d'aliénation des individus.

Cependant, en réalité, l'ordre de la société n'est-il pas de devoir humaniser ces êtres qui la constituent ? La société, plus qu'une antécédence non choisie, serait capable de faire sourdre une puissance humanisante, on opérant des sauts qualitatifs. En cela, l'ordre de la société n'est plus la représentation d'une prégnance, d'une emprise sur les individus, mais il deviendrait ce temps et ce lieu permettant la « mise en ordre » des relations humanisantes dans un processus de moralisation.

En vérité, il apparaît nécessaire de se demander comment la société peut devenir, à travers la transgression de son ordre établi, ce temps et ce lieu permettant l'exhaussement des êtres humains. C'est l'analyse de ces différentes questions qui nous permettra de savoir ultimement ce qu'est « l'ordre de la société ». Voyons comment.

Selon HELVETIUS, « si l'univers physique est soumis aux lois du mouvement, l'univers moral ne l'est pas moins à celles de l'intérêt ». En ce sens, nous comprenons que l'ordre de la société est celui de l'intérêt particulier. Cependant, cet ordre est inconcevable car la société est un tissu d'individus. C'est ainsi qu'établir un tel ordre en société conduirait à l'aliénation de ceux qui la composent. C'est pourquoi un Max STIRNER dans L'unique et sa propriété va vouloir que l'individu soit son propre ordre, que la société ne lui impose pas, car il serait sa propre cause. L'ordre social serait alors défini dans l'autarcie des individus. C'est d'ailleurs en cela que ROUSSEAU dans Les rêveries du promeneur solitaire voudra trouver l'amour de soi de son personnage, hors de tout ordre social...

19/20 « Une société peut-elle être internationale ? » EML 2012

De prime abord, la société serait ce tissu de relations non instituées entre des individus inscrits dans des situations réciproques de termes différents. La société offre d'emblée cette situation paradoxale d'individus marqués par leur autonomie et cependant soumis à une prégnance de la société qui s'explique par son antécédence. Dès lors, nous pouvons constater que les individus ont plusieurs manières de faire société : soit à travers des groupes d'appartenances répondant à la gratuité des relations, soit par des groupes d'adhésions marqués par la volonté ou non d'un individu à entrer dans telle ou telle relation. Ainsi la quête d'individuation des êtres humains va pousser les individus à l'ethnocentrisme à travers l'individualisme. Toute forme de société internationale, c'est-à-dire de société regroupant plusieurs nations, plusieurs cultures, ne serait qu'un échec, poussant les sociétés à entrer dans une violence larvée marquée par l'indifférenciation.
Cependant, se demander si une société peut être internationale revient à se demander « est-il possible », « est-il légitime » qu'une société ait les capacités de répondre aux critères d'internationalisation, d'universalisation de modes de vie à travers un phénomène de cristallisation de la sagesse d'un groupe, d'une culture. Dès lors, si la société est un lieu d'aliénation, la société peut opérer des sauts qualitatifs permettant ainsi l'accès à la moralisation des êtres vivants. Une telle opération serait un véritable tremplin pour faire société universellement.
En ce sens, il conviendrait de se demander comment la société peut devenir ce temps et ce lieu permettant l'exhaussement des êtres humains, où les individus seraient capables de dépasser un destin collectif marqué par des barrières entre les individus de différentes nations, de différentes cultures. L'amitié, fine fleur du lien social, peut-elle être suscitée par la société permettant ainsi de lier internationalement les sociétés ? C'est l'analyse de ces différentes questions qui nous permettra ultimement de savoir si la société peut être internationale. Voyons comment.

En apparence, il est légitime d'affirmer que la société est régie par l'intérêt. C'est ainsi qu'HELVÉTIUS nous dira que « si l'univers physique est soumis aux lois du mouvement, l'univers moral ne l'est pas moins à celle de l'intérêt ». En cela, il peut se faire jour au sein de la société certains conflits. C'est pourquoi Max STIRNER dans L'unique et sa propriété va préférer se couper de toutes relations pour vivre en parfaite autarcie. Notre individu ne se compare plus car tous types de comparaisons sociales seraient aliénation. L'idée d'une société internationale est alors inconcevable. Cette thèse est appuyée par ROUSSEAU dans Les rêveries du promeneur solitaire pensant retrouver le chemin de l'amour de soi en se détachant de toute forme sociétale…

Analyse des prestations d'Alexis

Vous constaterez les ressemblances évidentes entre les deux amorces de dissertation : accroche identique, problématique identique, références placées exactement dans le même ordre… C'est assez bluffant !

Vous noterez également l'intelligence du candidat : afin de coller au sujet, Alexis s'est efforcé de placer des phrases d'explications, de connexion avec les termes du sujet. Il y a beaucoup de « par cœur » mais également un savoir-faire indéniable de dissertateur. C'est la raison pour laquelle je ne vous ai pas mis la dissertation en entier. Elle est fabuleuse mais relativement inaccessible donc décourageante ! Alexis a énormément travaillé cette matière pour atteindre un tel niveau. Ce qui n'est pas la stratégie la plus intelligente pour décrocher le top 5.

Retenez toutefois l'essentiel : la culture générale, c'est un peu de stratégie et beaucoup de par cœur. Obtenir plus de 15/20 n'est donc pas un objectif délirant.

Pour finir, Alexis a accepté de nous livrer le détail de sa stratégie lors de l'entretien qu'il m'a accordé.

ENTRETIEN AVEC ALEXIS

Alexis est l'étudiant dont nous avons précédemment étudié les copies. Je vous rappelle son exploit : des notes époustouflantes aux concours (double 20, 19 et 17) en composant quatre fois la même dissertation…

Bonjour Alexis. Peux-tu nous résumer la stratégie qui t'a permis de briller en culture générale aux concours ?
Pour expliquer de telles notes, je pense pouvoir dire que tout est dans la méthode, autant sur la forme que sur le fond.

Commençons par le fond
Sur le fond, ma méthode est simple mais je pense très atypique, ce qui promet un succès quasi certain si on maîtrise cette dernière parfaitement. Dans un premier temps, je tiens à vous dire que vous serez certainement surpris en lisant mes copies, au sens où les quatre sont quasiment les mêmes. Cela s'explique par le fait que j'ai énormément travaillé quelques exemples très précis pour les maîtriser parfaitement, prendre de la hauteur face à n'importe quel sujet pour pouvoir toujours les réexploiter. Ces exemples doivent se différencier des autres copies et je me suis obligé à travailler des exemples de culture générale peu connus en y adaptant toujours une analyse philosophique poussée. Cela peut paraître pénible, mais au moins, on est sûr de maîtriser parfaitement ce que l'on marque. Toujours sur le fond, je pense que la maîtrise parfaite des grands philosophes du thème est inévitable, et il est bienvenu de connaître parfaitement quelques auteurs peu exploités pour en sortir une analyse assez originale (la mienne fut celle de René Girard par exemple). La clé est de toujours allier un exemple de culture générale à de l'analyse philosophique.

Et sur la forme ?
Pour ce qui est de la forme, vous verrez que la mienne est très rodée, au sens où il faut savoir cadrer sa dissertation (regardez mes fins d'introductions, mes fins de conclusions etc., ce sont toujours les mêmes !) avec un fil conducteur qui doit être connu avant de passer les concours, car il doit être travaillé en profondeur durant l'année, ce qui m'a conduit à sortir une problématique quasiment commune à chaque dissertation, car je pense qu'elle permettait de saisir le sens général qui était attendu sur le thème de la société : « comment la société peut-elle devenir ce temps et ce lieu permettant l'exhaussement de l'être humain ? ». Je crois qu'il est nécessaire de trouver cette problématique commune à n'importe quel sujet bien qu'elle puisse paraître simple !
De plus, je pense qu'il est nécessaire d'avoir un vocabulaire riche, et de savoir l'expliquer par une définition, ce qui permet de dire plusieurs fois la même chose sans se

répéter, bien qu'on me reproche souvent dans mes dissertations d'avoir un style assez imbuvable… Donc je donnerais comme conseil aux futurs candidats de passer la deuxième année en remplissant un carnet de définitions philosophiques se raccrochant au thème abordé. Pour résumer, il faut savoir ce que l'on va dire avant de rentrer dans la salle et cela passe forcément sur un travail plus qu'approfondi de quelques « pépites » sur lesquelles on a travaillé pour pouvoir prendre du recul. »

Rentrons à présent dans le détail de ta stratégie. Comment faisais-tu pour dégoter des exemples originaux ?

Le fait d'utiliser des exemples originaux était l'idée majeure de mon ex-prof de philo. Il nous disait une phrase qui m'a marqué qui était « Surtout le jour du concours, ne mettez jamais une citation du type "L'homme est un loup pour l'homme" car 90 % de vos concurrents la mettront et les correcteurs seront contents de trouver de l'originalité et de ne pas lire cent fois les mêmes phrases ». C'était véritablement son mot d'ordre, au sens où il nous répétait continuellement qu'en l'espace de 2-3 minutes, le correcteur savait déjà la note qu'il allait nous mettre. Il fallait donc faire absolument une introduction qui allait interpeller le correcteur, qui devait le pousser à avoir envie de lire notre copie. C'est ce qu'un certain David Colle, prof d'éco à Ipesup nomme une intro "sexy". C'est pourquoi j'utilisais toujours des termes accrocheurs en fin d'introduction du genre «c'est au terme de l'analyse de ces différentes questions que nous verrons ultimement ce qu'est… Voyons comment. » En ce qui concerne véritablement le fond, mes exemples originaux proviennent essentiellement d'un très bon bouquin pour prépa qui sort chaque année : celui de Fréderic Laupies. Cependant il est vrai que mon professeur nous a trouvé de nombreux exemples avec une analyse très fine qu'il a fait lui-même (celle du *Festin de Babette*…). De plus j'essayais de récupérer des rapports de conférences philosophiques (notamment une sur René Girard). Je crois aussi que pour répondre totalement aux attentes de l'épreuve et pour être efficace, il faut absolument placer dans ses copies des exemples de littérature (*Les Misérables*), d'histoire et autres domaines que l'on explique à travers une analyse philosophique. Je crois que tout est là si l'on veut faire la différence.

Sur quel ouvrage travaillais-tu le cours ?

Malgré mon grand nombre de références, je ne les ai pas lues toutes et encore heureux, c'est un travail impossible en dix mois vu le travail attendu dans les autres matières. Je pense qu'il ne faut pas perdre de vue que travailler un an sur un seul thème demande d'avoir la capacité de suivre un fil conducteur pour ne pas s'éparpiller. Je conseille donc de lire deux ou trois ouvrages majeurs des auteurs classiques pour avoir une connaissance solide et large du thème. Toute l'originalité suivra si l'on comprend déjà la base du thème pour pouvoir prendre le plus de recul possible dans son analyse. Pour ma part j'ai lu seulement Rousseau (*Du contrat social*), Kant et Tocqueville.

Comment faisais-tu pour analyser philosophiquement tes références ? Te lançais-tu seul ? Les validais-tu avec ton prof ? Te servais-tu d'ouvrages qui t'ont aidé à mieux analyser les références ?

Mes analyses, je les puisais dans des copies d'anciens de ma prépa qui ont eux aussi excellés aux concours. Je pense qu'il est très important de lire et relire des bonnes copies pour s'en inspirer, rien que sur la forme et sur la manière d'appréhender le fond. Je fichais aussi les polycopiés de mon professeur et je les relisais régulièrement. Sinon, l'ouvrage qui me paraît essentiel pour progresser dans son analyse est celui de M. Laupies.

Le jour J, compte tenu de ta stratégie, tu passais du coup très peu de temps sur le plan, non ? J'ai vu que tu supprimais parfois quelques exemples qui ne rentraient pas dedans.
Ce travail de sélection était fait pendant la construction du plan, j'imagine…
Si vous voulez depuis le début de ma prépa, lorsque je vois un sujet, je me dis toujours qu'il faut que la première partie réponde au sujet "en apparence", que la deuxième y réponde "en réalité" et que la troisième y réponde "en Vérité". C'est vraiment la base de mon travail donc je gagne forcément du temps pour établir mon plan car au final, quel que soit le sujet, mon plan ira toujours dans le même sens. Ainsi pendant l'année, j'ai établi une liste de 6, 7, 8 auteurs et exemples par parties. Je m'explique : dans n'importe quel sujet, ma première partie nous dira qu'au final la société est aliénation, c'est l'**apparence** qu'elle donne (Max Stirner, René Girard…). Cependant, en **réalité**, elle est plus que cela, elle permet l'humanisation des êtres (Kant, Rousseau…). Dès lors, en **vérité**, elle peut devenir ce temps et ce lieu permettant l'exhaussement des êtres humains (Karen Blixen…).
Comme vous le voyez, c'est assez répétitif mais ça permet de travailler en profondeur ce que l'on sait et ça marche !
Et oui effectivement en 10-15 minutes le jour J, mon plan était établi et structuré je n'avais plus qu'à analyser le sujet en fonction et choisir les exemples pertinents.

Concrètement, comment as-tu orchestré la construction de la dissert idéale ? Avec ton prof ?
Seul en te testant aux DS ?
Concrètement, notre prof nous a donné la méthode et ce qu'il appelait « les pépites » qu'il fallait voir et revoir. Quant à la structure de mes dissertations, c'est vraiment que je me sentais à l'aise dans ce système de plan ternaire évolutif et, oui, je l'ai testé aux DS.

Pour finir, en 1re année, comment travaillais-tu la CG ? Sur quel ouvrage ?
En première année, nous avons travaillé sur des grands thèmes tombés aux concours ou non (le mal, la religion, la science…). Nous avons étudié des œuvres comme *Le Gorgias*, des œuvres de Finkielkraut et autres… Mais notre spécialité en 1re année était que l'on travaillait surtout sur des dissertations d'anciens de la prépa qui avait excellé aux concours. L'un de mes passages (celui sur Jean Valjean par exemple) est tiré directement d'une ancienne copie sur la vie, et ma conclusion sur Heidegger vient tout droit d'un 20/20 à HEC l'an dernier sur l'imagination par exemple.

Alexis, merci pour ce témoignage édifiant !

Culture générale / En un mot

LES ATTENTES DU JURY

- Trouver une problématique qui annonce un problème et non un programme.
- Proposer des références à la fois originales et étoffées.
- Soigner les enchaînements entre les idées et entre les parties.

LES SECRETS DE 1re ANNÉE

- Travaillez les concepts et définitions clés.
- Ne lisez pas tout ce que l'on vous donne à lire.
- Concentrez-vous sur le fichage des ouvrages de référence.
- Travaillez la méthode en décortiquant les bonnes copies de concours.

LES SECRETS DE 2e ANNÉE

- Sélectionnez les références qui vous plaisent dans les ouvrages de dissertations.
- Étoffez si besoin l'analyse des références à l'aide d'Internet ou d'autres ouvrages.
- Rédigez des paragraphes sur chacune de vos références et apprenez-les par cœur.
- Testez-les lors de vos DS et retenez ceux qui plaisent.
- Adoptez le plus souvent un plan ternaire évolutif « en apparence – en réalité – en vérité » comme le suggère Alexis.

CHAPITRE 7

Histoire, géographie et géopolitique

Les concours bousculent souvent les hiérarchies : les stars de la géopolitique finissent parfois avec des notes moyennes tandis que des candidats moyens parviennent à s'illustrer. Avec 16/20 de moyenne en géopolitique pendant ses deux années de prépa, le major de ma classe à l'époque pouvait partir sereinement aux concours : il a fini avec 8 de moyenne…

Cette matière serait-elle alors imprévisible ? Certainement plus que les maths… Mais nous verrons que des recettes existent. L'un de mes anciens étudiants, particulièrement brillant et surtout malin, nous éclairera grandement. Ses notes à l'écrit : 18/20 et 17/20. À l'oral d'HEC : 20/20.

« Au niveau de la dissertation, j'essayais toujours de mélanger l'histoire, la géopolitique et la géographie car chaque correcteur a une spécialité. »

Amin, Louis-le-Grand puis HEC avec les notes suivantes en géopolitique : 17 à HEC-ESCP, 18 à l'ESSEC puis 20 à l'oral d'HEC

1. Les attentes du jury

A. Présenter une réflexion personnelle en prenant certains risques s'il le faut

Rapport 2010

« Trop de candidats se contentent simplement de leur cours, si bien que les correcteurs sont souvent amenés à corriger des copies ternes qui répètent invariablement les mêmes exemples, s'organisent selon le même plan, ressassent les mêmes anecdotes, citations et formules chocs et souvent très journalistiques. **La pensée de l'étudiant doit au contraire apparaître avec évidence.** Le libellé du sujet invitait les candidats à prendre position assez clairement. Peu se sont risqués à cet exercice, alors que tous les avis étaient recevables, sachant qu'il y a une pluralité d'interprétations. Les copies ayant fait montre à cet égard d'une certaine prise de risque, d'originalité et de pertinence ont toutes été valorisées. Il convient donc de sensibiliser les candidats sur ce point et de les encourager à prendre certains risques calculés. »

Cette exigence du jury est difficile à acquérir. Vos premières prestations tomberont sûrement dans le piège de la récitation de cours ou de la narration linéaire et ennuyeuse. Et avouons que cela est tentant : lorsqu'on maîtrise une masse conséquente d'informations sur un thème donné, on a envie d'en faire part, quitte à ne pas être toujours parfaitement dans le sujet. Sachez à présent que la moindre tentative de « recrachage de cours » irritera au plus haut point le correcteur si l'information livrée est hors-sujet. **Préférez donc toujours faire un devoir plus court mais parfaitement dans le sujet.**

Quant à l'émergence d'une réflexion personnelle, elle surviendra au fil de vos lectures d'ouvrages ou de bonnes copies. **Avoir une réflexion personnelle**, c'est avant tout avoir lu plusieurs réflexions d'experts (ouvrages, presse, professeurs) et choisir ce qui vous semble le plus pertinent en fonction du sujet donné.

Enfin, il faudra **prêter une attention particulière à la façon dont les arguments sont exposés**. On évitera autant que possible la narration au profit d'une structure argumentative classique : idée générale de la partie + arguments appuyant directement l'idée + exemples illustratifs précis, datés et sourcés. La lecture des bonnes copies vous aidera à développer ce savoir-faire.

B. Savoir utiliser l'actualité pour enrichir le propos

Rapport 2009

« Trop de candidats ignorent aussi l'actualité et n'y font nullement référence alors que celle-ci est incroyablement riche. »

Rapport 2010

« L'entame de l'introduction est souvent un bon endroit pour glisser un élément d'actualité intéressant. »

Vous trouverez dans la liste des bons ouvrages quelques pistes pour développer un propos actuel. Pour vous détendre, l'émission « Enjeux Internationaux » de France Culture est souvent passionnante donc prenez un quart d'heure une à deux fois par semaine pour vous informer. Par ailleurs, des ouvrages de synthèse de l'actualité paraissent chaque année autour du mois de janvier. Achetez-en quelques-uns, fichez-les et insérez les informations clés à l'intérieur de vos fiches thématiques (l'Asie, l'Afrique, la mondialisation...). Une bonne dissertation doit évoquer l'histoire, certes, mais en insérant des éléments tirés de l'actualité plus ou moins récente, votre propos n'en sera que plus intéressant et plus vivant.

C. Savoir varier les échelles d'analyse

Rapport HEC 2008 : Que reste-t-il du clivage Nord-Sud ?

« La notion de clivage n'a enfin été perçue par la plupart des candidats qu'à l'échelle du planisphère. Or le sujet invitait à distinguer différents niveaux scalaires (regroupements régionaux, continents, pays, régions, etc.), notamment lors du choix des exemples. L'approche d'un sujet par la diversité des échelles n'est à l'évidence pas encore devenue un réflexe chez les candidats. Elle est pourtant essentielle pour cerner un phénomène dans sa globalité, en évitant les généralisations réductrices. »

Rapport HEC 2009 : Les Amériques : entre intégrations et fragmentations

« La dimension multiscalaire, bien exploitée dans les meilleures copies, s'avérait absolument nécessaire à mobiliser pour ce sujet. Les documents joints en annexes invitaient notamment à s'attarder sur les fragmentations intra-étatiques, y compris dans les pays a priori les mieux intégrés comme les États-Unis. Les échelles fines notamment, celles de l'intra-urbain, s'imposaient. Les fragmentations au sein des villes (notamment des métropoles géantes du Nord et du Sud des Amériques), marques patentes des inégalités, devaient constituer un volet de la réflexion. »

Cette attente ne doit pas vous effrayer. Ce n'est qu'une affaire de bon sens. Sur un sujet comme « Les Amériques : entre intégrations et fragmentations », plusieurs questions venaient à l'esprit. À quelle échelle constate-t-on des fragmentations ? Y a-t-il une fragmentation entre le nord et le sud du continent ? À l'intérieur même des pays ? À l'intérieur même des villes ? Mais on pouvait encore aller plus loin en s'interrogeant sur la nature des fragmentations : fragmentations économiques, sociales, culturelles ?

Prenons un autre sujet : « La France et les Français face aux défis économiques et géopolitiques depuis les trente dernières années » (ESSEC 2011). Ici aussi, il fallait analyser la richesse du mot « Français ». De qui parle-t-on ? De tous les Français ? Des entreprises françaises ? Des élites françaises ? De l'État français ? On pouvait par exemple solliciter une échelle géographique dans sa réflexion en dissociant les Français d'Île-de-France et des régions prospères, par opposition aux Français des régions en crise. Toute cette richesse dans l'analyse des termes du sujet vous rendra plus fort face à un candidat qui ne sera pas allé aussi loin dans la réflexion.

Le plus difficile sera finalement d'orchestrer toutes ces échelles d'analyse au sein d'une seule et même dissertation sans perdre en clarté. Vous développerez ce savoir-faire très valorisé par les correcteurs en élaborant régulièrement des plans détaillés comme cela vous sera suggéré plus loin…

D. Introduire brillamment le sujet

Rapport 2010

« L'introduction doit être vraiment soignée. La problématique choisie doit notamment apparaître avec clarté. Celle-ci ne doit pas se ramener à la simple reprise de la question posée, ce qui annonce d'emblée une copie sans relief. Quelques questions judicieuses peuvent y figurer, à condition de ne pas y répondre dès l'introduction, afin de ne pas déflorer le sujet. Le plan doit être annoncé clairement. L'introduction enfin ne doit pas être trop longue afin d'éviter les redites inutiles. »

C'est le premier contact avec le correcteur, lequel aura peut-être corrigé plus de 50 copies avant la vôtre… Inutile de vous dire que le démarrage est fondamental. Sur le fond comme sur la forme.

CAS PRATIQUE

ESSEC 2012

« Croissance, puissance et développement durable : quelles corrélations et implications pour les grands pays et groupes de pays du monde »

L'ACCROCHE DE SONIA (3/20 À L'ESSEC EN GÉOPOLITIQUE)	COMMENTAIRES
« Quarante ans plus tôt était publié le rapport Meadows *The limits to growth* traduit en français par *Halte à la croissance* pour le club de Rome, groupe d'intellectuels fondé en 1968, affirmant que la croissance, comprise comme accélération de la production de biens et d'enrichissement, altère l'environnement humain mondial ».	La première remarque du correcteur concerne l'expression « quarante ans plus tôt » qui est une maladresse de style car on utilise cette expression lorsque dans une phrase précédente la date est mentionnée. Deuxième remarque en marge de la copie : sur le mot « altère », il y a un problème de concordance des temps. Rajoutons un commentaire personnel : la phrase est affreusement longue !

La note de la candidate au final : 3/20... Alors qu'elle a eu 12/20 à l'épreuve de l'ESCP. Même si d'autres défauts expliquent une telle note, je peux comprendre le correcteur qui, dès la première phrase, a rangé Sonia dans la catégorie des étudiants médiocres. Difficile de redorer son blason lorsque l'entame est loupée. La rédaction d'introductions, tout comme le travail des plans détaillés, sera dès lors un volet important de votre travail. Nous y reviendrons.

E. Développer et structurer en répondant à la problématique et en respectant le plan annoncé

Rapport 2009

« Le corps de la dissertation doit refléter fidèlement le plan annoncé en introduction. Les différentes parties (trois le plus généralement) et sous parties doivent apparaître clairement dans le texte, sans pour autant recourir à leur numérotation. Il convient notamment de sauter quelques lignes entre les grandes parties et de recourir systématiquement aux alinéas pour signaler le passage d'un paragraphe à un autre. Les grandes parties doivent surtout être équilibrées en taille (les premières parties de nombreuses copies sont souvent disproportionnées et les suivantes indigentes, quand elles ne se transforment pas en conclusion !). »

Dans votre développement, **chaque partie devra avoir une idée principale** que l'on rappellera dès la première phrase de la partie et qui doit être absolument **connectée à la problématique** énoncée en introduction. Chaque idée principale sera à son tour défendue par plusieurs arguments (trois le plus souvent). Et chaque argument devra être illustré d'au moins un exemple. Pas dix. Un ou deux exemples suffisent s'ils sont à la fois pertinents et précis.

Pour mettre en évidence la structure, certains vont même jusqu'à annoncer le menu en début de chaque partie.

CAS PRATIQUE

HEC 2008

« Que reste-t-il du clivage Nord-Sud ? »

EXTRAIT DE LA COPIE DE MORGANE (16/20 EN GÉOPOLITIQUE À HEC)

« Depuis les années 1950, le clivage Nord-Sud s'est profondément modifié. Les données géoéconomiques et géopolitiques ont tout d'abord subi des changements profonds (A). Ainsi, on a vu émerger ces dernières années des puissances en concurrence avec les pays du Nord (B), renversant parfois les traditionnels rapports de force entre le Nord et le Sud (C). »

COMMENTAIRES

La nomenclature A, B, C n'est pas nécessaire mais elle a le mérite de la clarté. Les commentaires du correcteur sur la prestation furent les suivants : « bonne approche du sujet et esprit très logique ».

En résumé, une bonne copie doit absolument rentrer dans le cadre imposé. Soyez donc structurés à l'extrême. On ne vous le reprochera jamais assez. À l'inverse, une copie aux informations pertinentes mais présentant une structure inégale (parties de tailles variables) voire inachevée (conclusion expédiée) ne dépassera que rarement les 10-11…

F. Soigner absolument les transitions

> Rapport 2009
>
> « Les transitions sont absolument indispensables entre les grandes parties, afin de ne pas passer abruptement d'un thème à un autre. Leur présence et leur maîtrise participent à l'impression générale laissée par la lecture de la copie. »

Les transitions ne sont pas à prendre à la légère. En les soignant, vous garantirez au correcteur une lecture agréable et sans heurt. Même faiblement documentée, une dissertation relevant les enjeux clés de façon structurée et enchaînée décrochera presque tout le temps la moyenne. **Au-delà du soin apporté aux transitions entre les parties, efforcez-vous également de soigner les transitions entre les différents arguments** qui articulent vos parties. Amin, l'un de mes anciens étudiants, faisait cela à merveille. Sa copie sur la France est présentée à la fin de ce chapitre. Imprégnez-vous de ce savoir-faire en relisant plusieurs fois s'il le faut et en vous entraînant lors de vos devoirs sur table.

G. Savoir conclure

> Rapport 2009
>
> « Les conclusions qui se contentent de résumer ou de synthétiser les propos tenus précédemment sont les plus classiques, mais elles ne sont pas forcément les plus efficaces. Il est préférable de les ouvrir, en élargissant la problématique et en dégageant des perspectives nouvelles. Cela suppose d'y avoir pensé ponctuellement durant tout le temps de la rédaction de la dissertation, par exemple en lui réservant un brouillon spécifique sur lequel le candidat note les idées et les informations qui lui seront nécessaires dans les dernières minutes de l'épreuve. »

Avec le stress des dernières minutes, vous aurez toutes les peines du monde à trouver des idées qui ouvrent le sujet. Si vous n'y réfléchissez qu'en fin d'épreuve, vos conclusions seront souvent expéditives et sans intérêt. Pour éviter cela, un conseil simple s'impose : rédigez-les systématiquement au brouillon avant de vous lancer dans le développement. Ou du moins, comme le suggère le rapport, posez sur papier les différentes idées que vous y développerez. Pour trouver une ouverture, un retour sur l'actualité et sur le futur proche peut s'avérer pertinent.

Au-delà de ces exigences, je rajouterai, comme Amin vous le conseillera dans la partie sur l'analyse des bonnes copies, qu'**une bonne dissertation s'efforce d'inclure de l'histoire, de la géopolitique et de la géographie**. Cette dernière discipline est souvent délaissée par les candidats alors qu'elle est très appréciée des correcteurs. Enfin, la langue doit être claire, fluide et sans faute, comme d'habitude.

2. Les bons ouvrages

La « sur-information » est le premier piège dans lequel il ne faut pas tomber. Je vous conseille de travailler sur un nombre très limité d'ouvrages. Vos professeurs ne seront sans doute pas de cet avis et auront parfois tendance à vous surcharger de sources d'information. Voici ma sélection.

A. Les ouvrages principaux

Histoire, géographie et géopolitique du monde contemporain
Christian Bardot – Pearson

Cet ouvrage présente le gros avantage de traiter les deux années en 500 pages. Sa vision synthétique et problématisée est remarquable. Il n'est certes pas aussi exhaustif que d'autres ouvrages mais pour prendre de la hauteur sur les phénomènes, il est parfait. « La bible » selon certains étudiants de Louis le Grand…

La dissertation de géopolitique
Olivier David & Jean-Luc Suissa – PUF

Une référence pour le travail de la méthodologie avec des dissertations traitées qui balaient les deux années.

Dictionnaire de géopolitique et de géoéconomie
Collectif d'auteurs – PUF

Ce bloc de plus de 500 pages paraît indigeste au premier abord mais il se révélera très utile pour travailler intelligemment les concepts clés que vous aurez à définir dès votre introduction. Les étudiants l'adorent. Les professeurs aussi. Alors pourquoi s'en priver ?

B. Les ouvrages et sources d'information complémentaires

Le dessous des cartes
Jean-Christophe Victor, Frank Tétart et Virginie Raisson – Arte/Tallandier

Idéal pour travailler la cartographie mais aussi pour enrichir la dissertation. L'émission existe également en format DVD.

Autres sources

Les meilleures copies d'anciens étudiants.
Les citations d'ouvrages de référence.
Les auteurs clés.
Les films ou documentaires adaptés.

Actualité

L'année stratégique
Sous la direction de Pascal Boniface – Armand Colin

Un récapitulatif des grands enjeux géopolitiques qui ont fait l'actualité de l'année. Le tout sous la direction de Pascal Boniface que vous avez sans doute déjà vu dans l'émission « C dans l'air »...

Les enjeux internationaux
Émission quotidienne sur France Culture

La plupart des professeurs écoutent cette émission quotidienne de 12 minutes sur un sujet géopolitique actuel. Très souvent passionnant.

Les synthèses annuelles
Le Monde, The Economist

Elles sortent chaque année entre décembre et février.

Images économiques du monde
Collectif d'auteurs – Armand Colin

Un peu comme *L'année stratégique* en moins problématisé mais plus complet et apportant des exemples géographiques intéressants.

Le blog d'Aymeric Chauprade, géopoliticien à la marge
http://blog.realpolitik.tv/

Son point de vue est un peu « alternatif » mais vous y trouverez dans le lot des idées intéressantes.

3. Les bonnes fournitures

Un porte-vues pour chaque année

Vous rangerez dans le porte-vues :

- vos cours ;
- les concepts et définitions clés ;
- vos dissertations ou autres bonnes copies.

Un grand cahier – feuilles détachables

Ce sera votre pourvoyeur de feuilles blanches. Vous pouvez aussi opter pour l'écriture à l'ordinateur. Vous imprimerez alors vos cours et les rangerez dans votre porte-vues.

Un petit cahier

Rien d'obligatoire mais ce petit cahier peut s'avérer utile pour mémoriser plus rapidement. Vous y glisserez :

- des citations commentées ;
- le meilleur des bonnes copies que vous aurez lues ;
- des commentaires de référence que vous aurez rédigés ;
- les définitions et concepts clés.

4. Les méthodes

Face à la masse d'informations dont vous bénéficiez, il faut s'organiser. Nous avons vu qu'il fallait d'abord une liste limitée d'ouvrages. Voyons à présent comment apprivoiser cette information disponible.

A. Apprendre intelligemment

C'est la première des exigences. Sans connaissances précises, vos notes ne pourront décoller. Mais attention, trop d'informations proposées laisseront au correcteur l'impression que vous n'avez pas le sens de la synthèse… Il s'agit donc de trouver des données à la fois précises et pertinentes. Pour cela, je vous conseille de :

1. **Connaître parfaitement l'ouvrage de Christian Bardot.**
2. **Compléter vos connaissances à l'aide d'autres ouvrages** éventuels (sur la mondialisation…) ou d'Internet (Wikipedia…). Le Bardot n'est pas exhaustif sur les chapitres de première année donc vous serez parfois amené à poursuivre vos recherches mais ne vous noyez pas dans cette masse d'informations car en seconde année, les informations du Bardot suffiront amplement…
3. **Connaître parfaitement les définitions de tous les termes clés** et qui servent quasiment tout le temps aux concours : puissance, développement (durable), croissance, enjeu, défi, menaces, risques, BRICS, IDH… Le dictionnaire de géopolitique sera un précieux compagnon.
4. **Apprendre et comprendre les cartes du *Dessous des cartes*.** Ce travail sera à fournir pour la seconde année, lorsque vous aborderez les différentes régions du monde.
5. **Maîtriser les grands enjeux de l'actualité.** Pour cela, écoutez une à deux fois par semaine une sélection de podcasts des enjeux internationaux. Et à l'approche des concours, fichez l'un des ouvrages mentionnés plus haut.
6. **Remplir le petit cahier pour les références, définitions, citations…**

Je le répète : ne vous noyez pas ! **Soyez très sélectifs dans le choix de vos arguments et exemples.** Pour cela, n'apprenez que des exemples qui ont de l'impact. Que ce soit au niveau géopolitique, géographique, économique, social ou historique. Certains ne comprennent pas tout de suite cette nuance et retiennent des références certes originales mais anecdotiques voire inutiles. En observant les fiches de mes étudiants, je me rends souvent compte de leur incapacité à ficher l'essentiel.

CAS PRATIQUE

Voici pour illustrer mon propos un court extrait de fiche sur les États-Unis de l'une de mes étudiantes en difficulté dans cette matière :

- **1875 :** interdiction des fous et des criminels.
- **1880 :** interdiction des polygames, alcooliques et malades contagieux.
- **1882 :** *Chinese Act* → interdiction des travailleurs chinois.
- **1883 :** interdiction des anarchistes

Permettez-moi de vous dire que ces quatre dates seront parfaitement inutiles pour le concours !!!

Un de mes camarades de promotion à HEC, Nicolas, est allé très loin dans la sélectivité. Il était à Ipesup et avait cours avec le célèbre Pascal Gauchon. Pendant les cours, tous les étudiants buvaient les paroles du professeur et écrivaient absolument tout ce qui était dit. Nicolas, quant à lui, se mettait au fond de la classe et faisait semblant d'écrire pour ne pas se faire houspiller ! Dès qu'une information lui paraissait très impactante, il la notait. Son cours était alors une mini-fiche qu'il n'avait plus qu'à relire. Il a eu 19/20 en HGG à HEC…

B. S'entraîner régulièrement à disserter

C'est le second aspect essentiel de votre travail. Avoir une tête bien pleine ne suffira pas à faire de vous un bon dissertateur. Pour cela, je vous conseille de :

1. **Analyser soigneusement les corrections des DS** afin de perfectionner la méthode de la dissertation.
2. **Étudier la méthodologie** et les dissertations de l'ouvrage de David et Suissa.
3. **Étudier les bonnes copies** de concours :
   - 1re étape : analyse du sujet, recherche de problématique et construction d'un plan détaillé (Parties, sous-parties, exemples) – 1 h 30
   - 2e étape : rédiger avec soin l'introduction et la conclusion – 1 h
   - 3e étape : lire la bonne copie et en dresser le plan détaillé

- 4e étape : recopier dans le petit cahier les meilleurs passages
- 5e étape : ranger le travail effectué dans le porte-vues

4. **S'entraîner à la cartographie** en seconde année (1 semaine sur 3 ou pendant chaque session de vacances) : l'un de mes anciens étudiants a appris par cœur une carte par pays ou zone en s'aidant du *Dessous des cartes*. Inutile de perdre trop de temps sur la cartographie. La différence se fait d'abord à l'écrit…

Si vous ne disposez pas de bonnes copies de concours, demandez à votre professeur de vous transmettre une liste de sujets à travailler sur tous les thèmes et rédigez sur chacun des sujets une introduction suivie d'un plan détaillé. Si votre professeur est sympa, il pourra y jeter un œil et vous donner un avis. À force de rédiger une fois par semaine une introduction, votre style sera de plus en plus précis et fluide. Le travail des plans vous permettra aussi d'apprendre le cours autrement qu'en relisant des fiches. Les informations seront alors mieux digérées car mises en pratique.

5. L'analyse des bonnes copies

A. La stratégie d'Amin, le « magnifique »

De tous les étudiants que j'ai observés et accompagnés sur cette matière, Amin est sans nul doute le plus talentueux. Ses résultats sont époustouflants : 17 à HEC-ESCP, 18 à l'ESSEC puis 20 à l'oral d'HEC ! Buvez donc sans modération tout ce qui suit et répliquez ces quelques précieux conseils.

Témoignage d'Amin
(Louis-le-Grand – HEC 2011 avec 19/20 de moyenne en géopolitique)

« Je n'allais plus en cours en 2e année, je travaillais seul à partir des magazines et d'un ou deux ouvrages. Je ne rentrais jamais dans trop de détails et me concentrais sur les enjeux, les défis, les concepts, les acteurs les plus importants. Au niveau de la dissertation, j'essayais toujours de mélanger l'histoire, la géopolitique et la géographie car chaque correcteur à une spécialité… Je faisais aussi attention à bien analyser les différentes échelles des phénomènes impliqués par le sujet. Enfin, dès l'introduction, je parlais des différents acteurs et des thèmes principaux mais sans les développer. »

Comme vous pouvez le constater, ces conseils ne sont pas très « politiquement corrects »… Mais Amin avait un tel recul, une telle conscience des attentes du jury que ses prestations étaient à chaque fois couronnées de succès. Soyez également attentifs à son style et notamment sa capacité à trouver le mot à la fois juste et élégant. Très étonnant pour un étudiant de son âge.

18/20 « La France et les Français face aux grands défis économiques et géopolitiques des trente dernières années »

ESSEC 2011

En 1981, les Français élisent le premier président socialiste de la Ve République. Ce choix est emblématique du souci de la population française de préserver les acquis sociaux hérités d'une longue histoire et dont les « Trente Glorieuses » (selon la formule consacrée par Jean Fourastié) semblaient marquer la consécration. Cette « spécificité française » est ainsi rendue visible puisque la France, dont le gouvernement adopte les méthodes dirigistes qui ont marqué les « Trente Glorieuses », se place à contre-courant d'un monde marqué par le retour des théories libérales sous l'impulsion de Margaret Thatcher au Royaume-Uni et de Ronald Reagan aux États-Unis[1]. Le monde vit alors les premières heures de la troisième mondialisation, des nouveaux équilibres géoéconomiques (1979 est l'année de l'ouverture des premières zones économiques spéciales chinoises avec le soutien de Deng Xiaoping)[2] et des nouvelles menaces (1979 est l'année du renversement du Shah d'Iran suite à la révolution islamique menée par l'ayatollah Rouhollah Khomeini)[3] qu'elle suppose. Et face à ses défis, qui sont restés les mêmes tout en prenant une ampleur plus considérable trente ans plus tard, nombreux sont les Français qui semblent faire preuve de la même frilosité alors que la France, avec toute la diversité de ses acteurs (entreprises, établissements scolaires, collectivités territoriales)[4], semble tiraillée entre tentation du repli et volonté d'affirmation. Dès lors, comment les divers acteurs français réagissent-ils face aux équilibres, aux menaces et aux dynamiques engendrées par la mondialisation ?[5]

La France présente de nombreuses ressources qui lui permettent de faire face aux défis qui se présentent à elle (I). Pourtant, il semble que la mondialisation puisse s'exercer aux dépens de certains acteurs français (II). On assiste alors à une recomposition du territoire

1. L'accroche justifie le choix de la période étudiée et montre ainsi d'emblée l'intérêt du sujet.
2. Les défis économiques sont légèrement précisés dès l'introduction.
3. Un défi géopolitique à la fois original et pertinent est mis en avant. Le correcteur a manifesté son approbation avec un « B » dans la marge.
4. Analyse multiscalaire des acteurs en jeu.
5. Problématique parfaitement dans le sujet et pas complètement « bateau ».

français[6] sous l'effet de nouvelles logiques géo-économiques et géostratégiques induites par la mondialisation (III)[7].

Nombreux sont les acteurs français qui semblent répondre avec succès aux défis engendrés par la mondialisation.

Dans des secteurs divers, les Firmes transnationales (FTN) françaises savent ainsi déployer des stratégies à même de consolider leur place dans leurs secteurs d'activité respectifs. Dans le secteur bancaire, BNP Paribas s'impose par exemple comme une entreprise capable de développer des stratégies et d'accéder à des marchés à une échelle mondiale : en témoigne son rachat d'une des premières banques belges (Fortis) ou encore sa présence en Afrique du Nord à travers l'Union Bancaire du Commerce et de l'Industrie en Tunisie[8]. Des entreprises industrielles françaises ont également mis en place des stratégies mondiales à l'instar de Renault-Nissan, aujourd'hui solidement implantée sur des marchés aussi divers que le marché japonais (héritage de la présence de Nissan dans le pays) ou le marché roumain (la compagnie en contrôle près de 70 % depuis le rachat de Dacia par le groupe)[9]. Dans le secteur des technologies de pointe relevant de ce que l'on peut appeler la troisième révolution industrielle, la France s'illustre aussi bien dans le nucléaire à travers une firme comme Areva ou par sa participation au programme ITER (d'ailleurs implanté en France) que dans l'aéronautique par l'intermédiaire de Dassault Aviation ou d'Airbus par exemple[9].

Ces entreprises savent tirer profit de la présence sur le territoire français d'une population éduquée[10]. Ainsi 40 % des Français dont l'âge est compris entre 19 et 21 ans font des études supérieures. Surtout, certains établissements scolaires prestigieux (écoles d'ingénieurs ou de commerce) leur fournissent un vivier de cadres à même d'alimenter une technostructure managériale idoine dans le cadre d'un développement des activités de l'entreprise. Ces établissements s'adaptent également

6. Plan qui annonce de la géographie : très valorisé aux concours et pourtant souvent négligé par les candidats. Le correcteur a souligné cette portion de l'annonce du plan, comme pour relever cette originalité.
7. La numérotation a été barrée par le correcteur. Pas bien grave.
8. Exemple original et précis d'une entreprise bancaire à travers son rayonnement mondial
9. Notez la précision des exemples d'entreprises retenus par Amin.
10. Transition élégante entre les deux idées. Plutôt que d'écrire « d'autre part », Amin préfère créer un lien entre le premier argument et le second. Bien joué !

aux défis de la mondialisation en développant des partenariats avec des établissements étrangers, témoignant d'une capacité d'établissements français souvent anciens à s'adapter à la mondialisation et aux défis qu'elle suppose[11].

Cette réactivité économique et culturelle française[12] *s'ajoutent*[13] *à des ambitions géopolitiques de Paris, qui cherche à consolider certains héritages de l'histoire plus ou moins récente de la France. Le sommet France-Afrique de la Baule s'inscrit ainsi dans le souhait de la France de maintenir les solidarités tissées entre Paris et ses anciennes colonies. La « Françafrique » se manifeste aujourd'hui par une présence active de la France sur le continent noir notamment à travers ses forces armées stationnées en Côte d'Ivoire (où elles ont récemment contribué à mettre un terme à la résistance des troupes fidèles à Laurent Gbagbo) mais aussi au Tchad (à l'inverse, les forces françaises y ont défendu N'Djamena face à l'assaut d'une colonne de rebelles au milieu des années 2000*[14]. *La présence française y est parfois plus tacite, comme l'illustre l'appui discret fourni à Ali Bongo au cours des dernières élections présidentielles gabonaises. Paris conserve également un prestige certain dans le monde arabe, notamment en raison de l'engagement que l'on attribue à la France au profit de la cause palestinienne. L'ouverture d'une antenne de la Sorbonne à Abu Dhabi ou encore l'inauguration en 2009 d'une base militaire dans le même émirat témoigne de cette aura, mais aussi d'une réelle présence française dans une région stratégique (Abu Dhabi est à quelques encablures de l'Iran et du détroit d'Ormuz)*[15]. *La France est également au cœur de la construction européenne.*

Les FTN, une frange de la population (notamment la plus éduquée), certains établissements scolaires, l'armée et la diplomatie française semblent donc faire face aux défis sécuritaires et économiques des trente dernières années avec succès. Pourtant la peur d'un monde de plus en plus concurrentiel semble marquer

11. Argument éducatif très original et qui répond parfaitement à la problématique. Le correcteur a apprécié.
12. Notez encore l'élégance de la transition pour éviter l'emploi de « par ailleurs », « de plus » ou « d'autre part »...
13. Orthographe : « s'ajoute ».
14. Argument géopolitique apprécié par le correcteur.
15. Exemple géographique que le correcteur a apprécié.

certains acteurs français, mal préparés ou peu réactifs aux bouleversements qu'a connus le monde.[16]

Sur le plan économique, on assiste à un certain affaiblissement français dans certains secteurs, affectant une frange de la population et inquiétant la société française. On assiste ainsi à une médiatisation croissante des délocalisations qui affectent la France. Ces délocalisations rejoignent d'ailleurs l'idée d'une certaine désindustrialisation de la France ; la part de l'emploi industriel dans l'emploi total passe ainsi de 26 % en 1980 à 15 % en 2008 (document 3)[17]. Dès les années 1980, on assiste ainsi à la douloureuse extinction d'une véritable « civilisation de la mine ». Les déficits commerciaux et publics français se creusent par ailleurs, alimentant une dette qui passe de moins de 21 % du PIB en 1980 à près de 78 % du PIB en 2009. On assiste également à une remise en cause d'un « modèle social » français auquel les Français se montrent dans l'ensemble très attachés. Celui-ci, jugé inadapté à la mondialisation, peine à enrayer le chômage devenu structurel et surtout massif (il concerne aujourd'hui 10 % de la population active) depuis les années 1980. Surtout, du fait de la flexibilité qui caractérise l'emploi sous cette troisième mondialisation, on assiste à une augmentation du nombre d'emplois « atypiques » (document 3) qui nourrit le sentiment d'insécurité de Français favorables à un système social redistributif fort : le taux de redistribution français est particulièrement élevé puisqu'il atteint en 2008 près de 30 % du PIB.

Enfin, la place de la France dans le concert des nations semble remise en cause. En Afrique, son inaction face au génocide du Rwanda en 1994 a considérablement écorné son prestige dans ce pays dont le président, Paul Kagame, ne cache pas sa volonté de se détourner de la langue française au profit d'un anglais jugé plus adéquat dans les dynamiques de la mondialisation[18]. Les prises d'otages français dans le Sahel suscitent également l'inquiétude de Français doutant

16. Résumé de la partie et transition très soignés.

17. Argument économique et exemple pertinent issu des documents remis aux candidats.

18. L'exemple du Rwanda est original et souvent oublié des autres candidats.

de leur gouvernement. Les vives critiques portant sur les erreurs commises par la diplomatie française face aux révoltes arabes[19] (par opposition à une superpuissance étasunienne qui a immédiatement salué le soulèvement tunisien) témoignent également de ce doute qui pèse sur la capacité de la France à soutenir des ambitions géopolitiques et diplomatiques d'envergure. Paris semble ainsi faire pâle figure face à ce qu'un ministre des affaires étrangères français, Hubert Védrine, a appelé l'hyperpuissance américaine.

Des oppositions semblent donc se dessiner entre une France ouverte aux dynamiques mondiales, qui accepte et relève ses défis, et une France qui la subit. La géographie française témoigne d'ailleurs de cette insertion différentiée des territoires dans le cadre de la mondialisation et de ses équilibres.[20]

Au sommet de la hiérarchie des territoires français se trouve ainsi Paris et l'Île-de-France, parangons d'une insertion réussie dans les dynamiques qui marquent les trente dernières années. La macrocéphalie de Paris s'est ainsi clairement affirmée du fait de la polarisation par la région de l'essentiel des Investissements Directs Etrangers (IDE) captés par la France dans le cadre d'une internationalisation accrue des flux financiers et de l'activité des FTN. Paris semble par ailleurs marquée par un certain cosmopolitisme qui contribue à en faire « la ville globale » décrite par Saskia Sassen : un habitant de Paris sur cinq est ainsi immigré. Enfin, alors que le monde est marqué par un caractère de plus en plus réticulaire[21], Paris et sa région s'insèrent dans les dynamiques globales grâce à la forte concentration de moyens logistiques et de transport qui les caractérise : l'aéroport Roissy-Charles de Gaulle est ainsi le deuxième aéroport européen, ce qui a contribué à justifier l'installation par Fedex de son siège européen à Paris.[22]

D'autres territoires semblent en voie d'intégration dans les dynamiques mondiales. Les métropoles savent ainsi tirer profit de dynamiques européennes voire mondiales.

19. Exemple tiré de l'actualité et parfaitement adapté ici.

20. Transition qui synthétise les deux premières parties et qui annonce le début de la partie sur la typologie géographique. Le correcteur a adoré (« TB » dans la marge).

21. Réticulaire : organisé en réseau.

22. Exemple d'infrastructures (transport et logistique) très pertinent et original.

C'est notamment le cas de Toulouse, placée au cœur d'un « réseau Airbus » qui la met en contact avec des régions allemande, anglaise, espagnole et italienne.[23] Les littoraux savent également bénéficier des phénomènes de l'haliotropisme et de l'héliotropisme pour attirer chercheurs et entreprises (c'est le cas du technopôle de Sophia Antipolis près de Nice) mais aussi touristes ou retraités (au cours des cinq dernières années, l'aéroport de Bergerac a ainsi vu sa fréquentation multipliée par six).

À l'inverse, de nombreux territoires semblent constituer le socle d'une « France sceptique » refusant de faire face aux défis de la mondialisation ou en subissant des conséquences néfastes[24]. La France rurale est notamment marquée par un « abandon » de plus en plus criant alors qu'elle fait actuellement face à des défis écologiques conséquents. Le succès d'un Nicoud et de son mouvement néo-poujadiste semble illustrer le refus d'un abandon d'une France ancrée dans la ruralité et attachée à la petite propriété terrienne tout comme celui d'un José Bové aujourd'hui. Les territoires de la « diagonale du vide » s'étendant des Pyrénées-Orientales aux Ardennes en passant par le Morvan, marqués par de faibles densités de population (moins de 50 habitants au km^2 contre 113 en moyenne en France et plus de 7 000 à Paris) dont également largement marginalisés comme l'illustre l'absence de pôles de compétitivité (document 4).[25] À cette France rurale s'ajoute une France des régions industrielles déshéritées subissant la concurrence des Nouveaux Pays Industrialisés d'Asie (NPIA) au cours des années 1980 et celle de la Chine ou de l'Asie du Sud-Est aujourd'hui. Il s'agit notamment des régions de l'Est et du Nord de la France ou encore des anciennes enclaves industrielles (Le Creusot) ; leur déclin marque une rupture pour la France des années 1980 (fin d'une « civilisation de la mine ») et continue d'inquiéter nombre de Français d'aujourd'hui.

Ces trente dernières années ont donc marqué l'adoption

23. Exemple pertinent et qui répond directement à la problématique choisie.

24. Distinction appréciée par le correcteur.

25. Exemple issu des documents et apprécié du correcteur.

de réponses diverses par les acteurs que sont les firmes transnationales françaises, l'État, les établissements universitaires, les collectivités territoriales voire les partis politiques au sein de l'hexagone. Au scepticisme marqué des défenseurs d'héritages ou traditions qui feraient la spécificité française répondent les réalisations entreprises par des organismes et individus qui ont su s'adapter aux exigences d'une mondialisation synonime[26] de mise en concurrence de territoires et d'acteurs variés.

26. Orthographe : « synonyme ».

Commentaires :

Une copie remarquable par son intelligence dans la construction, le choix et la précision des exemples retenus.

Notez aussi la variété des arguments avancés : il y a de la géopolitique, de l'économique, de la géographie. De quoi combler tout correcteur.

Le terme « les Français » a particulièrement bien été analysé contrairement à la plupart des dissertations que j'ai lues par ailleurs. Les correcteurs ont sans doute apprécié cette analyse fine et multiscalaire.

Seul bémol, la conclusion est de facture plus classique et manque sans doute d'une ouverture qui élargit le sujet.

B. L'introduction réussie de Guillaume

Guillaume a obtenu la note maximale sur le sujet qui suit. Je tenais à vous présenter son introduction qui, aux vues des annotations en marge, a convaincu le correcteur.

20/20 « Que reste-t-il aujourd'hui du clivage Nord-Sud ? »
HEC 2008

Envisager un clivage Nord-Sud, c'est prendre en compte tous les facteurs politiques (types de régimes), économiques (échanges, aide publique au développement, caractère autarcique ou ouverte de l'économie) et sociaux (indice de développement humain ou I.D.H., migrations), voire culturels, qui peuvent permettre de séparer le Nord du Sud, en tirant un trait sur une carte[1]. Il s'agit par ailleurs de différencier le terme « clivage », séparation envisagée d'une façon plutôt neutre, du terme « frontière », qui désigne lui les rapports de forces de deux puissances à un moment donné[2]. S'il paraît plus légitime de parler de « clivage »

1. Guillaume a choisi d'introduire le sujet non pas par une accroche mais par la mise en évidence de l'implicite du sujet. Cette définition qu'il dresse du clivage entre le Nord et le Sud permet de cerner tout de suite l'une des qualités du candidat : l'analyse multiscalaire.
2. Distinction entre les termes du sujet très appréciée par le correcteur (« + » dans la marge).

plutôt que de « frontière » entre le Nord et le Sud, c'est qu'un clivage est amené à terme à disparaître, tandis qu'une frontière perdure jusqu'à l'ascendant définitif d'une des deux puissances en présence. Or, une fois la décolonisation achevée pour la plupart des pays du Sud (dans les années 60 pour les derniers), le Nord perd en hégémonie politique sur le Sud et il s'établit de fait un « clivage » entre Nord et Sud. Le clivage, qui s'est donc superposé à ses débuts à celui entre blocs communiste et anti-communiste, émerge comme seule véritable « fracture » mondiale après l'écroulement de l'URSS[3]. Cependant, la mise en réseau du monde et l'explosion de flux de toutes sortes, induites par la mondialisation, ont intégré bon nombre de pays du Sud à une « économie globalisée »[4].

Dès lors, quels facteurs permettent de constater une permanence du clivage Nord-Sud ? Sont-ils suffisants ? En prélude, il sera opportun d'analyser le fait que certaines caractéristiques de ce clivage n'ont guère évolué depuis une vingtaine d'années (I), avant de constater que d'autres ont subi des mutations, voire ne sont plus adaptées à l'heure actuelle (II). Enfin, il s'agira, en prenant en compte les caractéristiques du clivage Nord-Sud, de voir si ce dernier est encore pertinent (III).

3. Idée qui justifie l'intérêt du sujet. Appréciée du correcteur.

4. Mise en lumière d'un paradoxe. Appréciée du correcteur.

Commentaires :

Retenons l'essentiel : comme pour la dissertation d'Amin, Guillaume a su dès l'introduction mettre en exergue l'intérêt du sujet.

Dès l'introduction, le correcteur doit sentir que le sujet est passionnant, complexe, riche. C'est pour cela qu'il n'y a pas de stratégie figée. Parfois, on accrochera le correcteur par un fait historique qui illustre la date affichée dans le libellé du sujet. Un événement issu de l'actualité peut également trouver sa place dès l'amorce. Mais rien n'empêche, comme l'a fait Guillaume, de commencer par la définition de l'un des termes clés du sujet. Tous les moyens sont bons pour servir cet impératif de mise en valeur du sujet. La problématique apparaîtra alors presque naturellement.

Histoire-géo / En un mot

LES ATTENTES	• Introduire brillamment avec une accroche adaptée et une problématique qui révèle l'intérêt du sujet. • Présenter une réflexion sur le monde et non une récitation de connaissances. • Varier les échelles d'analyse. • Adopter un plan qui répond à la problématique. • Conclure en ouvrant le sujet.
LES MÉTHODES	• Travaillez sur une liste d'ouvrages très limitée. • Apprenez des exemples très précis mais en nombre restreint. • Maîtrisez tous les concepts clés à l'aide d'un dictionnaire de géopolitique. • Entraînez-vous régulièrement à disserter.
LES SECRETS	• Soyez excessivement sélectifs dans votre fichage. • Intégrez toujours de l'histoire, de la géopolitique et de la géographie dans vos analyses. • Enrichissez vos dissertations par des éléments tirés de l'actualité. • Efforcez-vous de varier les échelles d'analyse d'un sujet. • Soignez le style par la rédaction d'introductions environ une fois par semaine. • Lisez régulièrement des bonnes copies pour vous imprégner des savoir-faire d'étudiants brillants.

CHAPITRE 8

Économie, sociologie et histoire des sociétés contemporaines

CETTE DISCIPLINE EST RÉSERVÉE AUX ÉTUDIANTS EN ECE. COMME POUR L'ÉPREUVE D'HISTOIRE-GÉO, IL S'AGIRA D'ACCUMULER UNE MASSE D'INFORMATIONS CONSÉQUENTE ET DE SAVOIR LA RESTITUER AVEC INTELLIGENCE ET SÉLECTIVITÉ. Avec les mathématiques, c'est très certainement la matière la plus difficile à travailler. Grâce aux bons ouvrages et à une méthode adaptée, vous pourrez toutefois vous en sortir. En fin de partie, nous constaterons avec joie que, malgré ses nombreux défauts, un étudiant est parvenu à décrocher 16/20 à HEC et 15/20 de moyenne aux concours alors qu'il n'avait presque jamais atteint la moyenne en deux ans de prépa… Empressons-nous de comprendre comment !

« Toutes mes introductions étaient construites de la même façon : actualité en accroche, définition des termes du sujet, mise en perspective historique puis problématique et annonce de plan »

Tom, admissible à HEC, 18,5/20 à l'ESSEC

À compter de la rentrée 2013, l'Analyse économique et historique des sociétés contemporaines (AEHSC) devient l'Économie, Sociologie et Histoire des sociétés contemporaines (ESH). Pas de panique, ce changement d'intitulé ne doit pas vous perturber.

Le programme du cours, vieux de 1995, a simplement été modernisé et actualisé : ajout de l'Europe et de l'Euro, et de nouvelles problématiques comme le commerce international et la sociologie des organisations. Il traite également des théories économiques plus récentes.

Les épreuves aux concours consistent toujours en une dissertation. Les annales et rapports de jurys des années précédentes restent donc pertinents pour votre préparation.

1. Les attentes du jury

A. Bien définir et délimiter le sujet dès l'introduction

Rapport ESC 2006

« On rappellera à ce propos la nécessité de rigueur dans les définitions et délimitations du sujet. (...) Les introductions ne sont pas assez charpentées. La détermination des limites du sujet est à renforcer. La définition des termes importants du libellé est loin d'être systématique. »

Comme en géopolitique pour les ECS, il s'agit de bien cadrer la dissertation dès l'introduction. Pour cela, les termes doivent être définis avec précision et fluidité afin que l'ensemble ne fasse pas trop scolaire. Nous verrons plus loin comment certains étudiants brillants élaborent leur introduction et exhibent l'intérêt du sujet.

B. Combiner analyse historique et économique

Rapport HEC 2009

« Les correcteurs attendent une mise en perspective historique la plus large et la plus riche possible, la combinaison des analyses historique et économique fait la singularité, la difficulté et l'intérêt de cette épreuve. L'épreuve ne consiste pas à résoudre un problème économique mais à posséder une solide culture historique, les candidats doivent mobiliser leur sens historique dans l'esprit de Schumpeter. "Personne ne peut espérer comprendre les phénomènes économiques d'aucune époque, y compris l'époque actuelle, a moins de posséder une maîtrise convenable des faits historiques et une dose convenable de sens historique ou de ce que l'on peut définir comme expérience historique" (*Histoire de l'analyse économique*, tome 1, p. 37) »

Rapport HEC 2009

« Les correcteurs ont apprécié (...) la pertinence et le degré de connaissance des faits historiques mobilisés ainsi que la capacité à déceler des éléments de continuité et de rupture derrière l'enchaînement des faits historiques. »

Ce mouvement de va-et-vient entre histoire économique et mécanismes fait toute la spécificité de l'épreuve. Le candidat doit se montrer capable d'analyser un problème économique en balayant l'histoire mais aussi au regard des grands mécanismes et théories qui régissent l'économie. Incorporer ces deux ingrédients apparaît donc comme un prérequis indispensable si l'on réussit sa composition.

Notons que cette combinaison est particulièrement valorisée à HEC où les sujets sont généralement plus historiques que théoriques. Les plans chronologiques sont d'ailleurs souvent payants si des ruptures temporelles sont observables. Par exemple, sur le sujet « Sorties de crise », j'ai lu deux copies, un 19/20 et un 15/20 : les deux copies présentaient un plan chronologique. Vos dissertations à l'ESSEC et à l'ESCP doivent également inclure des données issues de l'histoire économique.

À l'ESSEC et à l'ESCP, les sujets sont parfois plus théoriques mais cela ne vous empêche pas de convoquer l'histoire économique pour mettre en lumière un mécanisme ou étayer une idée. Même lorsque le sujet semble plutôt d'actualité.

En 2012, l'ESSEC proposait le sujet suivant : « L'Europe sera monétaire ou ne sera pas ». Le rapport de jury relève l'importance des références historiques à mobiliser :

« Le sujet proposé cette année soulevait une question d'actualité, s'il en est, avec un fort ancrage historique. Les candidats pouvaient mobiliser leurs connaissances historiques sur le sujet, l'idée étant de remonter à la fin de la Seconde Guerre mondiale, avec la mise en place des accords de Bretton Woods qui devaient réguler le Système monétaire international (SMI) après une période particulièrement troublée. On pouvait également envisager quelques références moins récentes au passé avec l'Union latine pour l'Europe, la mise en place du dollar et plus largement du fédéralisme aux États-Unis. »

Vous l'aurez compris, quelle que soit l'épreuve, l'analyse historique est un critère déterminant pour séduire un correcteur. Voici un court extrait d'une bonne copie sur ce sujet.

CAS PRATIQUE

ESSEC 2012
« L'Europe sera monétaire ou ne sera pas ».

EXTRAIT DE LA COPIE DE DORIAN (17/20 EN ÉCONOMIE À L'ESSEC)

« Si la politique budgétaire d'un État est expansive alors que la politique monétaire est restrictive et donc déflationniste, le risque est grand de voir le mécanisme de "déflation par la dette" exposé par Irving Fisher à l'occasion de la crise de 1929 (...). Hicks en 1937 dans son article "Keynes and the Classics" avait modélisé les atouts de la politique monétaire pour accompagner la politique budgétaire ».

COMMENTAIRES

Pour ce sujet, plutôt actuel, Dorian n'a pas hésité à balayer l'histoire de la pensée économique. Il a bien intégré l'affirmation de Schumpeter mentionnée plus haut...

C. Être très précis dans l'exposé des faits

Rapport ESSEC 2010

« Un bon devoir doit mêler de l'analyse et des faits et la datation doit être précise. On ne peut pas admettre, comme cela fut trop souvent le cas, qu'en trois lignes soient cités A. Smith, D. Ricardo et H-O-S, sans mentionner que le premier écrit en 1776, le deuxième en 1817 et les trois derniers dans la première moitié du XXe siècle. »

Cette attente est une évidence mais il m'arrive encore trop souvent de lire des dissertations aux références imprécises. Dans votre travail de recherche d'exemples, soyez toujours d'une précision extrême : contexte, datation, sources, comparaison. Si vous choisissez de placer dans votre développement le taux de croissance d'un pays, il est bien évident qu'il faudra préciser la date, la source et comparer ce taux à un taux antérieur ou au taux d'un pays concurrent. Par ailleurs, si vous prenez l'initiative d'exposer une théorie économique, précisez toujours le contexte et l'époque dans lesquels elle s'inscrivait.

Le modèle Heckscher-Ohlin-Samuelson (ou H-O-S) est le « modèle standard » de la théorie du commerce international.

D. Maîtriser les concepts et mécanismes économiques

Rapport HEC 2009

« Les correcteurs attendaient une analyse structurée du sujet. Ils ont apprécié la qualité des arguments, le degré de maîtrise des concepts et des mécanismes économiques. »

Il ne faut pas avoir peur de détailler les mécanismes économiques sous-tendus par le sujet. Tous les moyens seront bons pour montrer au correcteur que vous maîtrisez votre propos. Il n'est d'ailleurs pas interdit de reproduire certains croquis ou schémas explicatifs d'une théorie. Dorian, 17/20 à l'ESSEC en 2012, n'a pas hésité à reproduire le fameux modèle ISLM de Hicks sur sa copie avec une légende détaillée et une explication du mécanisme en jeu.

Votre travail consistera donc à parfaitement comprendre les mécanismes les plus fréquents pour mieux les mémoriser. « Apprendre sans réfléchir est vain, réfléchir sans apprendre est dangereux », ne l'oubliez pas !

E. Connaître des économistes variés

Rapport ESSEC 2010

« Les références mobilisées paraissent très souvent largement datées. A. Amin, A. Emmanuel, R. Prebish, F. Perroux, A. O. Hirschman, Akamatsu, R. Vernon, N. Kaldor… ont été très souvent cités et largement plus que P. Krugman, Brander et Spencer et J. Stiglitz. Sans vouloir nier l'intérêt de citer ces travaux, terminer les devoirs par ces seules références est apparu bien maladroit. »

Vous ne pourrez pas maîtriser les œuvres de tous les économistes de l'histoire. Il faudra faire des choix dans votre recherche. Essayez alors autant que possible de balayer toutes les époques. Les économistes actuels ne doivent pas être négligés car ils animeront souvent vos troisièmes parties. Un professeur d'économie d'une grande prépa insiste sur ce point : « Réservez toujours les économistes actuels pour votre troisième partie car leurs théories n'ont généralement pas encore été contestées. Votre propos final n'en sera que plus crédible ».

F. Développer une analyse et prendre position

Rapport ESCP 2009

« Au vu des faits et des enseignements de l'analyse économique, le candidat doit être capable de prendre position en puisant dans les éléments les plus susceptibles de rendre sa démonstration convaincante. Les copies qui ne répondaient pas à cette exigence ne pouvaient pas prétendre, dès lors, à une très bonne note, même si elles manifestaient des connaissances élémentaires de la question. Les réponses de type rhétorique (dans un premier temps, on peut dire que oui, dans un deuxième temps on peut dire que non…) n'ont pas ici leur place. Au total, la distribution des notes reflète donc cette plus ou moins grande capacité à croiser faits et théories, histoire et actualité, réflexion et argumentation et à se prononcer sur la question. »

Rapport Écricome 2011

« L'AEHSC (Économie) a pour objectif de donner aux étudiants des instruments d'analyse et des clés de compréhension du monde contemporain afin qu'ils soient capables de proposer une réflexion autonome à propos de phénomènes complexes. Ils sont donc invités à s'affirmer par le choix de leurs références et de leurs arguments ainsi que par la fermeté de leurs conclusions personnelles. Jamais la correction des copies ne sanctionne les opinions exprimées. »

Cette attente est très certainement la plus difficile à respecter. Elle demande une grande maîtrise que vous ne pourrez acquérir qu'avec le temps et le travail des plans détaillés le week-end (voir le chapitre sur le planning de travail). On vous demande en effet de savoir restituer des faits historiques, d'expliquer les mécanismes sous-jacents mais aussi de prendre position. Il faudra donc savoir osciller entre argumentation, analyse et narration.

Pour cela, on peut par exemple adopter une structure argumentative classique : idée générale + arguments + références en s'appuyant par endroits sur des « zooms » théoriques ou historiques. Il est important de comprendre que votre analyse ou votre réflexion doit avant tout être validée par la pensée d'économistes de référence. Prendre position sans repère ni soutien théorique ou historique n'est donc pas conseillé ici.

Finalement, avoir une réflexion personnelle, c'est avant tout avoir lu plusieurs réflexions d'experts (ouvrages, presse, professeurs) et choisir ce qui vous semble le plus pertinent en fonction du sujet donné.

G. Soigner la conclusion

> **Rapport ESSEC 2010**
>
> « Une attention plus grande doit être accordée à la conclusion. La plupart n'ouvrent pas les devoirs, se contentent d'une ou deux phrases ou, à l'opposé, présentent de longs résumés du développement. »

Avec le stress des dernières minutes, vous aurez toutes les peines du monde à trouver des idées qui ouvrent le sujet. Si vous n'y réfléchissez qu'en fin d'épreuve, vos conclusions seront souvent expéditives et sans intérêt. Pour éviter cela, un conseil simple s'impose : rédigez-les systématiquement au brouillon avant de vous lancer dans le développement. Ou du moins, posez sur papier les différentes idées que vous y développerez. Pour trouver une ouverture, un retour sur l'actualité et sur le futur proche peut s'avérer pertinent.

2. Les bons ouvrages

A. Les ouvrages de cours

Deux ouvrages de cours se partagent l'affiche :

Analyse économique et historique des sociétés contemporaines
Marc Montoussé – Bréal

Précis d'économie
Emmanuel Combe - PUF

Le premier est plus historique, le second plus théorique. Ils sont donc à la fois indispensables et complémentaires.

À ces deux ouvrages de référence, je conseille cet aide-mémoire très synthétique et souvent apprécié des étudiants en retard en ESH :

Économie - Aide-mémoire
Alain Beitone – Sirey

Avec la réforme du programme, ces ouvrages devraient être mis à jour et de nouveaux manuels devraient paraître, en particulier :

Économie, Sociologie et Histoire des sociétés contemporaines
Catherine Fenet, Isabelle Waquet *et al.* – Dunod

Parfaitement à jour du nouveau programme, cet ouvrage présente la particularité de proposer le cours de micro et macroéconomie associé à la matière.

B. Les ouvrages de dissertations

Pour le travail de la dissertation, je vous conseille l'ouvrage suivant :

Réussir la dissertation d'économie
Jean-Luc Dagut – Studyrama
Vous y trouverez des conseils méthodologiques, un lexique de 500 notions économiques clés, et 35 dissertations traitées balayant tout le programme.

C. L'actualité économique

Plusieurs sources sont possibles :

Alternatives Économiques
Mensuel pas toujours neutre politiquement mais intéressant.

Les Échos
Très intéressant mais trop dense pour une lecture quotidienne. Si l'un de vos parents peut vous concocter une sélection d'articles, c'est l'idéal.

Challenge
Hebdomadaire de référence que vous pouvez lire de temps en temps. Lisez le sommaire avant d'acheter, car souvent les thématiques abordées sont un peu trop centrées sur les entreprises.

L'économie en question
Podcast sur franceculture.fr
Émission qui dure près d'une heure et qui traite deux sujets d'actualité en profondeur. Soyez sélectifs mais laissez-vous tenter si le sujet le justifie.

3. Les bonnes fournitures

Un porte-vues pour chaque année

Vous rangerez dans le porte-vues :

- vos cours ;
- les concepts et définitions clés ;
- vos dissertations ou autres bonnes copies.

Un grand cahier – feuilles détachables

Ce sera votre pourvoyeur de feuilles blanches. Vous pouvez aussi opter pour l'écriture à l'ordinateur. Vous imprimerez alors vos cours et les rangerez dans votre porte-vues.

Un petit cahier

Rien d'obligatoire mais ce petit cahier peut s'avérer utile pour mémoriser plus rapidement. Vous y glisserez :

- des citations commentées ;
- le meilleur des bonnes copies que vous aurez lues ;

- des commentaires de référence que vous aurez rédigés ;
- les définitions et concepts clés ;
- l'explication simplifiée des mécanismes économiques incontournables.

4. Les méthodes

A. L'apprentissage du cours

Dans son ouvrage *Réussir la dissertation d'économie*, Jean-Luc Dagut avance que, « contrairement à une idée répandue, il n'est sans doute pas de tête bien faite qui ne soit préalablement bien pleine ». Dès lors, ceux qui pensent qu'une bonne maîtrise des techniques de dissertation suffit font fausse route.

Une phase d'accumulation de connaissances est nécessaire avant d'être convaincant en dissertation. Cet apprentissage sera découpé en quatre principales rubriques : l'histoire économique, les théories économiques, la pensée des grands économistes et l'actualité.

B. Maîtrisez l'histoire économique

C'est un impératif pour toutes les dissertations, notamment à HEC où les sujets peuvent souvent être traités par des plans chronologiques. Le Montoussé devra être décortiqué et révisé régulièrement.

Au-delà des fiches, multipliez les *blind tests* (on prend une feuille blanche et on écrit tout ce que l'on sait sur un thème donné) pour valider votre connaissance des principaux faits historiques.

C. Maîtrisez les théories et mécanismes économiques

C'est sans doute la partie la plus délicate car les mécanismes en jeu sont souvent complexes.

Ne les apprenez surtout pas par cœur sans les avoir compris. Prenez le temps qu'il faut et validez votre compréhension en sollicitant votre entourage proche.

C'est ce qu'a fait Haris, un étudiant malin aujourd'hui à l'ESSEC qui, après avoir délaissé l'économie pendant presque un an et demi, s'est remis au travail à un mois du concours. Résultat : 9 de moyenne (6 à HEC mais 10 et 12 à l'ESSEC et à l'ESCP) ce qui est honorable pour le temps passé sur la matière. Voici son secret.

Témoignage d'Haris Mebarki
(Notre-Dame-des-Minimes – ESSEC 2012)

« J'ai embauché ma petite sœur de 13 ans pour faire un jeu que je conseille à tous. À la fin de l'ouvrage sur lequel je travaillais se trouvait un index des notions et concepts, elle me les a tous énoncé un par un et je devais en quelques mots, rapidement, être capable d'expliquer à ma sœur qui n'avait jamais fait d'économie en quoi la notion consistait. »

Je vous déconseille de travailler l'économie à un mois du concours mais l'idée d'Haris est pertinente. Si vous n'êtes pas capables d'expliquer à vos parents, frères ou sœurs un mécanisme économique, c'est que vous ne l'avez pas vraiment compris. « Ce qui se conçoit bien s'énonce clairement et les mots pour le dire arrivent aisément » nous disait Boileau…

Une fois parfaitement compris, rédigez soigneusement dans votre petit cahier ou sur un fichier Word un petit paragraphe résumant le mécanisme. Apprenez-le par cœur et testez-le en dissertation avec votre professeur. Ce faisant, vous gagnerez du temps pendant la dissertation et la précision de votre exposé enchantera le correcteur.

D. Assimilez la pensée des grands économistes

Comme le suggèrent les rapports de jury, étudiez la vie et l'œuvre d'économistes variés. Ne négligez pas les économistes récents qui animeront souvent vos troisièmes parties de dissertation. Vous pouvez là aussi rédiger des paragraphes synthétisant les principales thèses et les faits marquants de leur vie. Amusez-vous à raconter la vie des grands économistes à votre entourage afin d'ancrer encore davantage les informations clés dans votre cerveau.

E. Intégrez l'actualité économique

Reprenez la liste des magazines ou émissions évoqués plus haut et fichez l'essentiel. Pour rendre le tout encore plus intéressant, essayez de rapprocher l'actualité et les mécanismes économiques que vous avez appris, par exemple sur la croissance, la dette… C'est aussi comme cela que votre pensée se formera petit à petit.

F. Testez-vous en permanence

Haris nous a expliqué précédemment comment il sollicitait sa sœur de 13 ans pour valider sa compréhension des mécanismes. Vous pouvez aussi faire des « conférences » dans votre chambre, organiser avec vos parents un débat sur certains sujets économiques au cours duquel vous tenterez d'intégrer les mécanismes économiques dans votre réflexion. Mais le plus important reste ce fameux *blind test*, « que sais-je » ou encore « test de la feuille blanche ».

Au moins une fois par semaine, vous devez faire le point sur le chapitre du moment à l'aide d'un *blind test*. Révisez également ainsi les chapitres précédents (voire de 1re année si vous êtes en carré).

Considérons le chapitre sur « la croissance ». Prenez une feuille blanche et écrivez tout ce que vous savez en essayant de structurer :

- définition précise avec citations éventuelles,
- les facteurs explicatifs de la croissance à travers l'histoire, les théoriciens de la croissance,
- les mécanismes sous-jacents,
- les dernières théories pour retrouver le chemin de la croissance dans l'économie stagnante actuelle
- etc.

Tout cela prend du temps. Parfois plus d'une heure pour un seul *blind test* mais il n'y a pas mieux pour valider les savoirs.

G. Le travail de la dissertation

C'est le second volet essentiel de votre travail. Avoir une tête bien pleine ne suffira pas à faire de vous un bon dissertateur. Pour cela, je vous conseille de travailler un sujet de dissertation par semaine en respectant la trame suivante :

1. **Analyse de tous les termes du sujet.**
2. Remplir un tableau comme celui-ci-dessous avec **tous les éléments liés, de près ou de loin, au sujet**.

Histoire	Théories et mécanismes
....	....
....	....
....	....
....	....
....	....
....	....
Auteurs	**Actualité**
....	....
....	....
....	....
....	....
....	....
....	....

3. **Délimiter le sujet** avec plus de précision par construction d'une problématique.
4. **Sélectionner les arguments, auteurs, faits historiques, théories les plus pertinents** (règle du 20 pour 100).
5. **Construire un plan détaillé** (sous-parties, exemples, auteurs) en 2 ou 3 parties.

6. **Rédiger l'introduction au brouillon** puis au propre.
7. Attaquer **le développement au propre**.

J'aimerais revenir sur cette règle du 20 pour 100. Après 18 mois de prépa, vous aurez en tête une masse d'informations assez colossale. Le but n'est absolument pas d'en faire étalage mais au contraire de montrer au correcteur que vous avez le sens de la synthèse. Dès lors, **parmi tous vos arguments, sélectionnez schématiquement les 20 % les plus pertinents**, ceux qui répondent parfaitement à la problématique.

L'un de mes étudiants, Jean, n'a compris cela que très tardivement. C'est l'objet de la partie qui suit sur l'analyse des bonnes copies…

5. L'analyse des bonnes copies

A. L'exploit de Jean

Jean a mis beaucoup de temps à comprendre ce que l'on attendait de lui. Ses professeurs d'économie lui faisaient systématiquement les mêmes remarques sur ces copies : « de bonnes connaissances mais mal exploitées ». Ses notes oscillaient entre 6 et 10 sans jamais décoller.

Jean avait des raisons de s'inquiéter. À deux mois des concours, nous nous sommes vus pour régler ensemble le problème. J'ai découvert que Jean avait le bon niveau de connaissances (grâce à des *blind tests* permanents) mais cela ne servait pas le sujet. Des passages entiers étaient à côté. « Oui mais c'était tentant de parler de ce super exemple… » me répondait-il. Certes ! Mais c'est suicidaire si le sujet ne s'y prête pas !

Je lui ai alors répété une chose simple : « sois obsédé par le sujet, quitte à rappeler les termes du sujet quasiment toutes les deux lignes ! » C'était évidemment schématique mais nécessaire pour que la prise de conscience fasse son chemin.

Résultat : 15/20 de moyenne aux concours BCE. Et 16/20 à HEC.

16/20 « La crédibilité des accords monétaires » HEC 2012

Les accords monétaires sont la clef de voûte du système monétaire international. Dès lors, la question de la crédibilité apparaît essentielle car c'est de l'organisation monétaire internationale qu'émane l'ensemble des relations économiques entre les pays à savoir le commerce internationales[1], les politiques communes, les possibilités de financements externes et les échanges de capitaux. Ces accords monétaires, si ils[2] sont incohérents, irréalistes, si ils[2] occultent des difficultés autres que monétaires sous-jacentes, seront néfastes à la croissances[3] mondiale. Jean Vilar dans son Histoire de l'or et de la monnaie met en garde son lecteur contre la « périlleuse illusion de la nouveauté qui n'est souvent qu'ignorance de l'histoire ». Son affirmation confirme l'intuition selon laquelle la crédibilité des accords monétaires, bien qu'évoluant, repose sur des fondamentaux à savoir : la volonté de paix monétaire, la garanti[4] du respect des accords par des institutions elles-mêmes crédibles et par-dessus tout, la confiance. Les accords monétaires européens appliqués en 1999 sont à l'heure actuelle entrain[5] de pâtirent[6] de cette ignorance de l'histoire dont parle Jean Vilar. En effet les accords se vident de leur substance à mesure que la cohésion de la zone euro s'érode. La crédibilité des accords européens est mise à mal tandis que de nombreuses voix s'élèvent à l'instar de Christian St-Étienne qui annonce La fin de l'euro (2011). Des enseignements de l'histoire, quelles leçons peut-on tirées[7] quant à la crédibilité des accords monétaires ? Depuis l'avènement du capitalisme marchand jusqu'à la chute définitive de l'étalon Or, la crédibilité des accords monétaires – souvent informels – a reposé avant tout sur la confiance en la valeur de la monnaie du « pays guide » (I)[8].

1. Grammaire : « internationale ».
2. Grammaire : « s'ils ».
3. Grammaire : « croissance ».
4. Orthographe : la « garantie ».
5. Orthographe : « en train de ».
6. Orthographe : « pâtir ». Cette faute est particulièrement horrible mais vous verrez, le pire est à venir…
7. Grammaire : « tirer ».
8. Le choix d'un plan chronologique est souvent pertinent sur les sujets HEC.

Toutefois, la crise du Gold Standard après la première guerre mondiale a entrainé l'apparition d'institution monétaire pour garantir cette crédibilité, qui cependant repose toujours sur la puissance d'un pays guide (USA) (II)[8].

Le passage aux changes flottant[9] en 1976 ouvre une nouvelle ère monétaire qui met fin à la paix monétaire promise par les accords de Bretton-Wood. La crédibilité des accords monétaires doit désormais reposer sur la coopération des pays signataires – difficil[10] à mettre en place du fait de la guerre monétaire (Mantega) provoquée par l'obscession[11] de la compétitivité internationale. Un accord monétaire ne semble crédible que si il[12] s'accompagne d'une politique économique commune (III)[8].

Avant la mise en place d'un véritable système monétaire géré par des institutions, l'ensemble des accords monétaires sont informels[13] et leur mise en place se fait naturellement. Leur crédibilité repose avant tout sur celle de l'émetteur.

Déjà les marchands vénitiens du XVe siècle que A. Sauvy nomme les « marchands du lointain » par un accord monétaire implicite avaient adopté la lettre de change qui permettait de ne pas avoir à transporter de masses d'or. Ces lettres de change ou IOU (I owe You) sont pratiques car elles permettent de payer des sommes très importantes – liées au commerce maritime – sans la contrainte métallique. Cette confiance est d'autant plus renforcée que des coopératives d'assurance maritimes pour assurer les transports sont créées. Tout le système monétaire repose sur la confiance que Friedman appelle l'effet Bootrap dans Hobart paper en 1973 : chaque agent à[14] l'assurance que son billet à une valeur stable. Ce système a dominé tout le 18e siècle au[15] États-Unis avec le système du Free-Banking où chaque banque émettait

9. Orthographe : « flottants ».

10. Orthographe : « difficile ».

11. Orthographe : « obsession ».

12. Grammaire.

13. Grammaire : on dira plutôt « l'ensemble des accords monétaires est informel » ou « la plupart des accords monétaires sont informels ».

14. Orthographe : « a ».

15. Orthographe : « aux ».

ses propres billets. Ce système a facilité le maillage du territoire Nord-Américain car seule la confiance en la valeur des billets a permis de mettre en place des échanges car l'étendu[16] de l'espace Nord-Américain rendait à l'époque impossible l'établissement d'un système bancaire unique. Dès 1694, des institutions monétaires sont mises en place pour faciliter le système monétaire à l'instar de la Banque d'angleterre[17], toutefois la confiance domine et est parfois aveugle comme le montre la crise du système de Laws dont la sword blade Bank (1704) a fait faillite dû[18] fait de la confiance aveugle en les titres de sa banque. Cette crise va renforcer le rôle de la banque d'anglletterre[19], laquelle va renforcer la crédibilité du système monétaire Anglais[20].

Au niveau international, les accords monétaires sont là aussi informels et reposent sur la « foi de l'époque » (Polanyi, La grande transformation) qu'est l'étalon Or. Toutefois, cette confiance repose surtout sur la confiance accordée par l'ensemble des pays en la livre Sterling qui, grâce au Gold Standard, devient la monnaie dominante du système. L'histoire nous montre que la puissance de l'anglletterre[19] est solidaire de la crédibilité du système monétaire. En effet, dès ses débuts, qui selon Einchengen dans son Histoire monétaire de l'occident remontent à l'adoption de l'Allemagne à l'étalon or en 1873, le Gold Standard est entièrement dominé par la banque d'anglletterre[19] dont le taux directeur est le taux de référence, et la confiance en la livre – permise par la puissance coloniale de l'Anglletterre[21] – assure une paix monétaire. Tandis qu'après la première guerre mondiale, l'Anglletterre[21] qui était le pays guide du système perd sa place de puissance économique et dès lors décridibilise[22] le système du Gold Standard. Il s'agit de remarquer que le Gold Standard tirait sa crédibilité de la puissance de son pays guide. À l'inverse, l'Union Latine de 1824 ou l'union scandinave n'avaient pas de pays

16. Orthographe : « l'étendue ».
17. Orthographe : « Angleterre », avec une majuscule.
18. Orthographe : « du ».
19. Orthographe : et un seul « t »…
20. Orthographe : « anglais » en minuscule
21. Orthographe : la majuscule est là… mais toujours un « t » de trop… Ça commence à faire beaucoup !
22. Orthographe : « décrédibilise ».

guide et les membres se livraient une guerre monétaire. Il en résulte que la crédibilité des accords monétaires soit solidaire d'un rapport de domination au sein de son fonctionnement. La chute du Gold Standard a entraîné un désordre monétaire avec à partir de 1931, des politiques de dévaluations compétitives (31 % par l'Angletterre[21] – 60 % par les États amis). Le système est clairement en manque d'un leader monétaire pour avoir une nouvelle crédibilité et mettre fin aux guerres monétaires (à l'instar des spéculations Anglaises et Autrichiennes[23] contre le franc que Jean-Marcel Jeanneney critique) et à la balkanisation de l'espace mondial : bloc de l'or – zone dollar - Commonwealth durant les années 30[24].

Bien que la confiance soit une caractéristique fondamentale de la crédibilité des accords monétaires, il semble que la crédibilité d'un accord monétaire soit solidaire de garanties que seul un pays guide puisse donner. Les États-Unis vont redonner un nouveau souffle en 1945 : la crédibilité des nouveaux accords monétaires repose dès lors sur la puissance des États-Unis.[25]

Au sortir de la guerre, le système monétaire international est entièrement à redéfinir. Toutefois le désordre des années 30 a complètement modifié les rapports internationaux et seule la puissance Américaine[26] peut imposer un nouvel ordre monétaire. Les Etats-Unis ont imposé leur vision du monde en 1947 au sommet de Bretton-Wood[27] avec le plan White. La crédibilité des accords monétaires a d'autant plus de force qu'elle est renforcée[28] par des instances monétaires – elles-mêmes crédibles – capablent[29] de faire respecter les nouveaux accords. Ce système est à ses débuts une réussite. Les économies sont encore peu ouvertes et la domination Américaine[26] apparaît naturelle. Toutefois, ces accords de Bretton Wood ne peuvent fonctionner que si le

23. Orthographe : pas de majuscule.

24. On écrit « années 1930 » même si on lit « années 30 ».

25. Transition qui résume et qui annonce la suite.

26. Orthographe : pas de majuscule.

27. Orthographe : « Bretton Woods ». Erreur qui a dû choquer le correcteur.

28. Style : pas très élégant de répéter dans une même phrase deux mots de la même famille (« force » et « renforcée »).

29. Grammaire : « capables ». Voilà sans doute la faute la plus aberrante du sujet !

rapports[30] de domination reste équilibrés[31] : ainsi les États-Unis vont rendre cohérents les objectifs de Bretton Wood en comblant le « dollar gap » par le plan Marshall. L'équilibre entre les pays se rétabli[32] peu à peu et les pays d'Europe connaissent une période de croissance forte aujourd'hui comprise comme une force de rattrapage économique des États-Unis. Cette période de croissance mondiale et de paix monétaire donne du crédit aux accords monétaires de Bretton Wood. Cependant, ce succès est de courte durée et le dollar qui jouit du paradoxe d'être à la fois monnaie nationale et monnaie internationale ne peut plus jouer son rôle. Les accords de 1947 avaient occulté ce paradoxe mis en lumière par Triffin en 1960 dans Gold and the dollar crisis. Le système n'apparaît plus crédible aux yeux des investisseurs car soit le dollar est rare et ainsi peut garder sa parité avec l'or et ne peut pas alimenter le commerce international, soit le dollar est abondant et peut alimenter le commerce international et ne peut pas garantir la parité avec l'or qui est pourtant la clef de voûte des accords de Bretton Wood. En 1973, les États-Unis suspendent la convertibilité or du dollar et le système de Bretton Wood s'effondre. Cette expérience nous montre que la confiance a fait défaut à ce système se qui l'a mené à la faillite. De plus, il s'agit de remarquer que la crédibilité du système a aussi été érodée par la non-coopération des signataires qui sous l'impulsion de la France en 1959 ont amorcés[33] l'hémergie[34] d'or pour mettre à mal la puissance dominante qui jouissait injustement du privilège tant décrié par Jacques Rueff du « déficit sans pleurs » dans Le péché monétaire de l'occident. Ainsi, à la différence du XVIIIe et XIXe siècle, la crédibilité des accords monétaires ne peut plus reposer sur la domination économique sans partage d'un pays guide.[35]
Les changes flottant[36] ouvrent une nouvelle ère monétaire propice aux guerres monétaires en raison de l'obscession[37] de la compétitivité. Quelles ont été les réponses à cette instabilité et comment restaurer

30. Orthographe : « rapport ».
31. Orthographe : « équilibré ».
32. Grammaire : « rétablit ».
33. Grammaire : « amorcé ».
34. Hémorragie ?
35. Jean fait ici apparaître une rupture, une discontinuité de l'histoire très appréciée des correcteurs.
36. Orthographe : « flottants »
37. Orthographe : « obsession ».

la crédibilité du système monétaire en vue d'une paix monétaire ?[38]
Les pays d'Europe, en réponse à cette instabilité ont justifié les accords monétaires européens par cette instabilité[39] *avec tout d'abord le serpent monétaire européens*[40]*. Leur crédibilité reposait non plus sur la confiance en un pays guide mais sur la volonté de se prémunir des chocs monétaire exogènes. Si le serpent fut un échec, le système monétaire européen fut garant de la stabilité monétaire en raison de la symétrie entre les pays : les rapports entre les pays étaient non plus hiérarchiques mais égaux dès lors le système a permis aux économies de rester à l'abri*[41]*. Toutefois la zone est devenue une zone mark en raison de la montée en puissance de l'Allemagne. Dès lors un rapport de domination s'est créé et la zone a implosé. La crédibilité de l'accord monétaire a disparu car ses objectifs ont été modifiés car*[42] *mis au service de l'Allemagne. Il semble qu'à partir de 1973, les accords monétaires ne puissent trouver une légitimité que dans la coopération entre les pays signataires. Les currency board des pays en développement se sont tous soldés par des échecs car les Etats-Unis n'ont pas pris en compte que la valeur du dollar influait sur ces pays. Aucun rapport de domination ne peut aujourd'hui donner du crédit à des accords monétaires comme se fut le cas au XIXe siècle. Y compris dans l'association monétaire la plus aboutie du monde. Les pays ont les mêmes pouvoirs de descision*[43]*. Cependant, la crise de la zone euro semble démontrer que la crédibilité d'un accord monétaire réside dans sa capacité à faire ses preuves. Or à ce jour, les attentes des promotteurs de l'euro n'ont pas été réalisées. Le système de Kingston semble être en quête de crédibilité aux vues des échecs des réponses à son instabilité (zone euro – currency board).*
Comment restaurer sa crédibilité ? Barack Obama a assurer[44] *que le dollar serait la monnaie du futur. Ainsi faut-il envisager une nouvelle place de pays guide pour les États-Unis ? La montée de l'euro qui*

38. Transition soignée vers la dernière partie.

39. Style : répétition maladroite du mot « instabilité ».

40. Orthographe : « européen ».

41. Ponctuation défaillante avant « dès lors ».

42. Style : répétition maladroite de « car ».

43. Orthographe : « décision ».

44. Grammaire : « assuré ».

concurrence le dollar dans les réserves de change et l'intuition d'Agnès Benassi quéré[45] (Reformer le système monétaire) quant au futur rôle du Renmibi[46] d'ici 2050 infirme cette possibilité. Les accords de 1973 ont plongé le monde dans une situation sous-optimale car le système se dirige vers un « SMU polycentrique » selon Aglietta et Brendon (L'aventure obligée) qui encouragerait la guerre monétaire. Est-il possible d'envisager un nouvel accord dont la crédibilité reposerait uniquement sur la coopération des signataires qui serait imposée à eux à l'aide d'une monnaie mondiale commune conformément à l'idée de Keynes présenté[47] en 1947 ? Comme pour l'europe[48], sa crédibilité reposerait sur ses résultats donc ce « nouveau Bretton Wood » ne trouverait sa crédibilité que dans le futur. L'histoire nous a montré que si les accords passés ont nécessité la mise en place de rapports de domination pour solidifier les accords monétaires, la situation actuelle est tout autre. La crise actuelle a mis en lumière les failles des accords monétaires en cours et a montré qu'aujourd'hui leur crédibilité réside dans une coopération non plus uniquement monétaire mais aussi politique afin de coordonner les objectifs et donner du sens à leurs politiques. Un accord monétaire semble ne pouvoir fonctionner seul dans le monde actuel.

45. Orthographe : « Agnès Bénassy-Quéré ».
46. Orthographe : « Renminbi ».
47. Orthographe : « présentée ».
48. Orthographe : « Europe », avec une majuscule.

Commentaires :

Des problèmes d'orthographe assez insupportables qui auraient pu vraiment lasser le correcteur. Notamment sur des mots aussi sensibles qu'« Angleterre » ou « Bretton Woods »…

À côté de cela, relevons les qualités essentielles de la copie :

- une obsession du sujet (l'expression « accords monétaires » et le mot « crédible » reviennent très souvent),
- des références variées,
- des discontinuités mises en évidence,
- des mécanismes rapidement exposés,
- un plan chronologique adapté et souvent pertinent sur les sujets HEC.

Coup de chance ? Pas vraiment puisque les autres notes de Jean aux concours sont 15/20 et 13/20…

B. La méthode de Tom pour introduire un sujet

Je tenais à finir ce chapitre sur la stratégie de Tom, l'un de mes étudiants qui était à Henri IV et qui a eu 13/20 à HEC, 18,5/20 à l'ESSEC et 15/20 à l'ESCP. Son professeur lui avait donné une trame infaillible pour convaincre un correcteur dès l'introduction. Les étapes étaient les suivantes :

1. Accrocher à partir d'**un fait d'actualité** qui met en valeur l'importance du sujet.
2. Définir **les notions mobilisées**.
3. Replacer le problème dans **une perspective historique** montrant ainsi qu'il s'est déjà posé par le passé.
4. Construire **une problématique**.
5. Annoncer **le plan**.

Vous pouvez utiliser cette trame sur la plupart des sujets. Il n'est pas interdit d'insérer d'emblée quelques références de théoriciens ou de mentionner quelques mécanismes économiques pertinents sans trop les développer. On rejoint les quatre rubriques clés déjà évoquées dans la partie sur les méthodes : l'actualité, l'histoire économique, les mécanismes économiques et les théories d'économistes.

Voici son introduction à l'ESSEC.

18,5/20 « **Faut-il combattre les monopoles ?** »
ESSEC 2011

Apple est désormais la première capitalisation boursière en 2011 dans le domaine des technologies de l'information et de la communication (TIC), bénéficiant d'externalités de réseaux importantes. Peut-on craindre le retour de « l'affaire Microsoft » ? Dans les années 1990, Microsoft inondait le marché mondial avec ses logiciels « Windows » et a été vivement critiqué par les autorités de la concurrence américaines et européennes, le monopole commercial étant une entrave à la concurrence.

Le monopole désigne une position dominante sur un marché. Il peut écarter ses concurrents par le dynamisme de ses stratégies d'innovations et son avancée technologique mais la fermeture à la concurrence peut aussi résulter de l'initiative de l'État dans un souci d'équité ou par nécessité face aux défaillances du marché. Dès le XIXe siècle, à l'image de la Commission de surveillance des chemins de fer aux États-Unis, la nécessité de préserver la concurrence apparaissait clairement dans la littérature économique tandis qu'une législation de la concurrence s'établissait peu à peu. Après 1945, le monopole naturel est légitimé par l'État, « la plus grosse des entreprises » (J. BOUVIER) de l'époque. Mais les vives critiques à l'égard des nationalisations vont conduire dans les années 1980 au processus de déréglementation.

Ainsi, à l'égard de la littérature économique et de l'histoire économique, faut-il combattre les monopoles au profit de l'économie du « just best » ? Si le monopole présente des vertus économiques (I), il n'en est pas moins que les dérives bureaucratiques et les excès en termes de pouvoir de marché mettent en danger la concurrence (II). Les évolutions contextuelles récentes – mondialisation, émergence de firmes globales - relégitiment davantage le débat et le rendent plus complexes (III).

Commentaires :
Retenez bien l'essentiel. Une introduction est réussie lorsqu'elle met en avant d'emblée un fait d'actualité, des faits historiques, la définition des termes clés et l'énoncé d'une problématique à laquelle répond le plan annoncé.

ESH / En un mot

LES ATTENTES

- Maîtriser l'histoire économique, ses ruptures et ses continuités.
- Maîtriser les concepts et mécanismes économiques.
- Connaître l'analyse d'économistes aussi variés que possible.
- Avoir une bonne connaissance de l'actualité économique.

LES MÉTHODES

- Travaillez à partir des ouvrages conseillés.
- Apprenez intelligemment votre cours en balayant histoire économique, mécanismes, auteurs, actualité.
- Testez-vous en permanence sur les chapitres du moment mais aussi sur les chapitres précédents.

LES SECRETS

- Faites des *blind tests* réguliers sur tous les chapitres pour assimiler la masse colossale d'informations qui vous attend.
- Dès l'introduction, parlez d'actualité et d'histoire économique et définissez précisément les notions et mécanismes en jeu.
- Lorsque vous construisez votre plan, dressez un tableau à quatre entrées : Histoire économique/Mécanismes et théories/Auteurs/Actualité.
- Soyez sélectifs dans le choix de vos arguments et ne placez que les éléments qui sont parfaitement dans le sujet.

CHAPITRE 9

Planning de travail

« OLIVIER, LAISSE TOMBER TON HISTOIRE DE PLANNING : JE N'AI JAMAIS RÉUSSI À EN RESPECTER UN SEUL EN 18 ANS D'EXISTENCE... » VOILÀ LE GENRE DE PHRASES QUE J'ENTENDS ENCORE PAR MOMENTS AVEC CERTAINS ÉTUDIANTS. Je peux vous avouer aujourd'hui que, jusqu'en prépa, j'étais également incapable de me discipliner et de travailler plus de deux heures d'affilée. Mes amis me fuyaient et ne voulaient pas travailler avec moi : j'avais le don de les divertir, ce qui n'est pas d'une grande aide à l'approche des examens...

Ce n'est qu'en prépa que le planning de travail m'est apparu incontournable. Et croyez-moi, on finit par s'y faire ! Les premiers pas seront délicats mais avec une solide volonté, vous trouverez le bon tempo. Si un chapitre entier est consacré à cet outil, ce n'est pas fortuit : le planning de travail est LA pierre angulaire de vos futurs progrès...

« Mon secret pour intégrer HEC ? Je respectais à la lettre un planning de travail. Par exemple si la séance de maths se terminait en plein milieu d'un exercice, je contenais mon envie de poursuivre l'exercice et je passais à la matière suivante ! »

Loïc Collet, HEC 1986 !

1. Pourquoi faire un planning de travail ?

La question est louable et je vais tâcher d'y répondre en avançant deux arguments principaux.

- Le planning de travail vous permettra de ne pas avoir à réfléchir à la répartition des matières pendant la semaine. Une fois établi, ce sera donc un formidable outil antistress sur lequel vous pourrez vous reposer au quotidien. Affichez-le au-dessus de votre bureau et respectez-le. Tout simplement.
- Mais l'argument le plus convaincant est le suivant : à HEC, quasiment tous les étudiants ont suivi un planning de travail. Si les meilleurs l'ont fait, pourquoi pas vous ? J'ai eu l'occasion de demander à un ancien HEC, père de l'un de mes étudiants, quel était son secret méthodologique à l'époque.

Témoignage de Louis Collet
(HEC 1986)

« Je respectais à la lettre un planning de travail. Par exemple si la séance de maths se terminait en plein milieu d'un exercice, je contenais mon envie de poursuivre l'exercice et je passais à la matière suivante ! »

La méthode du planning de travail n'est donc pas nouvelle et faisait déjà le bonheur des étudiants d'antan ! Toute la question est maintenant de savoir comment construire le planning de travail idéal. Votre planning idéal.

2. Le planning hebdomadaire

Pour commencer, dressons quelques règles fondamentales et conseils à respecter pour élaborer le planning idéal :

- **Le planning doit être ambitieux mais réaliste :** si vous piquez du nez généralement vers 21 h, il est absurde de caler des séances entre 21 h et 1 h du matin. De même, si vous estimez que le week-end doit être consacré exclusivement aux loisirs, il faudra probablement tirer un trait sur les plus grandes écoles… Tout est une question de dosage.
- **Le planning doit aussi planifier les loisirs :** l'une de mes étudiantes tenait absolument à sa séance de tennis le vendredi soir. Nous l'avons calée. D'autres auront besoin de nager ou de faire de l'équitation. Notez-le sur le planning hebdomadaire type.
- **Faites des mathématiques au moins 2 heures par jour :** j'irai même jusqu'à 3 h pour les ECS si l'emploi du temps le permet. Ce point est fondamental. Les maths sont

vraiment une matière à façonner au quotidien. Ne lâchez surtout pas. Je pense notamment à tous ces ECE qui abandonnent les maths en première année et ont accumulé trop de retard pour assurer aux concours. Les maths doivent être votre priorité quotidienne.

- **Travaillez la LV1 quasiment tous les jours :** c'est un peu comme les maths. Une langue s'entretient au quotidien en variant les plaisirs : un jour la traduction, le suivant l'expression écrite, sans oublier le vocabulaire et les résumés d'articles.
- **Consacrez une séance à la rédaction d'introductions ainsi qu'à l'élaboration de plans détaillés** en histoire-géo ou économie. Par exemple le dimanche. Vous serez alors des machines le jour J : votre style sera fluide et les plans rapidement trouvés.
- **Calez des séances de révisions régulièrement dans toutes les matières :** c'est l'un des secrets de la réussite de mes étudiants aux concours. Je leur impose des révisions permanentes dans toutes les matières.

  Un cube du lycée de Saint-Jean-de-Passy m'appela un jour pour savoir comment Thibault, l'un de mes étudiants, pourtant moins bon que lui toute l'année, avait pu intégrer l'ESSEC en carré grâce aux maths alors que ces notes de l'année laissaient à désirer : « tout simplement parce que, contrairement à toi, il révisait le concours et non pas le DS de la semaine… », lui expliquais-je.
- **Faites des révisions mathématiques sur deux jours** (par exemple le week-end) et sur un seul chapitre : en maths, forcez-vous à réviser pendant deux séances de 3 ou 4 heures un chapitre qui n'a rien à voir avec le chapitre du moment.

  Par exemple, si votre prof traite les probabilités, accordez cinq séances par semaine au travail de ce chapitre mais libérez deux séances pour le travail des polynômes. Quand vous arriverez aux concours blancs, vous aurez déjà tout révisé. Contrairement à vos camarades qui vivaient à la petite semaine…
- **Acceptez de désobéir :** vous ne parviendrez jamais à faire tout ce que vos profs vous demandent. Je pense à ces profs de culture générale qui demandent de lire des œuvres de 500 pages en quelques semaines mais aussi à ces profs de maths qui matraquent les étudiants d'exercices difficiles et sans correction. Ne perdez pas votre temps à trop chercher et concentrez-vous sur les exercices corrigés. Notamment en bizuth où la pensée mathématique n'est pas assez mûre pour se frotter aux exercices difficiles. Dans les matières littéraires, concentrez-vous sur les ouvrages mentionnés dans ce livre et pour le reste, servez-vous d'Internet ou bien soyez très sélectifs.
- **Soyez intelligents dans la sélection des exercices traités :** les étudiants se demandent souvent ce qu'il faut faire à l'intérieur des plages fixées par le planning. Faites simplement preuve de bon sens. Si, en anglais, les modaux vous posent problème, fixez plusieurs séances sur cette thématique. Si la Révolution industrielle vous pose problème en histoire ou en économie, planifiez de temps en temps une séance sur ce chapitre. Si c'est le calcul de sommation qui vous plombe en maths, faites-en plus souvent. En un mot, comme en cent, soyez intelligents !
- **Ne tombez pas dans le piège de la « sur-organisation » :** j'ai parfois accompagné des étudiants plein de bonne volonté qui mettaient un point d'honneur à organiser à l'extrême leur travail. Par exemple, ils s'interrogeaient sur la façon optimale de caler une

révision sur un chapitre donné : « Alors, je viens de voir le chapitre sur le commerce en vocabulaire anglais, je vais donc le revoir à J +3, puis à J +10, puis à J +30, comme ça, d'après un ouvrage que j'ai lu, j'optimiserai la mémorisation »...

Malgré tout ce que vous pourrez lire : c'est du pipeau ! Chaque étudiant est singulier. Les stratégies de révision seront donc propres à chacun. J'irai même plus loin : c'est contre-productif car, compte tenu de l'ampleur des chapitres à traiter, ce genre d'organisation sera insupportable à mettre en place et très consommatrice de temps. Soyez intelligents et faites simplement preuve de bon sens dans la sélection des chapitres à revoir.

Notez enfin que votre planning ne doit pas être figé dans le marbre ! Il y aura forcément des imprévus qui vous empêcheront de le respecter à la lettre : khôlles qui débordent, cours rattrapés, rendez-vous médicaux... Le tout est de se montrer intelligent et de le respecter dans les grandes lignes à l'échelle de la semaine.

3. Le planning des vacances

N'oubliez jamais qu'à talent égal, c'est toujours le plus travailleur qui intègre la meilleure école... Les vacances sont donc souvent l'occasion de prendre de l'avance sur la concurrence !

Voici quelques conseils à suivre pour optimiser vos progrès pendant les vacances :

- **Accordez-vous une vraie pause pendant deux ou trois jours si besoin :** n'oubliez pas que les vacances sont aussi l'occasion de recharger les batteries. Sur les quinze jours, accordez-vous toujours de vraies journées de repos sans ouvrir un seul bouquin. Le travail vous manquera tellement que vous y retournerez avec une énergie décuplée.
- **Procédez par « bloc » pour optimiser la mémorisation :** par exemple en maths, faites trois jours d'analyse, puis trois jours de probabilités, puis trois jours d'algèbre. Ce sera toujours plus efficace que d'alterner tous les jours ces trois catégories. De même, en langue, travaillez le thème par chapitre : les phrases sur la concordance des temps, celles sur l'article défini, etc.
- **Travaillez entre 6 et 10 heures par jour : il n'y a pas de règles figées.** Le tout est de trouver le temps de travail qui vous permettra d'être efficace sans trop vous épuiser. Toutefois, en dessous de 6 heures, vous jouez à un jeu dangereux. Ou bien vous êtes talentueux !
- **En maths, reprenez les anciens sujets (DS, DM, CB) plutôt que faire de nouveaux sujets :** ne vous dispersez pas et dresser une liste de sujets à revoir.
- **Faire plus de culture générale que d'habitude :** comme la culture générale n'est pas forcément à l'honneur dans le planning hebdomadaire, profitez des vacances pour renouer avec cette matière et adoptez les conseils prodigués dans la partie concernée.

Dans les pages qui suivent, vous trouverez des plannings que je conseille à mes étudiants (téléchargez-les sur myprepa.fr et dunod.com).

Exemple de planning ECE1

	lundi	mardi	mercredi	jeudi	vendredi	samedi	dimanche
7h30 - 8h							
8h - 8h30	**AEH**						**AEH**
8h30 - 9h	Révisions & Blind tests						Dissertation DAGUT
9h - 9h30							Intro rédigée
9h30 - 10h							plan détaillé
10h - 10h30							
10h30 - 11h							
11h - 11h30							**Espagnol**
11h30 - 12h							Essai, civi, résumé article
12h - 12h30						**Pause déjeuner**	**Pause déjeuner**
12h30 - 13h							
13h - 13h30						**Maths**	**Sieste**
13h30 - 14h					**Maths**	Révisions	
14h - 14h30			**Anglais**		Technique	thématiques	
14h30 - 15h			Thème version			1 chapitre par week-end	
15h - 15h30			Essai, civi, résumé article			**Pause**	**Maths**
15h30 - 16h			**Pause**		**Pause**	**AEH**	Révisions
16h - 16h30			**Maths**		**CG**	Révisions 1ère année	thématiques
16h30 - 17h			Cours, exos, DM		Fichage Cobast	Blind tests	même chapitre que samedi
17h - 17h30		**Maths**			OU AàZ ou Gombrich		
17h30 - 18h		Cours, exos, DM			**Pause**	**Anglais**	
18h - 18h30	**Sport**		**Pause**		**AEH**	Essai, civi, résumé article	
18h30 - 19h			**AEH**	**Maths**	Révisions chapitre du	Thème & version	**Anglais**
19h - 19h30	**AEH**		Révisions	Cours, exos, DM	moment & blind test		Thème
19h30 - 20h	Fichage Combe	**Anglais**	chapitre au choix		**Anglais**	**Dîner**	**Dîner**
20h - 20h30	& Montoussé	Essai, civi, résumé article	Blind tests		Thème		
20h30 - 21h	**Dîner**	**Dîner**	**Dîner**	**Dîner**	**Dîner**	**Espagnol**	**Révisions du DS à venir**
21h - 21h30	**Maths**	**AEH**	**Maths**	**AEH**	**Maths**	Thème & version	OU
21h30 - 22h	Technique	Fichage Combe	Technique	Fichage Combe	Cours, exos, DM	**CG**	**DM de la semaine**
22h - 22h30		& Montoussé		& Montoussé		Fichage Cobast	
22h30 - 23h	**CG**	**Espagnol**	**Espagnol**	**Anglais**	**Révisions cahiers**	rédaction paragraphes	
23h - 23h30	Fichage Cobast OU AàZ	Essai, civi, résumé articles	Thème	Essai, civi, résumé article		**Révisions cahiers & voc**	**Révisions cahier DS**

Exemple de planning ECE1 bis

	lundi	mardi	mercredi	jeudi	vendredi	samedi	dimanche
7h30 - 8h							
8h - 8h30	**Maths**	**Maths**	**AEH**		**Maths**		
8h30 - 9h	Technique	Technique	Révisions - blind tests		Technique & Rondy		**AEH**
9h - 9h30	& Rondy	& Rondy					Dissertation DAGUT
9h30 - 10h							Intro rédigée
10h - 10h30							plan détaillé
10h30 - 11h							
11h - 11h30							
11h30 - 12h			**Anglais**				**Espagnol**
12h - 12h30			Vocabulaire				Essai, civi, résumé article
12h30 - 13h							**Pause déjeuner**
13h - 13h30							
13h30 - 14h							**Maths**
14h - 14h30			**Maths**				Révisions
14h30 - 15h			Cours, exos, DM				thématiques
15h - 15h30				**Pause**			même chapitre que samedi
15h30 - 16h				**Maths**			
16h - 16h30		**Pause**		Cours, exos, DM			
16h30 - 17h		**AEH**	**Pause**			**Maths**	
17h - 17h30		Fichage cours du moment	**CG**			Révisions	**Pause**
17h30 - 18h		Combe ou Montoussé	Fichage Cobast			thématiques	**CG**
18h - 18h30	**Pause**		& Philo de A à Z	**Pause**	**Pause**	1 chapitre par week-end	Fichage Cobast
18h30 - 19h	**Anglais**	**Anglais**		**Anglais**	**AEH**	**AEH**	& Philo de A à Z
19h - 19h30	Vocabulaire	Vocabulaire	**Anglais**	Vocabulaire	Fichage cours du moment	Révisions 1ère & 2ème	**Anglais**
19h30 - 20h	Thème	Essai, civi, résumé article	Vocabulaire	Essai, civi, résumé article	Blind tests	année - Blind tests	Essai, civi, résumé article
20h - 20h30	**Dîner**	**Dîner**	Thème	**Dîner**	**Dîner**		**Dîner**
20h30 - 21h	**AEH**	**Maths**	**Dîner**	**AEH**	**Maths**	**Dîner**	**Révisions du DS à venir**
21h - 21h30	Révisions chapitres	Cours, exos, DM	**AEH**	Fichage cours du moment	Cours, exos, DM	Repos	OU
21h30 - 22h	précédents - blind tests		Fichage cours du moment	Combe ou Montoussé		Loisirs	**DM de la semaine**
22h - 22h30	**Espagnol**	**Espagnol**	Combe ou Montoussé	Blind tests			
22h30 - 23h	Essai, civi, résumé articles	Vocabulaire		**Espagnol**	**Anglais**		
23h - 23h30		Thème	**Espagnol**	Thème & voc	Vocabulaire		**Révisions cahier DS**
23h30-0h00	**Révisions cahiers**	**Révisions cahiers**	Essai, civi, résumé article	**Révisions cahiers**	Thème		

Exemple de planning ECS1

	lundi	mardi	mercredi	jeudi	vendredi	samedi	dimanche
7h30 - 8h							
8h - 8h30							
8h30 - 9h							
9h - 9h30							**HG**
9h30 - 10h							Dissertation
10h - 10h30					**Maths**		Intro rédigée
10h30 - 11h					Technique		+ plan détaillé
11h - 11h30							+ conclusion rédigée
11h30 - 12h							
12h - 12h30							
12h30 - 13h							
13h - 13h30							
13h30 - 14h							**Maths**
14h - 14h30			**Maths**			**Maths**	Révisions
14h30 - 15h			Cours, exos, DM			Révisions	thématiques
15h - 15h30					**Espagnol**	thématiques	même chapitre que samedi
15h30 - 16h		**Maths**			Thème	1 chapitre par semaine	
16h - 16h30		Cours, exos, DM			**Maths**		
16h30 - 17h			**Anglais**		Cours,exos, DM	**Anglais**	**Espagnol**
17h - 17h30			Essai, civi, résumé article			Thème	Thème & version
17h30 - 18h	**Dîner**	**Dîner**	**Dîner**	**Dîner**		**Dîner**	**Dîner**
18h - 18h30	**Tennis**	**Maths**	**Maths**	**Maths**	**Anglais**	**Espagnol**	**Anglais**
18h30 - 19h		Technique	Technique	Cours, exos, DM	Essai, civi, résumé articles	Thème	Thème & version
19h - 19h30		**Anglais**	**HG**			Essai, civi, résumé article	Essai, civi, résumé article
19h30 - 20h		Thème	Fichage cours			Repos	**Pause**
20h - 20h30	**Maths**	**HG**	Blind tests	**Anglais**	**Dîner**		**CG**
20h30 - 21h	Cours, exos, DM	Fichage cours		Thème			Fichage Cobast & A à Z
21h - 21h30			**Espagnol**	**HG**	**HG**		
21h30 - 22h		**CG**	Thème & voc	Révisions chapitres précéd.	Révisions		
22h - 22h30	**HG**	Fichage Cobast	Essai, civi, résumé article	Blind tests	Blind tests		**DM à finir**
22h30 - 23h	Fichage cours	**Révisions cahiers & voc**	**Révisions cahiers DS**		**Révisions cahiers DS**		

Exemple de planning ECE2

	lundi	mardi	mercredi	jeudi	vendredi	samedi	dimanche
8h - 8h30							
8h30 - 9h							
9h - 9h30							
9h30 - 10h							
10h - 10h30							**AEH**
10h30 - 11h							Dissertation DAGUT
11h - 11h30							Intro rédigée
11h30 - 12h							+ plan détaillé
12h - 12h30							+ conclusion rédigée
12h30 - 13h	**Déjeuner**	**Déjeuner**	**Déjeuner**	**Déjeuner**	**Déjeuner**		+ analyse correction
13h - 13h30	**Révisions cahiers ou voc**	**Révisions cahiers ou voc**	**Révisions cahiers ou voc**	**Révisions cahiers ou voc**	**Révisions cahiers ou voc**		
13h30 - 14h							
14h - 14h30						**Chinois**	
14h30 - 15h						Essai, civi, résumé article	**Maths**
15h - 15h30						Thème & version	Révisions
15h30 - 16h						**Pause**	thématiques
16h - 16h30						**Maths**	même chapitre que samedi
16h30 - 17h				**Maths Olivier**		Révisions	
17h - 17h30		**Maths**		OU	**Maths**	thématiques	
17h30 - 18h		Cours, exos, DM		**Maths**	Cours, exos, DM		**Pause**
18h - 18h30			**Maths**	Cours, exos, DM			**CG**
18h30 - 19h			Technique			**Anglais**	Rédactions paragraphes
19h - 19h30		**Anglais**	& cours, exos, DM	**Anglais**	CG	Thème	**Chinois**
19h30 - 20h		Thème	**OU Chinois**	Thème OU révisions cahier	Résumé paragraphes	Essai, civi, résumé article	Essai, civi, résumé article
20h - 20h30	**Dîner**	**Dîner**	**Dîner**	**Dîner**	**Dîner**	**Dîner**	**Dîner**
20h30 - 21h	**Maths**	**AEH**	**AEH**	**CG**	**AEH**	**Repos**	**Anglais**
21h - 21h30	Cours, exos, DM	Révisions	Fichage cours	Rédaction paragraphes	Révisions cours semaine	**Loisirs**	Essai, civi, résumé article
21h30 - 22h		1ère année			ou Révisions 1ère/2ème ann.		**DM à finir**
22h - 22h30	**AEH**	**CG**	**Anglais**	**Chinois**	**Révisions cahier DS**		**voc., lecture bilingue**
22h30 - 23h	Fichage cours	Rédaction paragraphes	Essai, civi, résumé article	Thème			**Rév. cahiers & voc**

Exemple de planning ECS2

	lundi	mardi	mercredi	jeudi	vendredi	samedi	dimanche
8h - 8h30							
8h30 - 9h							
9h - 9h30							
9h30 - 10h							
10h - 10h30							**HG**
10h30 - 11h							Travail de la dissertation
11h - 11h30							Intro rédigée
11h30 - 12h							+ plan détaillé
12h - 12h30							1re & 2e année
12h30 - 13h							
13h - 13h30	**LV1 / LV2 thème gr. & voc**		**LV1 / LV2 thème gr. & voc**	**LV1 / LV2 thème gr. & voc**	**LV1 / LV2 thème gr. & voc**		
13h30 - 14h					**Maths**		
14h - 14h30					Cours, exos, DM		
14h30 - 15h			**Maths**		OU	**Maths**	**Maths**
15h - 15h30			Cours, exos, DM		TD Info	Révisions thématiques	Révisions thématiques
15h30 - 16h						1 chapitre par week-end	même chap que le samedi
16h - 16h30							
16h30 - 17h	**Sport**			**Maths**	**HG**		
17h - 17h30	OU	**Anglais**		Cours, exos, DM	Fichage		
17h30 - 18h	TD	Thème	**Anglais**		Blind tests 1re & 2e an.	**Anglais**	
18h - 18h30		Essai, civi, résumé article	Thème			Essai, civi, résumé article	
18h30 - 19h	**Dîner**	**Dîner**	**Dîner**	**Dîner**	**Dîner**	**Sport**	**Anglais**
19h - 19h30							Thème & version
19h30 - 20h	**Maths**	**Maths**	**HG**	**Espagnol**	**Anglais**	**Repos**	Essai, civi, résumé article
20h - 20h30	Cours, exos, DM	Cours, exos, DM	Fichage	Essai, civi, résumé article	Thème		**Dîner**
20h30 - 21h			Blind tests	**HG**	**CG**		
21h - 21h30		**CG**		Révisions 1ère année	Rédaction paragraphes		**Espagnol**
21h30 - 22h	**HG**	Fichage et rédaction paragr.	**CG**		**Espagnol**		Essai, civi, résumé article
22h - 22h30	Fichage cours		Fichage	**Anglais**	Thème		**DM**
22h30 - 23h		**Espagnol**	et rédaction parag.	Essai, civi, résumé article	**Révisions cahiers DS**		**ou compensation liée**
23h - 23h30	**Révisions cahiers & voc**	Thème	**Révisions cahiers & voc**	**Révisions cahiers & voc**			**aux khôlles**

Exemple de planning de vacances ECE1

	lundi	mardi	mercredi	jeudi	vendredi	samedi	dimanche
9h - 9h30	**AEH**	**AEH**	**AEH**	**AEH**	**AEH**	**AEH**	**AEH**
9h30 - 10h	1ère année	1ère année	Dissert 1ère année	1ère année	1ère année	1ère année	Dissert 1ère année
10h - 10h30	Combe	Combe	DAGUT	Combe	Combe	Combe	DAGUT
10h30 - 11h			Intro - plan détaillé				
11h - 11h30			Presse - actualité				étude bonnes copies
11h30 - 12h	**LV1**	**LV1**	**LV1**	**LV1**	**LV1**	**LV1**	**LV1**
12h - 12h30	thème - version	Essai, civi, résumé article	vocabulaire courant &	Essai, civi, résumé article	thème - version	Essai, civi, résumé article	vocabulaire courant &
12h30 - 13h			spécifique				spécifique
13h - 13h30	Déjeuner	Déjeuner	Déjeuner	Déjeuner	Déjeuner	Déjeuner	Déjeuner
13h30 - 14h							
14h - 14h30	**Maths**	**Maths**	**Maths**	**Maths**	**Maths**	**Maths**	**Maths**
14h30 - 15h	Analyse	Analyse	Analyse	Proba	Proba	Proba	Algèbre
15h - 15h30	Cours	sujets à refaire	sujets à refaire	Cours	sujets à refaire	sujets à refaire	Cours
15h30 - 16h	& exos d'applications			& exos d'applications			& exos d'applications
16h - 16h30	& exos techniques (calcul)			& exos techniques (calcul)			& exos techniques (calcul)
16h30 - 17h							
17h - 17h30	Pause	Pause	Pause	Pause	Pause	Pause	Pause
17h30 - 18h							
18h - 18h30	**CG**	**Maths**	**Maths**	**CG**	**Maths**	**Maths**	**CG**
18h30 - 19h	Fichage « Leçons	Analyse	Proba	Fichage « Leçons	Proba	Proba	Fichage « Leçons
19h - 19h30	Particulières de culture	sujets à refaire	sujets à refaire	Particulières de culture	sujets à refaire	sujets à refaire	Particulières de culture
19h30 - 20h	générale » de Cobast	Révisions cahier		générale » de Cobast	Révisions cahier		générale » de Cobast
20h - 20h30	Dîner	Dîner	Dîner	Dîner	Dîner	Dîner	Dîner
20h30 - 21h							
21h - 21h30	**LV2**	**LV2**	**LV2**	**LV2**	**LV2**	**LV2**	**LV2**
21h30 - 22h	Essai, civi, résumé article	Thème version	Vocabulaire courant &	Essai, civi, résumé article	Thème version	Grammaire	Vocabulaire courant &
22h - 22h30			spécifique				spécifique

Exemple de planning de vacances ECS1

	lundi	mardi	mercredi	jeudi	vendredi	samedi	dimanche
9h - 9h30	**Histoire**	**Histoire**	**Histoire**	**Histoire**	**Histoire**	**Histoire**	**Histoire**
9h30 - 10h	1ère année	1ère année	Dissert 1ère année	1ère année	1ère année	1ère année	Dissert 1ère année
10h - 10h30			Intro - plan détaillé				
10h30 - 11h							
11h - 11h30			Presse - actualité				étude bonnes copies
11h30 - 12h	**LV1**	**LV1**	**LV1**	**LV1**	**LV1**	**LV1**	**LV1**
12h - 12h30	thème - version	Essai, civi, résumé article	vocabulaire courant &	Essai, civi, résumé article	thème - version	Essai, civi, résumé article	vocabulaire courant &
12h30 - 13h			spécifique				spécifique
13h - 13h30	Déjeuner	Déjeuner	Déjeuner	Déjeuner	Déjeuner	Déjeuner	Déjeuner
13h30 - 14h							
14h - 14h30	**Maths**	**Maths**	**Maths**	**Maths**	**Maths**	**Maths**	**Maths**
14h30 - 15h	Analyse	Analyse	Analyse	Proba	Proba	Proba	Algèbre
15h - 15h30	Cours	sujets à refaire	sujets à refaire	Cours	sujets à refaire	sujets à refaire	Cours
15h30 - 16h	& exos d'applications			& exos d'applications			& exos d'applications
16h - 16h30	& exos techniques (calcul)			& exos techniques (calcul)			& exos techniques (calcul)
16h30 - 17h							
17h - 17h30	Pause	Pause	Pause	Pause	Pause	Pause	Pause
17h30 - 18h							
18h - 18h30	**CG**	**Maths**	**Maths**	**CG**	**Maths**	**Maths**	**CG**
18h30 - 19h	Fichage « Leçons	Analyse	Proba	Fichage « Leçons	Proba	Proba	Fichage « Leçons
19h - 19h30	Particulières de culture	sujets à refaire	sujets à refaire	Particulières de culture	sujets à refaire	sujets à refaire	Particulières de culture
19h30 - 20h	générale » de Cobast	Révisions cahier		générale » de Cobast	Révisions cahier		générale » de Cobast
20h - 20h30	Dîner	Dîner	Dîner	Dîner	Dîner	Dîner	Dîner
20h30 - 21h							
21h - 21h30	**LV2**	**LV2**	**LV2**	**LV2**	**LV2**	**LV2**	**LV2**
21h30 - 22h	Essai, civi, résumé article	Thème version	Vocabulaire courant &	Essai, civi, résumé article	Thème version	Grammaire	Vocabulaire courant &
22h - 22h30			spécifique				spécifique

Exemple de planning de vacances ECE2

	lundi	mardi	mercredi	jeudi	vendredi	samedi	dimanche
9h - 9h30	**AEH**	**AEH**	**AEH**	**AEH**	**AEH**	**AEH**	**AEH**
9h30 - 10h	1ère année	1ère année	Dissert 1ère année	2ème année	2ème année	2ème année	Dissert 1ère & 2ème
10h - 10h30			Intro - plan détaillé				années
10h30 - 11h							
11h - 11h30			Presse - actualité				étude bonnes copies
11h30 - 12h	**LV1**	**LV1**	**LV1**	**LV1**	**LV1**	**LV1**	**LV1**
12h - 12h30	thème - version	Essai, civi, résumé article	vocabulaire courant &	Essai, civi, résumé article	thème - version	Essai, civi, résumé article	thème - version
12h30 - 13h			spécifique				
13h - 13h30	Déjeuner	Déjeuner	Déjeuner	Déjeuner	Déjeuner	Déjeuner	Déjeuner
13h30 - 14h							
14h - 14h30	**Maths**	**Maths**	**Maths**	**Maths**	**Maths**	**Maths**	**Maths**
14h30 - 15h	Analyse	Analyse	Proba	Proba	Proba	Algèbre	Algèbre
15h - 15h30	Technique	sujets à refaire	Technique	sujets à refaire	sujets à refaire	Technique	sujets à refaire
15h30 - 16h							
16h - 16h30							
16h30 - 17h							
17h - 17h30	Pause	Pause	Pause	Pause	Pause	Pause	Pause
17h30 - 18h							
18h - 18h30	CG	**Maths**	**Maths**	CG	**Maths**	**Maths**	CG
18h30 - 19h	Fichage 20 dissertations	Analyse	Proba	Fichage 20 dissertations	Proba	Proba	Fichage 20 dissertations
19h - 19h30	& autres références	sujets à refaire	sujets à refaire	& autres références	sujets à refaire	sujets à refaire	& autres références
19h30 - 20h		Révisions cahier			Révisions cahier		
20h - 20h30	Dîner	Dîner	Dîner	Dîner	Dîner	Dîner	Dîner
20h30 - 21h							
21h - 21h30	**LV2**	**LV2**	**LV2**	**LV2**	**LV2**	**LV2**	**LV2**
21h30 - 22h	Essai, civi, résumé article	Thème version	Grammaire	Essai, civi, résumé article	Thème version	Analyse bonnes copies	Essai, civi, résumé article
22h - 22h30							

Exemple de planning de vacances ECS2

	lundi	mardi	mercredi	jeudi	vendredi	samedi	dimanche
9h - 9h30	**Histoire**	**Histoire**	**Histoire**	**Histoire**	**Histoire**	**Histoire**	**Histoire**
9h30 - 10h	1ère année	1ère année	Dissert 1ère année	2ème année	2ème année	2ème année	Dissert 1ère & 2ème
10h - 10h30			Intro - plan détaillé				années
10h30 - 11h							
11h - 11h30			Presse - actualité				étude bonnes copies
11h30 - 12h	**LV1**	**LV1**	**LV1**	**LV1**	**LV1**	**LV1**	**LV1**
12h - 12h30	thème - version	Essai, civi, résumé article	vocabulaire courant &	Essai, civi, résumé article	thème - version	Essai, civi, résumé article	thème - version
12h30 - 13h			spécifique				
13h - 13h30	Déjeuner	Déjeuner	Déjeuner	Déjeuner	Déjeuner	Déjeuner	Déjeuner
13h30 - 14h							
14h - 14h30	**Maths**	**Maths**	**Maths**	**Maths**	**Maths**	**Maths**	**Maths**
14h30 - 15h	Analyse	Analyse	Proba	Proba	Proba	Algèbre	Algèbre
15h - 15h30	Technique	sujets à refaire	Technique	sujets à refaire	sujets à refaire	Technique	sujets à refaire
15h30 - 16h							
16h - 16h30							
16h30 - 17h							
17h - 17h30	Pause	Pause	Pause	Pause	Pause	Pause	Pause
17h30 - 18h							
18h - 18h30	**CG**	**Maths**	**Maths**	**CG**	**Maths**	**Maths**	**CG**
18h30 - 19h	Fichage 20 dissertations	Analyse	Proba	Fichage 20 dissertations	Proba	Proba	Fichage 20 dissertations
19h - 19h30	& autres références	sujets à refaire	sujets à refaire	& autres références	sujets à refaire	sujets à refaire	& autres références
19h30 - 20h		Révisions cahier			Révisions cahier		
20h - 20h30	Dîner	Dîner	Dîner	Dîner	Dîner	Dîner	Dîner
20h30 - 21h							
21h - 21h30	**LV2**	**LV2**	**LV2**	**LV2**	**LV2**	**LV2**	**LV2**
21h30 - 22h	Essai, civi, résumé article	Thème version	Vocabulaire courant &	Essai, civi, résumé article	Thème version	Grammaire	Vocabulaire courant &
22h - 22h30			spécifique				spécifique

Planning / En un mot

POURQUOI FAIRE UN PLANNING

- Parce que c'est un véritable outil anti-stress.
- Parce que quasiment tous ceux qui ont intégré HEC en ont utilisé un.
- Parce que c'est donné à tout le monde : j'en suis la preuve vivante ! J'étais un dilettante désorganisé avant la prépa. Je suis devenu un maniaque de l'organisation ensuite !

LE PLANNING HEBDOMADAIRE

- Il doit être ambitieux mais réaliste.
- Faites des maths au moins 2 heures par jour.
- Travaillez votre LV1 tous les jours.
- Consacrez une séance à la rédaction d'introduction et à la construction de plans détaillés.
- Calez des séances de révisions dans toutes les matières, notamment en maths (2 jours par semaine dédiés aux révisions thématiques).
- Acceptez de désobéir aux profs : vous ne pourrez pas tout faire, soyez donc très sélectifs.

LE PLANNING DES VACANCES

- Accordez-vous une vraie pause de 2-3 jours.
- Travaillez entre 6 h et 10 h par jour.
- En maths : faites des révisions plutôt que de vous lancez dans de nouveaux exercices.
- Procédez par bloc thématique afin d'optimiser la mémorisation.
- Faites plus de culture générale que d'habitude.
- Comblez les lacunes de vocabulaire.

CHAPITRE 10

Style et orthographe

N'AYONS PAS PEUR DE GROSSIR LE TRAIT : LE STYLE ET L'ORTHOGRAPHE COMPTENT POUR 50 % DE LA NOTE DANS LES MATIÈRES LITTÉRAIRES. UN CHIFFRE ÉTONNANT ILLUSTRE CE POINT : EN 2010, 9 400 CONTRACTIONS DE TEXTE ÉTAIENT CORRIGÉES PAR 38 CORRECTEURS. Faites la division et vous constaterez que chaque correcteur évalue en moyenne 250 copies en quelques semaines… Je vous laisse deviner le temps de correction par copie…

Le style et la précision orthographique ne sont donc pas qu'un artifice : ils forment l'un des critères incontournables de l'excellence d'une copie. La fluidité et la clarté de la langue enchanteront toujours le lecteur. À l'inverse, un style maladroit truffé de fautes irritera le correcteur qui n'arrivera pas à se concentrer sur le fond. 5/20 garanti !

Améliorer son style et gommer ses lacunes orthographiques sont donc deux enjeux impérieux. Comment faire ? Nous allons le voir ensemble.

« La première qualité du style, c'est la clarté »

Aristote

1. Les attentes du jury

Voici trois extraits qui résument la négligence actuelle.

Rapport EML 2009

« Les correcteurs ne déplorent pas tant les défauts de composition que **les faiblesses de langue** – aux fautes d'orthographe s'ajoutent de plus en plus d'erreurs de syntaxe qui ruinent littéralement tout effort de méthode, toute tentative un peu sérieuse de construction logique du discours –, **les lacunes de l'expression et la très grande pauvreté du style.** »

Rapport ESSEC 2011

« La tenue de langue est un critère important de sélection. La langue française est de façon surprenante souvent maltraitée et seuls quelques-uns se distinguent par leur qualité d'écriture et la recherche d'un style. »

Rapport ESSEC 2009

« Trop de candidats prennent des libertés avec l'**orthographe** (cartografie, périféries, Brézil, pauvreuté, etc.), la **syntaxe** et la **ponctuation**. Année après année, le jury constate à cet égard une très nette dégradation qui ne s'explique pas simplement par l'absence de temps pour une relecture générale de la copie. **L'ignorance des règles orthographiques les plus élémentaires** (participes passés ; accord du verbe avec son sujet ; etc.) chez certains est patente. L'accumulation des fautes pénalise aussi bien les bonnes que les mauvaises copies, d'une part parce qu'elle est sanctionnée au niveau de la note finale, d'autre part parce qu'**elle polarise le correcteur sur la forme au détriment du fond...** »

Ce dernier point est très important : les problèmes de forme (style, syntaxe, orthographe) ont un impact direct sur la perception du fond. Un correcteur ne peut pas se concentrer quand la forme est à revoir. Je le constate quotidiennement avec mes étudiants. Ils me remettent souvent leurs copies pour solliciter mon analyse. Les prestations truffées de maladresses stylistiques ou orthographiques m'agacent au plus haut point car je n'arrive pas à rentrer dans la pensée du candidat. Je reste focalisé sur la forme. Pour mettre en lumière ce point, essayons de comprendre ce court extrait des *Essais* de Montaigne :

CAS

Extrait des *Essais* de Montaigne

« C'est icy un livre de bonne foy, lecteur. Il t'advertit dés l'entrée, que je ne m'y suis proposé aucune fin, que domestique et privée : je n'y ay eu nulle consideration de ton service, ny de ma gloire : mes forces ne sont pas capables d'un tel dessein. Je l'ay voüé à la commodité particuliere de mes parens et amis : à ce que m'ayans perdu (ce qu'ils ont à faire bien tost)

> ils y puissent retrouver aucuns traicts de mes conditions et humeurs, et que par ce moyen ils nourrissent plus entiere et plus vifve, la connoissance qu'ils ont eu de moy. Si c'eust esté pour rechercher la faveur du monde, je me fusse paré de beautez empruntees. Je veux qu'on m'y voye en ma façon simple, naturelle et ordinaire, sans estude et artifice : car c'est moy que je peins ».

Avez-vous réussi à comprendre en une lecture ce que Montaigne énonce ? Probablement pas. Pourquoi ? Simplement parce que l'orthographe et la syntaxe sont complètement à revoir selon nos critères modernes. Une copie au style défaillant aura le même effet sur le correcteur…

2. Les méthodes pour améliorer l'orthographe

Je ne vais pas me substituer aux professeurs du collège mais quelques conseils de bon sens sont à rappeler pour gommer progressivement les erreurs récurrentes et présenter une langue sans faute majeure.

- **Entretenez un cahier d'orthographe/style :** notez dans un petit cahier (mais si vous préférez un carnet ou un fichier Word, *feel free*) toutes les erreurs que vos profs ont déplorées sur vos copies. Mettez en évidence la version corrigée que vous aurez cherchée sur Internet, dans un Bescherelle ou auprès d'un proche. Faites-le systématiquement sur chacune de vos fautes. Notamment les fautes récurrentes et grossières.

> Je me souviens encore d'une étudiante qui écrivait dans chacune de ses introductions d'histoire le mot « boulversement »… J'ai alors attrapé son cahier d'orthographe et j'ai écrit : « bouleversement et non pas boulversement »… Relisez régulièrement ce cahier.

- **Soyez inventifs si certains mots vous résistent :** je vous invite à relire le chapitre sur la mémoire pour y trouver quelques techniques de mémorisation. Les problèmes orthographiques ne sont pas une fatalité.

  J'ai récemment lu *La revanche des nuls en orthographe*, ouvrage étonnant écrit par Anne-Marie Gaignard, une ancienne dysorthographique devenue formatrice en orthographe. Elle a inventé des méthodes d'apprentissage atypiques, particulièrement adaptées aux kinesthésiques (ceux qui ont besoin d'être dans l'action pour mémoriser). Par exemple, pour retenir que le mot « accusé » prend deux « c », elle dessine des menottes à la place des deux « c ». Ou encore pour retenir que le mot « accueil » prend un « u » après les deux « c » (et ne s'écrit donc pas « acceuil » comme on le voit trop souvent…), elle regroupe ses deux mains et forme un « u » pour signifier qu'après les deux « c », il faut accueillir un « u » ! Je pourrais multiplier les exemples mais là n'est pas le propos. Retenez simplement que par votre créativité, à l'image d'Anne-Marie Gaignard, aucun mot ne vous résistera.

- **Bannissez à tout prix le langage SMS :** je pense que tout est dit. Dans tous vos échanges écrits (SMS, tweets, chat, emails...), soignez votre langue et écrivez du français ! Vos amis se moqueront peut-être de vous mais on s'en fout. Vous reprendrez vos mauvaises habitudes en école si ça vous chante !
- **Relisez toujours vos écrits avant diffusion :** SMS, emails, tweets... Relisez absolument tout avant envoi. Aujourd'hui encore, je relis tout ce que j'envoie et si j'ai le malheur de ne pas le faire, dans presque 100 % des cas, il y a une coquille orthographique ! Et je n'ai pourtant jamais eu de problèmes en orthographe. La relecture doit devenir un réflexe de tous les instants. Lors de vos DS, prenez systématiquement 10 minutes pour vous relire. Vos profs ont dû vous le dire cent fois. Je vous le répète à mon tour.

> L'un de mes amis à HEC était une calamité en orthographe et bon dernier de sa prépa (Ipesup). Personne ne le voyait intégrer une parisienne. Il a passé ses concours à Caen et la surveillante était tellement peu autoritaire (une vieille dame toute gentille) qu'elle laissait mon ami se relire 5 minutes après l'heure-limite. Ses bonnes notes dans les matières littéraires l'ont propulsé à Jouy-en-Josas !

3. Les méthodes pour améliorer son style

Ne nous méprenons pas : l'idée n'est pas de déployer un style sophistiqué mais simplement de faciliter la lecture du correcteur. N'est pas Céline ou Zola qui veut. En revanche, écrire dans une langue fluide, claire et agréable est une mission réalisable avec un entraînement régulier pendant vos deux années de prépa.

Voici les maladresses stylistiques les plus fréquentes et qu'il faudra absolument éviter le jour J :

- **La répétition :** dans un même paragraphe, répéter plus de deux fois le même mot crée chez le lecteur un effet « écho » désagréable. C'est l'une des maladresses stylistiques les plus fréquentes. Elle traduit une pauvreté lexicale que l'on peut pourtant gommer en reformulant ou en cherchant des synonymes.

  Dans le peloton de tête des expressions ou mots répétés, nous pouvons citer sans hésiter l'adverbe « en effet » ou encore le mot « permettre ». Les cas pratiques qui suivent illustreront ce constat.

- **L'enchaînement inapproprié :** c'est probablement le défaut qui sera le plus pénalisé car il est le témoin d'une maladresse logique qui heurtera le correcteur dans la compréhension de votre pensée. Par exemple, l'utilisation d'un « en effet » suivi d'un argument qui ne vient pas illustrer ce qui précède laissera le correcteur sans voix. Ou encore l'utilisation de liens logiques faibles comme « en outre », « par ailleurs », « d'autre part », « de plus » mettra en relief vos difficultés à construire une pensée enchaînée.
- **L'imprécision lexicale :** les correcteurs relèvent souvent l'incapacité qu'ont certains candidats à trouver le mot juste pour décrire leur pensée. Nous l'avons dit, la pauvreté lexicale en est l'une des causes. Cette maladresse sera notamment fortement pénalisée si elle traduit une totale incompréhension de ce que vous racontez. Je vais donc formuler une évidence : lorsque vous apprenez des phrases par cœur, comprenez-les parfaitement et maîtrisez toujours les mécanismes sous-jacents.
- **Les structures grammaticales lourdes, voire erronées :** les phrases à rallonge, la multiplication des subordonnées dans une même phrase mais aussi les fautes de syntaxe sont monnaie courante parmi les candidats. Ces maladresses n'épargnent pas les meilleures copies comme en témoigne la prestation d'Alexis qui décrocha 20/20 à HEC malgré des fautes grossières de syntaxe et une kyrielle de fautes d'orthographe… Rendez-vous au chapitre « Culture générale » pour en savoir plus sur les secrets d'Alexis.

Pour éviter de tomber dans ces pièges, voici quelques conseils :

- **Évitez à tout prix l'effet « écho » :** dans un même paragraphe, efforcez-vous de ne pas répéter deux fois le même mot, sauf s'il est inévitable car faisant partie de l'énoncé. À l'entraînement, faites un usage immodéré de votre dictionnaire (sur smartphone ou sur Internet) pour trouver des synonymes. Il n'est pas non plus interdit de reformuler la phrase pour contourner le problème et ainsi éviter la répétition.
- **Soignez toujours les enchaînements d'idées :** un bon style est avant tout un style où la pensée apparaît avec clarté et sans à-coups. N'allez donc pas chercher compliqué mais veillez toujours à ce que vos idées s'enchaînent avec fluidité. Dès lors, bannissez à tout prix les liens logiques faibles et privilégiez les connecteurs tels que « mais », « alors », « cependant », « néanmoins »…
- **Lisez les bonnes copies de candidats :** si vous avez l'occasion d'emprunter les copies des meilleurs de votre classe ou, mieux, de récupérer quelques copies qui se sont démarquées aux concours, sautez sur l'occasion et lisez-les avec la plus grande attention. C'est comme cela que vous comprendrez petit à petit ce qui fait mouche aux concours. Vous réaliserez alors que ce n'est que très rarement exceptionnel du point de vue du style mais c'est, en revanche, très souvent clair, fluide, enchaîné et agréable à lire.

> J'ai notamment été bluffé par l'un de mes étudiants qui avaient des problèmes de style et d'orthographe en bizuth et qui, aux concours, a décroché un double 17/20 en économie et culture générale. J'ai récupéré ses copies et, malgré quelques coquilles orthographiques, le style était vraiment fluide et agréable. Son secret : « j'ai lu et relu les bonnes copies de concours que j'avais à la maison »…

- **Entraînez-vous à rédiger :** bien des étudiants se contentent de rédiger pendant leur DS, arguant que cela leur suffit pour améliorer le style. Permettez-moi de ne pas être d'accord ! Entraînez-vous plutôt à rédiger régulièrement des introductions en histoire-géo ou en économie mais aussi des commentaires d'œuvres en culture générale afin de gagner progressivement en fluidité. Le jour J, vous aurez acquis tellement de réflexes rédactionnels que vous serez clairs, fluides et rapides sans efforts.
- **Fichez les phrases « stylées » :** n'hésitez pas à apprendre par cœur toutes les phrases ou expressions stylées que vous rencontrerez pendant vos années de prépa. Remplissez par exemple le cahier d'orthographe/style dont je parlais plus haut et relisez-le régulièrement. Le style, c'est aussi du par cœur…
- **Évitez toute extravagance de style :** travailler le style ne veut pas dire « faire du style ». Nombre d'étudiants tombent dans l'excès et multiplient les images décalées, les formules journalistiques ou adoptent le ton du polémiste, du pamphlétaire ou de l'essayiste confirmé… Soyez beaucoup plus simples. Adoptez un style nuancé, humble et clair qui permettra au correcteur de prendre du plaisir tout en se concentrant sur le fond.

Passons au cas pratique pour appuyer tout ce qui vient d'être dit.

CAS PRATIQUE

HEC 2011 – Économie : « Sorties de crise »
Lisez l'accroche suivante tirée d'une copie de concours (15/20) et relevez les maladresses :

Selon Holderlïn, « là où croît le péril, croît aussi ce qui sauve ». Ainsi, aussi contraignantes que les politiques de sortie de crise puissent paraître dans le court terme pour certains États, elles permettent sur le long terme de mieux réguler l'activité économique au travers la mise en place de nouvelles institutions et de générer le développement des États. On pourrait donc définir les sortie de crises par l'ensemble des mécanismes mis en place par les États afin de permettre la reprise de l'activité économique. Se réalisant au XIXe siècle au travers le développement de certains secteurs pour permettre la révolution industrielle, ces sorties de crises paraissent donc diverses et variées.

DÉCRYPTONS LES ERREURS ET MALADRESSES

- Une grosse erreur de syntaxe : « au travers la mise en place » et « au travers le développement ». En français, on dirait « à travers la mise en place » ou « au travers de la mise en place ».

CORRIGÉ

Une simple retouche des maladresses ne suffit pas. Il nous faut refaçonner ici une introduction fluide et chargée de sens.

- Deux fautes d'orthographe : « les sortie de crises » et « Holderlïn » (qui s'écrit Hölderlin).
- Deux « échos » : répétition de « permettre » et « développement ».
- Une maladresse rythmique avec la juxtaposition « ainsi, aussi » pas très heureuse en matière de sonorité.
- Des difficultés à trouver le mot juste : « générer le développement des États » ne veut pas dire grand-chose… « Permettre la révolution industrielle » est également assez obscur.

Voici le profond lifting que je vous propose :

« Là où croît le péril, croît aussi ce qui sauve ». Cette formule du philosophe Hölderlin prend tout son sens dans le domaine économique : les crises qui ont jalonné l'histoire ont toujours été suivies de politiques salvatrices relançant la machine et bâtissant la croissance à venir. Du changement de paradigme aux ajustements structurels, en passant par l'impératif de réformes institutionnelles, les sorties de crise revêtent des formes variées. Elles présentent toutefois un point commun étonnant : en tirant les leçons du passé, elles échafaudent systématiquement les nouveaux mécanismes qui, à l'usage, conduisent à la crise suivante.

Vous remarquerez que, pour enrichir le propos, j'ai rajouté une idée supplémentaire en fin de paragraphe.

Vous devez certainement vous demander comment cette copie a pu être notée 15/20 avec un début aussi chaotique ? Sachez que la suite était de bien meilleure tenue, parfaitement dans le sujet et dans un style neutre.

Style et orthographe / En un mot

LES ATTENTES

- Aux concours, les copies mal écrites sont monnaie courante.
- Dès lors, la tenue de la langue est un facteur clé pour se distinguer des autres candidats.
- Une orthographe défaillante ou un style criblé de maladresses empêcheront le correcteur de se focaliser sur le fond.

AMÉLIORER L'ORTHOGRAPHE

- Entretenez un petit cahier répertoriant toutes vos erreurs.
- Soyez inventifs si certains mots vous résistent et reprenez les techniques de mémorisation décrites dans cet ouvrage.
- Bannissez à tout prix le langage SMS.
- Relisez toujours vos écrits avant diffusion.

AMÉLIORER LE STYLE

- Évitez à tout prix l'effet « écho ».
- Soignez absolument les enchaînements d'idées.
- Lisez les bonnes copies de candidats ou les meilleures copies de votre classe et apprendre par cœur les phrases « stylées ».
- Entraînez-vous à rédiger au moins une fois par semaine des introductions en histoire-géo ou en économie.
- Adoptez un style nuancé, clair et fluide et évitez toute extravagance de style.

CHAPITRE 11

Mental et gestion du stress

J'AI UNE BONNE NOUVELLE À VOUS ANNONCER : ÊTRE UNE « BÊTE DE CONCOURS », ÇA SE TRAVAILLE. MIEUX : ÇA S'APPREND. Tout est histoire de conditionnement mental et de canalisation de l'adrénaline. Certains sont déjà plus ou moins armés pour la compétition qui s'annonce mais les plus fragiles trouveront ici les clés pour comprendre et répliquer le comportement des champions. Nous analyserons particulièrement le mental de l'un des plus fantastiques compétiteurs : Rafael Nadal. Et vous découvrirez une méthode de gestion du stress qui révolutionne ma vie au quotidien : la respiration abdominale. Le stress n'aura plus aucune prise sur vous.

« Avant la finale, je lui ai répété ce que j'attendais de lui. Je me fous de ta place, premier, deuxième ou cinquième. Ce qui m'intéresse, c'est que tu améliores ton chrono de la demi-finale. C'est le seul secret de la réussite »

Guennadi Touretski, meilleur coach de natation de tous les temps, s'adressant à Alexandre Popov qui allait gagner les championnats du monde sur 100 m en 2003

1. Définir les bons objectifs

Nous pouvons dresser trois catégories d'objectifs.

- **Les objectifs de résultats :** « il me faut HEC » ou encore « il faut absolument que je sois dans les cinq premiers au concours blanc ».
- **Les objectifs de comportement :** « je dois respecter le planning de travail fixé par Olivier » ou encore « je fais des rappels de cours à chaque question de maths qui me met en difficulté ».
- **Les objectifs de performance :** « Je dois apprendre ce théorème par cœur » ou encore « je dois apprendre dix mots de vocabulaire par jour en anglais ».

Je vais sans doute vous surprendre en vous disant que les deux objectifs les plus importants sont les deux derniers. L'objectif de résultat, mettez-le au placard pendant vos deux années de prépa pour la simple et bonne raison que vous ne maîtriserez jamais la faisabilité de ce type d'objectif. Les théoriciens du coaching parlent d'objectif SMART dont les initiales signifient :

Spécifique (*Specific*) : l'objectif doit être spécifique à un collaborateur et ne pas dépendre d'éléments dont il n'a pas la maîtrise.

Mesurable (*Measurable*) : il doit être mesurable, les indicateurs chiffrés devant être incontestables et reconnus comme tels par le collaborateur.

Accepté (*Accepted*) : il doit être acceptable par le collaborateur et accepté.

Réaliste ou Réalisable (*Realistic*) : il doit être réalisable et ne reposer que sur la motivation du collaborateur ou être réajusté si le contexte change.

Temporellement défini (*Time-bound*) : il doit être inscrit dans le temps, avec une date de fin et éventuellement des points intermédiaires.

Le comportement des champions sportifs confirme ce conseil et pour illustrer cette proposition, penchons-nous sur le mental de quelques sportifs d'exception.

2. L'incroyable mental des champions

Voici, *verbatim* à l'appui, les caractéristiques mentales de quelques grands compétiteurs sportifs :

A. Pas ou peu d'objectifs de résultats et un focus sur le présent

En compétition, les champions sportifs ne se fixent pas d'objectif de résultat et se concentrent exclusivement sur le présent.

« Témoignage de Rafael Nadal
(*L'Équipe*, 2010)

« Je ne m'attendais à rien avant le match. J'attends juste **de jouer mon meilleur tennis sur chaque point** et d'essayer de me battre sur tous les points jusqu'au dernier. Je ne me dis pas : "cela va être dur, je vais perdre ou je vais gagner". Je ne pense pas à ça. Je pense juste à me battre sur chaque point et à jouer point après point. **Je ne pense pas au-delà du point suivant**. Disons que j'essaie de donner le maximum à chaque instant, à chaque entraînement, sur chaque point. L'important, c'est d'**être présent tout le temps** »

Attention ! Ne confondez pas objectifs de résultats et ambition. Les champions sportifs sont très ambitieux et adorent gagner. Vous connaissez sans doute cette anecdote : « Je veux être numéro un mondial » fut l'une des premières phrases de Novak Djokovic, lors de son premier cours de tennis à l'âge de 6 ans ! Les champions ont donc toujours visé le sommet. Mais ils ont cette particularité de ne penser ni à la victoire ni à la défaite quand ils sont dans l'action. Dans son autobiographie, Nadal explique très bien ce conditionnement mental qu'il a développé avec le temps. Toutes les pensées positives (« je vais soulever la coupe ») ou négatives (« je vais perdre ce tournoi si important à mes yeux ») qui lui viennent pendant les matchs sont systématiquement chassées de son esprit. Avec l'entraînement, vous y arriverez aussi !

B. De gros objectifs de comportement

- S'ils n'ont pas d'objectif de résultat, les champions s'imposent toutefois de gros objectifs de comportement. D'abord à l'entraînement :
- **En s'impliquant autant voire plus qu'en compétition :** « Malgré tous les succès qu'il a déjà rencontrés, Rafael Nadal se donne toujours avec un sérieux extrême à la moindre séance d'exercices pratiques afin d'améliorer son jeu » – Joan Forcades, préparateur physique de Nadal. « Je me suis rendu compte, par la folle intensité avec laquelle il s'entraînait, qu'il était extrêmement ambitieux et prêt à tout pour progresser. **Il frappait chaque coup comme si sa vie en dépendait.** Je n'avais jamais rien vu de pareil, ni rien d'approchant. » – Carlos Moya, ancien numéro 1 mondial.
- En travaillant dur, même dans les mauvais jours :

  « **L'intensité maniaque** qu'apporte Nadal à son travail en gymnase, **dans les bons comme dans les mauvais jours** » – Joan Forcades.

  « Il y avait autre chose sur laquelle Forcades insistait : il fallait **faire l'entraînement même si cela me rebutait**, si j'étais fatigué ou de mauvaise humeur ou si, pour une raison quelconque, je n'en avais aucune envie. **Car il y avait des jours pendant un tournoi où je pouvais me trouver aussi en mauvaise forme, et, en m'entraînant de la sorte, je me préparais à y faire face au moment d'une compétition** » - Rafael Nadal.

Les champions s'imposent aussi de gros objectifs de comportement en compétition :

- Certains utilisent des techniques anti-stress : « Après sa victoire à Wimbledon, Serena Williams livre son secret antistress : un petit papier qu'elle lisait aux changements de côté pour lutter contre la nervosité et sur lequel était écrit : "Respire" » – Antoine Girod, coach mental professionnel
- Presque tous les sportifs ont des « routines de concentration » : « Au changement de côté, je prends toujours une petite gorgée d'une bouteille d'eau. Puis d'une autre bouteille. Et je mets ensuite les deux bouteilles à côté de mon pied gauche, devant le banc, bien alignées en diagonale, en direction du court. (...) c'est une façon de me situer par rapport au match, d'organiser mon environnement pour **ordonner mon mental**. » – Rafael Nadal.

C. Des objectifs de performance élevés

Pour finir, notons que les champions sportifs se fixent des objectifs de performance élevés. Voici quelques exemples d'objectifs :

- Le tennisman Andy Roddick, avant de prendre sa retraite en 2012, faisait certains jours 3 000 revers dans la même après-midi, notamment lors de sa collaboration avec Jimmy Connors.
- Au basket-ball, Drazen Petrovic, star de la NBA en son temps, faisait à l'entraînement 1 200 shoots par jour pendant 4 heures.
- En natation : « Avant la finale, je lui ai répété ce que j'attendais de lui. Je me fous de ta place, premier, deuxième ou cinquième. Ce qui m'intéresse, c'est que tu améliores ton chrono de la demi-finale. C'est le seul secret de la réussite » - Guennadi Touretski s'adressant à Alexandre Popov qui allait gagner les championnats du monde sur 100 m en 2003...

Après cette petite sélection de citations, voyons comment cela se décline dans votre travail...

3. Le mental en prépa

– Je vous le répète : il va s'agir de privilégier coûte que coûte les objectifs de comportement et de performance.

A. Aucun objectif de résultat mais de grandes ambitions

Je vous invite donc à n'avoir :

- aucun objectif de bonne position dans le classement de votre classe ;

- aucun objectif de notes aux khôlles, DS et concours blancs ;
- aucun objectif de progression de votre moyenne.

Sur le papier, cela peut vous paraître simple mais croyez-moi, je me bats encore au quotidien avec mes étudiants pour amortir l'impact psychologique d'une mauvaise note. Les mauvaises notes doivent vous glisser dessus. Pour vous en convaincre, relisez le chapitre sur mon histoire : j'ai passé les trois quarts de mon temps de prépa à plafonner à 6/20 dans toutes les matières… Relisez aussi pour vous réconforter les citations « motivantes » de la fin de ce chapitre. L'échec fait partie de l'apprentissage. C'est tout nouveau pour vous car le lycée n'était qu'une formalité. Mais, en prépa, on remet les compteurs à zéro et il vous faut accepter les mauvaises notes. Presque personne n'y échappe.

Pas d'objectif de résultats donc mais vous avez toutefois le droit d'avoir un rêve caché et ce rêve doit viser, de préférence, le sommet. Vous connaissez sûrement la formule d'Oscar Wilde : « Il faut toujours viser la lune car même en cas d'échec, on atterrit dans les étoiles ». D'expérience, ceux qui visent une école en particulier finissent soit par la décrocher, soit par avoir une école moins bien classée. Mais rarement une école mieux classée ! Je repense à Emmanuel, l'un de mes anciens étudiants qui, pendant deux ans, me parlait de son envie d'aller à l'EDHEC. Il a fini par avoir l'EDHEC… Cette année encore, l'un de mes étudiants m'a signifié lors de notre premier cours que l'EDHEC était son objectif ultime : il est à l'EDHEC aujourd'hui…

Osez donc rêver en secret de la meilleure école. Ne le criez pas trop fort car certains vous traiteront soit de prétentieux, soit d'idiot ! Mais osez. Elle vous tendra peut-être les bras à l'arrivée !

B. Des objectifs de comportement précis

Voici quelques exemples d'objectifs de comportement que vous pouvez vous imposer en prépa :

- Faire des rappels de cours écrits en permanence.
- S'entraîner très souvent comme si c'était le jour du concours.
- Répéter les mêmes exercices jusqu'à parfaite maîtrise.
- Respecter à la lettre (ou presque) le planning de travail.
- Faire des séances de respiration abdominale (voir respiration) autant que nécessaire.
- Respecter à la lettre (ou presque) les conseils des Secrets pour intégrer HEC !

C. Des objectifs de performance élevés

Voici quelques exemples d'objectifs de performance :

- Connaître parfaitement le cours de mathématiques.
- Avoir compris tout ce que l'on a appris.

- Ne faire aucune faute de grammaire ou de langue en français, LV1 et LV2.
- Avoir acquis les méthodes de dissertations.
- Respecter autant que possible toutes les attentes du jury dans toutes les matières.
- Respecter toutes les consignes des *Secrets pour intégrer HEC* (style, apprentissage petits cahiers...).

Chaque étudiant est singulier. À vous de fixer les objectifs qui sont adaptés à vos difficultés. Et acceptez les mauvaises notes comme une étape décisive dans votre apprentissage. Certaines vous feront mal. Rationalisez et relisez le chapitre « Mon histoire » si besoin !

Je ne pouvais finir ce chapitre sans vous parler de cet incroyable outil de gestion du stress : la respiration abdominale.

4. La respiration abdominale

Je ne plaisante pas : la respiration abdominale est l'outil le plus précieux pour maîtriser l'adrénaline qui vous envahira le jour du concours. Certains étudiants pensent à première vue que c'est du pipeau ! Je vous invite à me croire sans limite.

Jean-Sébastien qui avait de gros problèmes d'émotivité ne m'avait pas cru sur la nécessité d'apprendre à respirer lors de l'une de nos séances. Quelques mois plus tard, je suis encore revenu à la charge pour l'inviter à faire les exercices demandés. Deux semaines plus tard : « Olivier, c'est incroyable, tu devrais l'imposer à tous tes élèves cette méthode de respiration ! » Il est à l'EM Lyon aujourd'hui alors qu'il était en échec dans bien des matières (maths, économie, espagnol).

Concrètement, la respiration abdominale permet de :

- canaliser le « stress négatif » pour le transformer en excitation ;
- retrouver le calme en toute situation (très utile en maths lorsqu'on bloque sur des questions simples...) ;
- développer une voix posée et assurée lors des oraux et de vos interventions orales (utile plus tard dans la vie !)

En maîtrisant votre respiration, vous aurez le total contrôle de votre corps et vous réaliserez que vous trouverez l'inspiration beaucoup plus rapidement dans toutes les matières. Je lisais encore dans le journal *L'Équipe* récemment une interview de Joakim Noah, basketteur en NBA et fils de Yannick Noah, qui parlait de son coach personnel Kareem Abdul-Jabbar, ancien immense champion de basket.

Joakim Noah
(L'équipe, 2012)

« À l'entraînement, il insiste beaucoup sur la pratique du yoga et des techniques de respiration. »

Voici quelques exercices de difficulté progressive à effectuer 5 minutes par jour (le soir avant de dormir par exemple) :

1. **Apprendre à respirer avec le ventre (respiration abdominale) :**
   - En position allongée, puis assise.
   - Mettez vos mains sur le ventre pour sentir avec un infini plaisir l'abdomen se gonfler puis se dégonfler.
   - Les épaules ne doivent pas bouger, le ventre doit se gonfler puis se dégonfler, comme un ballon ou un soufflet.
2. **Respiration complète :**
   - Inspirez pendant 10 s en gonflant d'abord le ventre puis le haut des poumons.
   - Bloquez pendant 4 s.
   - Puis expirez pendant 10 s. en commençant par le haut des poumons et finir par l'air restant dans l'abdomen.

Avec de l'entraînement, l'inspiration peut durer 15 secondes

3. **Respiration & visualisation :**
   - Prenez une photo représentant un événement heureux.
   - Décrivez dans le détail ce qu'il y a sur la photo.
   - Fermez les yeux.
   - Mettez vos mains sur le ventre pour sentir l'abdomen se gonfler, puis se dégonfler.
   - Respirez en décrivant mentalement ce qu'il y a sur la photo.

Cet exercice peut être fait partout. Par exemple, dans une rame bondée du métro, vous pouvez fermer les yeux et visualiser la photo tout en respirant profondément avec le ventre.

Une fois que vous maîtriserez ces exercices, essayez de respirer avec le ventre tout le temps, notamment lors des DS ou dès que vous serez en situation de stress potentiel. Vous découvrirez avec joie les atouts de ces techniques. Je le répète, ce n'est pas du pipeau ! Depuis que je sais respirer, je suis d'un calme absolu en toute occasion.

5. Citations motivantes et citations sportives

Vous sortez de DS. Vous vous êtes plantés lamentablement et la vie paraît tellement triste. Ces citations sont là pour vous aider. Revenez-y souvent et sans modération. Petit florilège des citations que j'emploie avec mes étudiants pour les motiver…

Les citations sur l'enthousiasme et la peur d'échouer

- « Réussir, c'est aller d'échec en échec sans jamais perdre son enthousiasme. » – Winston Churchill
- « Échouer, échouer encore. Échouer mieux. » – Samuel Beckett
- « Rien de grand ne se fait sans enthousiasme. » – Hegel
- « Les gens à qui tout réussit sont souvent déconcertés et lâches dans l'adversité. Leur cœur n'est pas fait pour l'échec. » – Jean Dutourd
- « Ce sont les échecs bien supportés qui donnent le droit de réussir. » – Jean Mermoz
- « Ils ne savaient pas que c'était impossible alors ils l'ont fait. » – Mark Twain
- « Il faut toujours viser la lune car même en cas d'échec, on atterrit dans les étoiles. » – Oscar Wilde
- « Seuls ceux qui prennent le risque d'échouer spectaculairement réussiront brillamment. » – R. F. Kennedy
- « Il faut savoir s'instruire dans la gaieté. Le savoir triste est mort. L'intelligence est joie. » – Voltaire
- « C'est dur d'échouer, mais c'est pire de n'avoir jamais essayé de réussir. » – T. Roosevelt
- « Les seules limites de nos réalisations de demain, ce sont nos doutes et nos hésitations d'aujourd'hui. » – F. D. Roosevelt
- « Un pessimiste voit la difficulté dans chaque opportunité, un optimiste voit l'opportunité dans chaque difficulté. » – Winston Churchill
- « Il n'y a pas de réussite facile, ni d'échecs définitifs. » – Marcel Proust
- « Ce que l'on veut ardemment, constamment, on l'obtient toujours. » – Napoléon
- « La seule chose impardonnable, c'est de ne pas oser. » – Jean-Luc Godard
- « Chaque jour et à tous points de vue, je vais de mieux en mieux. » – Émile Coué
- « Il y a deux sortes de gens sur terre : ceux qui trouvent les moyens de réussir et ceux qui trouvent des excuses à leur échec. » – M. de Cornouardt
- « Ceux qui manquent de courage ont toujours une philosophie pour le justifier. » – Albert Camus

Les citations sur le progrès et l'importance du travail

- « Parfois, la seule façon de réussir, c'est de poursuivre même si le corps et l'esprit protestent. » – Stephen King
- « Les opportunités sont souvent cachées derrière un dur labeur. C'est pourquoi peu de gens les reconnaissent. » – Ann Landers

- « Chaque difficulté rencontrée doit être l'occasion d'un nouveau progrès. » – Pierre de Coubertin
- « Qu'est-ce que le génie ? Avoir un but élevé et vouloir les moyens d'y parvenir. » – Nietzsche
- « Un cerveau bien soigné ne se fatigue jamais. » – Jules Renard
- « Dans la vie, rien n'est à craindre, tout est à comprendre. » – Marie Curie
- « Le sage ne calcule pas s'il réussira ou échouera, les chances pour ou contre. Il fixe le but, puis il tend. » – Lie-tzu
- « La plus grande découverte de ma génération est que l'être humain, en changeant son mental et son attitude intérieure, peut changer tous les domaines de sa vie. » – William James (père de la psychologie américaine)
- « Don't ever let somebody tell you that you can't do somethin'. Not even me. All right ? » « All right. » « You got a dream, you gotta protect it. People can't do somethin' themselves, they wanna tell you you can't do it. You want somethin', go get it. Period. » – *The pursuit of happyness*, film de Gabriele Muccino.
- « Le naturel n'existe pas, il s'acquiert. » – Paul Valery
- « La chance n'existe pas ; ce que vous appelez chance, c'est l'attention aux détails. » – Winston Churchill
- « Ce que nous devons apprendre à faire, nous l'apprenons en le faisant. » – Aristote
- « Vis comme si tu devais mourir demain. Apprends comme si tu devais vivre toujours. » – Gandhi
- « Choisissez un travail que vous aimez et vous n'aurez pas à travailler un seul jour de votre vie. » – Confucius
- « Réfléchis avec lenteur, mais exécute rapidement tes décisions. » – Isocrate

Les citations sportives

- « Un athlète ne peut arriver en compétition très motivé s'il n'a jamais été mis à l'épreuve. » – Sénèque
- « Je suis un missile centré sur son objectif. » – David Douillet (avant les J.O. de Sydney)
- « Jadis, j'ai compensé mon manque de talent par des litres de sueur. » – Just Fontaine, meilleur buteur de tous les temps en Coupe du Monde de football
- « Ce ne sont pas les victoires qui me rendent heureux. C'est ce que je fais avant, les entraînements, les efforts quand cela ne va pas. Avoir le titre, c'est important, mais ce qui me rend heureux, c'est le travail fait pour être ici. » – Rafael Nadal

- « Plus il y a de travail, plus il y a d'automatismes, plus il y a de créativité. » – Daniel Costantini, grand coach de handball
- « Forcer le groupe à répéter les mêmes tactiques jusqu'à satiété. » – Daniel Costantini
- « Le plus important dans ce métier, c'est de savoir perdre plutôt que de savoir gagner. » – Jean Todt, manager de l'écurie Ferrari
- « Il faut répéter l'exigence. Certains ne le comprennent pas. C'est le détail qui fait la différence (…). Le buteur anglais Wilkinson, c'est 2 heures de tirs au but par jour. Être doué, c'est une chose ; c'est le travail qui permet et explique la performance. » – Bernard Laporte, entraîneur de rugby
- « Je n'ai jamais tapé un coup, même à l'entraînement, sans avoir une image très positive de celui-ci dans la tête. C'est comme un film en couleurs dans ma tête. » – Jack Nicklaus, champion de golf, parlant de visualisation
- « À l'entraînement, il essaie de recréer mentalement des situations extrêmes et il finit par courir comme si sa vie en dépendait. » – Clyde Hart, parlant de son sprinter Michaël Johnson
- « La véritable sélection, c'est la souffrance. » – Stéphane Diagana
- « La clé de ma concentration ? Je déguste l'événement comme un bon plat (…). La médaille, le podium, je n'y pensais même pas. » – David Douillet
- « Le secret, c'est de vivre au jour le jour, ici et maintenant, et de bien hiérarchiser les objectifs. Il y a la montagne à gravir et les étapes pour arriver au sommet. Ces étapes sont votre quotidien. » – Yannick Noah
- « Il y a quelque chose que je demande toujours à mes nageurs. Quand tu es sur le bloc de départ avant une course importante, en pleine concentration, est-ce que tu serais capable de sourire ? Si oui, alors tout va bien. » – Guennadi Touretsky, grand entraîneur de natation

Dans l'entretien qui suit, j'ai eu le plaisir d'interviewer Jean-Marc Sabatier, auteur d'ouvrages, coach de dirigeants et de sportifs de haut niveau. Vous remarquerez les similarités entre son discours et mes conseils pour renforcer son mental.

ENTRETIEN AVEC JEAN-MARC SABATIER

Jean-Marc Sabatier est coach de dirigeants et de sportifs de haut niveau. Il intervient notamment en entreprise sur le thème de la prise de parole en public, la conduite de réunion, la cohésion d'équipe et le coaching mental.

Existe-t-il selon vous des qualités communes entre un grand champion, un dirigeant et une bête de concours ?

Le dirigeant, le champion et l'élève ont chacun des objectifs, et de nombreuses contraintes. Ils vont produire un effort et avoir des résultats divers. La question est la même pour chacun : « ai-je réussi à donner le meilleur de moi-même et ai-je été au bout de mon potentiel ? » Afin de réussir ce pari, il faut aligner de nombreux critères. La préparation mentale est le terreau de ce travail. Avec Pier Gauthier, nous avons observé chez les sportifs certains « programmes » aidant à la performance.

Parlons d'abord des qualités relevant du « savoir être ». Les sportifs ont appris à apprivoiser leur environnement (parents, presse, entourage, collègues…). Ils savent se remettre en question et ont développé une grande faculté d'adaptation. Ils ont une grande confiance en eux (indépendante du résultat). Ils ont un projet long terme et ont su passer du rêve à la réalité (un plan découpé en petites étapes, de la constance dans l'effort). Ils ont une motivation intrinsèque forte. Ils savent gérer leurs émotions et ont appris à utiliser la pression comme allié.

Après le savoir-être, le savoir-faire ?

Vous voyez juste ! Une palette de savoir-faire doit également les accompagner. Entre autres, ils sont capables de rester concentrés et de donner le meilleur d'eux-mêmes en toutes circonstances. Ils présentent aussi des schémas de pensée positifs et des dialogues internes motivants. Par ailleurs, ils ont un *body language* (comportement) maîtrisé et gèrent leur image.

Mais au-delà de ces qualités, ils ont également des valeurs et des ressources fortes. Ils ont notamment tendance à placer le plaisir au cœur du travail et ont une envie de progression permanente. Ils présentent enfin des croyances aidantes sur eux et sur le monde : malgré les difficultés, ils gardent toujours en eux une part d'optimisme.

Nous pensons que ces programmes gagnants se retrouvent chez les dirigeants, les acteurs ou les élèves qui réussissent.

Et ces qualités sont-elles innées ou peut-on apprendre à les développer ?

Nous pensons qu'en effet, des prédispositions existent (génétiques, culturelles, éducationnelles…) mais nous pensons surtout qu'être un champion n'est pas affaire uniquement de résultats ou de performance. Être un champion pour nous est plus une question d'état d'esprit. Ainsi, si vous traversez des épreuves dans votre vie personnelle ou professionnelle, vous faites preuve de courage, de générosité, d'abnégation et vous faites appel aux mêmes leviers que les athlètes.

Certains naissent avec des aptitudes exceptionnelles, d'autres apprennent sur le chemin. Que cela n'empêche pas les talentueux de travailler ! Tout le monde ne peut pas devenir « champion du monde » mais chacun devrait viser le titre de champion de « son monde » !

Mais comment un étudiant peut-il rester champion de son monde quand il a été cassé par des professeurs malveillants et qu'il a ainsi le sentiment d'être un incapable ?

L'élève n'a pas forcément identifié que le professeur était malveillant. Il a perdu confiance sans savoir d'où ça vient. L'élève a été dégoûté du professeur et de la matière et sa motivation est ébranlée. Il a été trahi et humilié par un adulte et a retourné sa colère contre lui-même en déduisant qu'il était nul. Il faut dire à l'élève qu'il avait le droit de se tromper car l'école est faite pour ça, et l'élève n'est pas sensé tout savoir, il faudrait d'ailleurs informer le prof que si l'élève savait tout, il n'aurait plus de travail ! Le prof n'a pas été dans son rôle et a fait montre de maladresse mais après tout lui aussi a le droit de se tromper… Une fois la séquence débriefée et digérée, on repartira avec lui sur de nouvelles pistes pour rattraper le retard éventuel (groupe, stage de rattrapage, profs de soutiens…) et retrouver du plaisir en dehors du résultat. Ces nouvelles stratégies d'apprentissages devront être ludiques et dans un cadre protégé. Il faut veiller à ce que l'ambiance soit conviviale, ludique et hors de toute moquerie, jugement ou pression. On crée alors l'antidote de l'humiliation subie.

J'insiste comme vous sur la notion de plaisir : pourriez-vous formuler quelques recettes pour redonner du plaisir quand rien ne va plus dans son travail ?

Il n'y a pas de recette miracle. Il y a des pistes de travail différentes pour chaque personne. Pourquoi la personne ne ressent pas de plaisir ? A-t-elle une croyance qui l'empêche de prendre du plaisir ; du style : « il n'y a que le travail qui paye ? » ou « il faut en baver pour réussir ? » Le travail est historiquement lié à la souffrance. Les sportifs et les dirigeants rencontrent souvent ce problème. Le sportif présente souvent la croyance limitante qu'il ne peut réussir qu'en « se tuant à la tâche ». Mais le danger est de s'épuiser, miné par la fatigue. Certes, chacun doit être professionnel, cadré, structuré et appliqué dans son investissement pour être un vrai professionnel, et doit parfois traverser de la douleur court terme pour arriver à du plaisir. D'ailleurs, physiologiquement, la libération des substances chimiques ne se fait qu'à partir d'un certain temps de dépense. Mais cela ne l'empêche en rien de trouver du plaisir à plusieurs niveaux : plaisir pris dans le travail et non dans l'obtention d'un hypothétique résultat, plaisir de l'instant présent, plaisir du jeu, plaisir de travailler dans un cadre agréable. Le sportif peut aussi prendre du plaisir lié à la progression permanente : découpées en petites étapes, les petites victoires sont de fait génératrices de plaisir.

Mais les mauvaises notes sont souvent là pour limiter l'étudiant dans son plaisir… Cette fragilité face aux mauvaises notes est une tendance lourde en prépa. Leur accumulation peut enfermer l'étudiant dans une spirale dépressive ! Comment procéderiez-vous pour en sortir ?

Depuis notre naissance, nous apprenons via un système de mimétisme et d'essai/

erreur. Plus nous essayons (et échouons), plus nous progressons et plus nous intégrons les apprentissages. Le résultat de nos actions (la note) ne devrait être qu'un retour d'information permettant de réajuster le travail à accomplir. Malheureusement, le système scolaire ne prend pas en compte ce processus. Il décourage les tentatives en mettant les élèves en rang et en mettant le professeur en position haute, il les installe dans une position passive. Nos « fautes » sont soulignées en rouge et nos compétences spécifiques non valorisées. Nous finissons par redouter les notes alors qu'elles devraient être une source de progrès. Nous leur prêtons un trop grand pouvoir. Les sportifs rencontrent le même problème. Ils donnent souvent trop d'importance au résultat (victoire, défaite, classement) et cela induit des comportements parasites. Or, ils doivent se concentrer sur ce qu'ils maîtrisent et s'investir dans leurs champs de compétence (physique, technico-tactique, mentale) et leur préparation invisible (hygiène de vie, récupération, sommeil, alimentation). En se fixant sur ce qu'ils doivent faire et en prenant soin du « chemin », ils éviteront de vivre dans l'anticipation et accepteront d'autant mieux l'issue. Je pense qu'il y a de nombreux points de convergence avec la bête de concours.

Je dois gérer des étudiants paralysés devant leur copie par peur d'échouer. Comment les inciter à se concentrer dans le présent comme les champions savent le faire ? Y a-t-il des exercices pratiques ?

S'ils sont paralysés, c'est que le résultat a trop pris le pas. Et que la peur d'échouer inconsciemment les submerge. Comme un champion quand il veut donner le meilleur de lui-même lors d'une finale d'un grand tournoi, il doit exprimer le meilleur de lui-même, viser la victoire mais être aussi à l'aise si la défaite arrive : car tout ne dépend pas que de lui. L'étudiant, pour donner le meilleur de lui-même en concours, doit également anticiper cette possibilité : qu'est ce qui se passera s'il échoue ? Se représentera-t-il l'année prochaine ? Acceptera-t-il une autre école ? Une autre région ? Peut-il se représenter en étant mieux préparé ?

Une fois la problématique paralysante désamorcée, on pourra travailler sur les rituels et la stratégie pour se concentrer. Changer de position, prendre une grande respiration. Se réfugier dans la technique. Se concentrer sur la méthodologie. Qu'a-t-il compris du sujet ? Peut-il reformuler ? Découper ? Passer au point suivant ?

Terminons par une petite mise en situation. Demain c'est le concours : que diriez-vous à votre protégé pour qu'il donne le meilleur de lui-même pendant les trois semaines d'épreuves ?

Je lui dirai de laisser sa partie « analyste-critique » faire son travail… une fois la période d'épreuves terminée. Le coureur de 100 m s'arrête-t-il à 40 m pour se demander s'il a fait une bonne course ? La préparation a été faite, il a bien travaillé, il peut se féliciter, se faire confiance et se concentrer sur ces trois semaines de travail quelles que soient ses impressions pendant (bonnes ou mauvaises), c'est un concours et personne ne sait ce qu'il adviendra des résultats. Qu'il fasse ce qu'il doit faire jusqu'au bout. Qu'il laisse son « réalisateur » opérer. Qu'il se concentre sur les détails (rituels). Il sera temps de tirer des conclusions à la lecture des résultats.

M. Sabatier, merci pour votre témoignage d'expert !

Mental et gestion du stress / En un mot

LE MENTAL DES CHAMPIONS

- De grandes ambitions mais des objectifs de résultats très limités.
- Une concentration sur le présent pendant les compétitions.
- Des objectifs de comportements et de performance très élevés : intensité à l'entraînement, travail même en situation de fatigue, répétitions des mêmes gestes selon une certaine cadence...

LE MENTAL EN PRÉPA

- Ne fixez aucun objectif de résultats : les mauvaises notes ne doivent pas avoir de prise sur vous. Rationalisez et allez toujours de l'avant.
- Mais dressez une liste d'objectifs de comportements et de performance : respecter le planning de travail, faire des rappels de cours tout le temps, connaître parfaitement le cours de maths, ne faire aucune faute d'orthographe...

LA RESPIRATION ABDOMINALE

- Apprenez absolument à respirer avec le ventre et non plus avec le thorax.
- Répétez les exercices tous les jours jusqu'à ce que la respiration abdominale soit naturelle.
- En maîtrisant votre respiration, vous canaliserez l'adrénaline aux DS, khôlles et surtout aux concours.
- Persévérez ! Mes étudiants et moi-même en percevons les bienfaits au quotidien.

CHAPITRE 12

Loisirs, alimentation, sommeil

POUR CLORE CET OUVRAGE, IL ME RESTE À VOUS DONNER MON POINT DE VUE SUR LES À-CÔTÉS QU'IL FAUDRA ÉGALEMENT CALIBRER POUR MIEUX OPTIMISER VOS PROGRÈS. NOUS PARLERONS DE LOISIRS, D'ALIMENTATION ET DE SOMMEIL. Avec en prime, l'interview d'une experte sur le sommeil. Certains d'entre vous auront des difficultés à trouver un sommeil paisible en prépa. Stress oblige. Revenez donc sur ce chapitre si besoin.

« Mon éducation, je l'ai faite pendant les vacances. »

Osbert Sitwell

1. Les loisirs

Les loisirs en prépa sont d'une importance capitale pour se ressourcer et refaire le plein d'énergie. Dans une optique d'optimisation des progrès, il est toutefois judicieux de faire le tri et de se concentrer sur les loisirs les plus adaptés à la prépa. En voici quelques exemples.

A. Le sport

Cette activité n'est pas obligatoire mais elle est fortement recommandée. Tous les ans, des candidats intègrent HEC sans avoir fait une seule minute de sport en prépa ! Mais j'ai toutefois constaté que ceux qui avaient une activité sportive régulière étaient plus endurants et plus optimistes. Notamment à l'approche des concours. Sofia, pendant la période de révision, faisait systématiquement son footing de 8 h à 8 h 30 pour ensuite enchaîner en pleine forme sur une journée de travail intense. Elle a eu HEC en 2007 alors que tout le monde la voyait en province… Julia, elle, insistait pour que je lui place une séance de tennis hebdomadaire le vendredi lors de l'élaboration du planning de travail. Elle est à l'ESSEC et une grande part de son *fighting spirit* lui venait de cette pratique régulière d'un sport de compétition. Pas d'obligation donc, mais une forte recommandation…

B. Cinéma, théâtre, exposition, musique

Ces activités sont évidemment les bienvenues en prépa. Privilégiez toutefois dans la mesure du possible les films de référence et qui font consensus parmi les critiques. N'hésitez pas à prendre des notes si un film, une pièce, une exposition ont attiré toute votre attention. Cela ne pourra qu'agrémenter positivement vos entretiens de personnalité.

Concernant la musique, vous pouvez même l'écouter en travaillant à la condition que ce soit de la musique douce et instrumentale : par exemple, Laura (diplômé ESSEC) faisait des maths en écoutant du Chopin en boucle.

C. Lecture et actualité (presse et radio)

Le conseil est le même : orienter plutôt vos lectures vers les œuvres de référence. Un Goncourt par exemple. Si une discipline vous passionne, efforcez-vous de lire la presse spécialisée en langues étrangères. Vous allierez ainsi l'utile à l'agréable. Si le roman que vous souhaitez lire est écrit par un anglophone, lisez de préférence la version originale. Et remplissez votre carnet de vocabulaire ou votre smartphone avec les nouveaux mots appris. Je vous rappelle que certaines émissions sur France Culture sont passionnantes : « Enjeux Internationaux », « L'Économie en question », « Le monde selon Hubert Vedrine »…

D. Les loisirs « dangereux »

Je ne vais pas vous cacher que certains loisirs très tentants sont à limiter grandement en prépa :

- Facebook.
- L'email.
- Le téléphone.
- Les séries américaines.

Les trois premiers sont des activités vraiment chronophages et destructrices pendant vos séances de travail : on ne peut pas être concentrés si l'on vérifie ses messages toutes les cinq minutes. Soyez donc raisonnables et, par exemple :

- limitez le téléphone à 10-15 minutes de conversation par jour (avec extinction complète pendant les séances de travail) ;
- ne consultez vos emails et votre compte Facebook que 10 minutes par jour ou 1 heure par semaine grand maximum.

Concernant les séries américaines, soyez aussi raisonnables et essayez d'en tirer profit en les visionnant avec les sous-titres en anglais. L'utile et l'agréable, vous vous souvenez…

E. Autres loisirs

Si vous ressentez un intense besoin de décompression et que les contraintes que je vous propose deviennent trop oppressantes, vous avez toujours la possibilité de faire ce que vous voulez, une bonne fois pour toutes. Sans contrainte. Ni limite de temps. L'essentiel est que vous retrouviez le goût du travail donc cela passe parfois par des phases de décompression absolue. Et reprenez le travail quand le plein d'énergie sera fait.

2. L'alimentation pendant les concours

Voici quelques conseils concernant l'alimentation entre les épreuves et pendant les épreuves du concours :

- **Les produits à éviter :**

- le café ;
- les sodas (Coca-Cola, même light !) ;
- les plats en sauce.

- **Les produits à privilégier :**
- l'eau ;
- des fruits et des pâtes de fruits ;
- de l'eau sucrée pendant les épreuves.

> Voici des plats possibles entre les épreuves : pâtes sans sauce (avec sel et filet d'huile d'olive) et du poisson. C'est le plat de Rafael Nadal avant chaque rencontre…

J'insiste sur la nécessité de bien s'alimenter pendant l'épreuve car il est fréquent de se retrouver à court d'énergie (phénomène de « fringale » bien connu dans le monde du cyclisme), notamment pendant les épreuves de maths où la difficulté s'élève progressivement. Sofia, dont je vous parlais plus haut, avait toujours avec elle une bouteille d'eau sucrée. Elle en buvait une gorgée tous les quarts d'heure et gardait ainsi de l'énergie pendant les quatre heures d'épreuves.

3. Le sommeil

Avant de laisser la parole à Mme Teszner dans l'entretien qui suit, voici les quelques conseils que je peux vous donner pour bien gérer votre sommeil.

- N'allez dormir que lorsque vous vous sentez fatigué, pas avant. Le premier bâillement est à ce propos le premier symptôme de la fatigue : s'il survient, il est temps d'aller au lit.
- Évitez de vous poser devant un écran avant de dormir (films, vidéos, séries, Internet, smartphone…).
- Si vous vous réveillez moins d'une heure avant que sonne votre réveil, levez-vous et ne vous rendormez pas car vous risquerez de vous réveiller alors en plein sommeil profond.
- En phase de révisions avant le concours, réveillez-vous vers 7 h et couchez-vous vers 22 h. Ce sera votre rythme pendant les concours. Il faut donc s'y habituer.
- Le week-end, si besoin, faites des siestes de 20-30 minutes avant 16 h.
- Pour les détenteurs de smartphone, je vous conseille de tester l'application Sleep Cycle (iPhone) qui vous permettra de connaître votre cycle de sommeil : l'application vous réveillera automatiquement lorsque vous serez en phase de sommeil léger. Autre astuce : se procurer une lampe-réveil simulateur d'aube. L'un de mes étudiants combine les deux (Sleep Cycle + simulateur d'aube) et ses réveils sont toujours d'une douceur exquise !

Pour clore le chapitre, donnons à présent la parole à Mme Teszner, spécialiste du sommeil.

ENTRETIEN DANIELLE TESZNER SUR LE SOMMEIL

Mme Danielle Teszner, médecin psychiatre, attachée au Laboratoire du sommeil du CHU Henri-Mondor à Créteil, est l'auteur de l'ouvrage *Savoir Dormir*, Flammarion.

La première des exigences en prépa HEC est d'organiser son temps, et notamment son temps de sommeil ? Quels conseils généraux pourriez-vous donner à un étudiant qui se lance dans un tunnel de travail d'au moins 18 mois ?

Le sommeil est aussi indispensable au bon fonctionnement de l'organisme que le boire et le manger, d'une façon très globale puisqu'il conditionne la forme du lendemain, forme physique aussi bien qu'intellectuelle. On sait qu'on a bien et assez dormi quand on se réveille en bonne forme. Il ne servirait à rien de vouloir dormir plus que ce dont on a besoin car, paradoxalement, trop dormir a un peu les mêmes effets négatifs que dormir trop peu.

Donc, pas d'excès de bonnes intentions ! Elles ne seraient que la preuve d'un état anxieux centré sur le sommeil. Or l'anxiété, étant fortement couplée à l'éveil, elle pourrait devenir un obstacle sur le chemin du sommeil et engendrer des difficultés d'endormissement.

Le tunnel des années de prépa implique une discipline assez ferme et le respect d'une bonne hygiène de vie, mais sans rigidité excessive, car une suppression systématique des « bons moments » serait un facteur de frustration, là encore néfaste au bon équilibre global. Ces exigences sont le garant de la stabilité nécessaire pour bien tenir sur la durée.

Nous ne sommes pas égaux face au sommeil : certains ont besoin de peu de sommeil, d'autres n'émergent pas sans leurs 10 heures de sommeil ? Comment connaître son rythme de sommeil « optimal » ? Combien d'heures dormir ? De quelle heure à quelle heure ?

Nous ne sommes effectivement pas égaux face au besoin et aux horaires de sommeil et les typologies sont variées. Mais un fait est certain, nous appartenons tous à une espèce à sommeil nocturne et à vie active diurne. Nous ne sommes pas des chats ; nous ne chassons pas la nuit.

Il y a certes le problème de la sieste, qui trouve tout son sens dans les pays chauds où les seuls moments où il fait assez bon pour travailler sont les débuts et les fins de journée. Ceci implique un raccourcissement des nuits, d'où l'habitude de combler ce manque par la sieste (à ne pas considérer comme un signe de paresse et de relâchement dans ces pays). Donc sous nos climats tempérés, il faut privilégier le sommeil de nuit, pour lequel nous sommes génétiquement programmés.

Je vous parlais de typologie : voyons celle qui concerne les horaires de sommeil. Vous savez qu'il y a les personnes dites « du soir » et celles « du matin ». Mais ceux qui organisent les enseignements ne prévoient aucune souplesse dans les horaires des cours ou des examens. Ceux qui sont du type intermédiaire sont favorisés par rapport à ceux qui sont extrêmes du soir ou du matin, qui devront subir des contraintes et consentir des efforts d'adaptation. Mais à l'âge des prépas, l'organisme a encore toute sa souplesse et l'adaptation peut se faire, pour peu qu'on ne soit pas convaincu du contraire. Des personnes bien plus âgées arrivent à s'adapter (non sans mal, certes) à un travail de nuit et même à des équipes tournantes avec des horaires qui changent chaque semaine. Il n'y a donc aucune fatalité sur la capacité d'adaptation en prépa. Un précieux conseil : l'étudiant plutôt du soir ne doit surtout pas essayer de se coucher plus tôt s'il n'a pas encore sommeil ; il doit jouer en revanche sur l'heure du réveil, en l'avançant par exemple d'un quart d'heure par semaine. La petite dette de sommeil accumulée l'amènera à se coucher progressivement plus tôt.

J'imagine que vous allez nous parler à présent de la typologie concernant la durée du sommeil ?

Exactement ! Concernant la durée du sommeil, nous nous répartissons selon une courbe de Gauss.

Le dormeur moyen, en plein milieu de la courbe et donc largement majoritaire, dort 7 à 8 heures par nuit. Le court dormeur dort 6 à 7 heures par nuit et l'extrême court dormeur est bien avec 5 à 6 heures. Il faut savoir qu'on ne peut pas aller de façon continue en dessous de 5 heures 30 à 6 heures car il y a le noyau dur du sommeil qu'il est nécessaire de respecter de façon courante (il peut toujours y avoir des impératifs occasionnels de courte durée). À moins de ce minimum, il y aurait un manque de sommeil lent profond, celui qui a vocation à effacer la fatigue de la veille. Donc les courts dormeurs ont la chance d'être éveillés plus longtemps que les autres mais par contre, ils ont moins de souplesse quant au manque de sommeil. À l'inverse, les longs dormeurs peuvent avoir besoin de dormir 9 voire 10 heures, mais ils ont une plus grande souplesse face au manque de sommeil.

La différence entre les courts dormeurs et les longs dormeurs tient au fait que, lors de chaque cycle de sommeil, le court dormeur atteint le sommeil lent profond plus vite que les autres, avec un temps intermédiaire entre endormissement et sommeil profond écourté. Mais nous avons tous le même besoin de base de stades 3 et 4 du sommeil lent, le stade 4 étant le plus profond. Les premiers cycles de sommeil sont les plus riches en sommeil lent profond, les derniers en ayant peu ou parfois même pas, en toute fin de nuit. La fin de nuit est par contre propice au sommeil paradoxal, celui des rêves, dont un manque occasionnel est assez bien toléré. Il est plus facile de supporter un manque passager de sommeil de fin de nuit que de début de nuit. Les courts dormeurs du matin ou les longs dormeurs du soir peuvent avoir des horaires paraissant atypiques avec des levers très précoces pour les uns ou très tardifs le matin pour les autres. Un court dormeur qui n'aurait pas son compte minimum habituel, aurait intérêt à faire une sieste pour compenser le manque.

Mais cette distinction entre courts dormeurs et longs dormeurs m'amène à la question suivante : est-il possible qu'un long dormeur devienne court

dormeur ? Je m'explique : un étudiant habitué à ses 9 heures de sommeil par jour ne peut-il pas progressivement, avec le temps, rester performant en ne dormant que 8 heures, voire 7 heures ?
Comme on l'a vu, moins on a besoin de sommeil, plus il reste de temps pour le reste, à savoir le travail. Alors comment les long-dormeurs peuvent-ils garder leurs chances face à un concours ? Sur ce point, il me semble que le plus sage est de respecter la nature ! La privation de sommeil a ses risques qui peuvent dépasser en gravité ceux d'un sommeil considéré comme « trop » long pour les circonstances. Il s'agit ici de tenir sur la durée et de tenir au mieux de ses possibilités. Il semble bien que le besoin de sommeil de base de chacun soit un invariant, probablement de nature génétique. Donc ce qui est emprunté à un moment donné doit être remboursé. La volonté n'est pas seule en cause ; quand le besoin devient trop pressant, l'organisme « se débrouille » pour satisfaire son besoin, et des endormissements peuvent surprendre le candidat n'importe où, n'importe quand, aussi bien au volant de la voiture qu'au cours d'une épreuve de concours. Il semblerait donc sage de s'accepter comme on est ; Napoléon était petit, cela l'a-t-il empêché de voir bien plus loin que beaucoup d'autres ?

Autre enjeu : la gestion du sommeil avant les épreuves. Je me bats souvent avec mes étudiants pour leur dire de se coucher à une heure raisonnable la veille et l'avant-veille de devoirs sur table. Mais rien n'y fait, il y a toujours les irréductibles qui se couchent à des heures indécentes et arrivent épuisés devant leur copie ! Une année, pendant les épreuves du concours, une étudiante s'est même levée à 4 h du matin pour faire des maths, juste avant l'épreuve de maths de l'EDHEC, épreuve qu'elle a évidemment « plantée » ! Pouvez-vous nous rappeler les quelques règles de bon sens à respecter pour arriver en forme avant une épreuve ou une série d'épreuves (semaine de concours blanc) ?
Dire aux candidats de se détendre serait un vœu pieu. Le plus important est de ne pas casser le rythme, de garder la stabilité acquise depuis le début des cours, de ne pas prendre de risques et surtout de ne pas manquer de sommeil juste avant une épreuve. On sait le rôle que joue le sommeil dans le processus de mémorisation. Non seulement le manque de sommeil empêche l'engrangement mémoriel en jouant sur la stabilité de l'éveil et celle de l'attention, mais pendant le sommeil il s'effectue un traitement des informations et en quelque sorte, un « rangement dans les bonnes cases ».
Il est habituel de constater des difficultés d'endormissement la veille des épreuves ; c'est l'effet de l'anxiété, naturelle dans ce contexte. Ceux qui ont de réelles difficultés à maîtriser le problème feraient bien de prendre un tranquillisant ou un sédatif léger, un peu avant le coucher et une seule fois – en gardant le reste des comprimés pour les épreuves à venir. Le plus sage est d'avoir testé le produit avant pour savoir quelle est la dose minimale suffisante et être sûr de ne pas être dans le brouillard le lendemain. Certains sédatifs sont en vente libre dans les pharmacies ; ils contiennent de vrais principes actifs, mais à un dosage modéré. Attention aux anxiolytiques qui ne sont pas appelés sédatifs mais qui peuvent agir malgré tout sur la vigilance, comme la plupart des benzodiazépines.

Chez certains le simple fait de savoir qu'ils ont le médicament et qu'ils peuvent y recourir si besoin, suffit à atténuer l'hyperéveil anxieux des veilles d'épreuves, qui fait barrage au sommeil.

Alors que faire si on préfère éviter la prise de médicaments ?

Il est important de se ménager un moment de détente avant le coucher, en quelque sorte un sas de décompression, permettant de ne pas se coucher encore trop éveillé, et d'avoir du mal à s'endormir de ce seul fait ; dans ces circonstances le retard au rendez-vous du sommeil entraîne un énervement et là c'est le cercle vicieux qu'il faut absolument éviter. Un moment de bavardage avec l'entourage, d'écoute de musique, de lecture, le tout en lumière tamisée… est vivement conseillé au sortir d'une période de travail et avant le coucher, ceci de façon régulière, tous les jours depuis le début des cours, même si cela semble un luxe. Une douche tiède peut aussi faire l'affaire mais surtout pas un bain chaud. En effet, le sommeil ne peut s'établir que quand la température centrale de l'organisme s'abaisse. Pas non plus donc de sport violent dans les trois heures qui précèdent le coucher. Quant à l'ordinateur, ne pas en abuser. Ceci doit être régulier, littéralement ritualisé, une fois de plus ; il faut répéter et refaire pour renforcer la stabilité fonctionnelle tout comme il faut répéter et refaire des exercices pour renforcer la trace mnésique. Cette discipline dans la régularité est une bonne assurance contre l'accident, le trou, l'effondrement, la perte de l'envie de gagner au moment crucial.

Finalement ces conseils que vous donnez sont aussi applicables pour les étudiants n'arrivant pas à dormir le soir. Et c'est d'ailleurs une tendance lourde en prépa. Les insomnies passagères sont de plus en plus fréquentes. Souvent l'étudiant qui en est victime s'endort vers 2 h du matin et se retrouve épuisé le lendemain en cours mais quand vient le soir, il retrouve la forme… Ce cercle vicieux nuit à sa productivité pendant la journée et notamment pendant les devoirs sur table…

Alors si le problème est plus installé dans le quotidien, c'est là qu'il faut bien mettre en garde les étudiants contre la prise répétée de médicaments. Il faut qu'ils apprennent à s'endormir sans rien au quotidien. Sinon, ils peuvent tomber dans le piège de l'accoutumance et de la dépendance qui est à éviter à tout prix. L'idée du sas de décompression au quotidien semble donc la plus raisonnable, dans la régularité et avec une note de ritualisation, tout comme le fait de prendre un café après déjeuner (pour ceux qui aiment), pour le plaisir du goût et pour l'effet éveillant souvent utile dans cette plage horaire favorable au sommeil.

À propos du café, surtout ne pas en abuser. Certains éliminent la caféine plus vite que d'autres ; ceux chez qui le processus est le plus lent, peuvent mettre 5 à 7 heures à s'en débarrasser. Donc plus de café ni de thé ou autre substance stimulante (sodas avec caféine à éviter absolument) chez ceux qui ont du mal à s'endormir dès 14-15 h. Essayer de profiter d'un moment où le sommeil vient – impression de somnolence, bâillements, les yeux qui piquent, difficultés d'attention… – pour se coucher et s'endormir facilement. De toute façon si l'on persiste, on sera moins efficace dans le travail, et le sommeil aura fui entre-temps. Ne pas négliger donc les signaux que l'organisme nous envoie.

Côté repas, attention aux dîners trop importants. Préférer les protéines à midi et les sucres lents le soir. On a besoin de substances énergétiques pour tenir pendant la nuit et ne pas se réveiller trop tôt parce qu'on a faim. Pas de grosses parts de viande, de poisson ou de fromage le soir. Des féculents, des légumes, un bon dessert et tout ira bien. Inutile de préciser que l'alcool n'est pas souhaitable, sauf un peu si c'est un jour de fête. Et oui, il faut savoir ce que l'on veut !

Et concernant l'alimentation « hors-boissons », avez-vous des conseils à formuler ?

Ces conseils sont bien connus. Il s'agit notamment de prendre un bon petit-déjeuner. On ne peut pas prendre le risque du coup de barre lié à la faim vers 11-12 h Un goûter peut être nécessaire si le déjeuner n'a pas été suffisant. Autrement dit : « un petit-déjeuner de roi, un déjeuner de prince et un dîner de pauvre ». Une alimentation légère et équilibrée serait l'idéal, comme toujours. Mais il y a les aléas de la gestion (courses, préparation…) si l'on n'a pas la chance d'avoir une bonne âme attentionnée qui le fait pour vous.

Recommandez-vous la pratique de la sieste pour améliorer la performance intellectuelle ? Notamment le week-end ou pendant les périodes de travail intense (révisions, vacances scolaires…).

C'est un bon moyen de rattrapage d'une dette de sommeil car, dans la période dite « post-prandiale », le sommeil vient facilement. En fait ce n'est pas tant la prise de nourriture qui en est la cause que l'horaire d'après déjeuner (l'horaire en tant que facteur circadien de régulation de l'alternance veille-sommeil). La sieste doit en principe être courte, 20 minutes et pas plus de façon à ne pas avoir déjà pris un acompte de sommeil lent profond, aux dépens de la nuit ; mais si occasionnellement il y a eu une privation significative de sommeil, alors pourquoi pas un cycle de sommeil, soit au maximum 90 minutes ; sous réserve que cette sieste soit prise assez tôt pour ne pas gêner l'endormissement du soir. Effectivement le sommeil vient d'autant plus facilement que le temps d'éveil préalable a été plus long (c'est facile à retenir, c'est comme la faim ou la soif). Ne pas négliger non plus quelques activités que l'on aime ; le non-stop de travail risque de dégoûter le candidat et d'aboutir à l'inverse de l'effet souhaité.

Pour finir, l'un de mes étudiants a voulu expérimenter le sommeil polyphasique (méthode Everyman) qui consiste à dormir 3 heures 30 par nuit puis à s'accorder trois siestes d'une demi-heure pendant la journée… J'ai constaté rapidement que cette méthode nuisait fortement à son rendement. Que pensez-vous de ces méthodes alternatives et de leur impact sur les étudiants ?

La méthode citée est un non-sens du point de vue de la physiologie. Elle suppose de ne pas dormir quand c'est le bon moment pour le faire, de dormir *a contrario* de l'horloge interne trois fois dans la journée, des temps trop courts pour faire du sommeil profond, celui qui est indispensable pour récupérer. Elle aboutit à un déficit cumulé au fil des jours-nuits (dans ce système on ne sait plus où l'on en est) et donc à l'effondrement des aptitudes à travailler et à apprendre. Attention, tout ce qui se publie n'est pas à prendre au pied de la lettre !

Mme Teszner, merci pour cet éclairage passionnant !

Loisirs, Alimentation, Sommeil / En un mot

LOISIRS	• Parmi vos loisirs, faites une sélection des loisirs « intelligents ». • Le sport est fortement recommandé mais pas obligatoire. • Limitez le téléphone, Facebook et les emails. • Quand rien ne va plus, choisissez sans contrainte le loisir qui vous permettra de retrouver la forme.
ALIMENTATION	• Pensez à bien vous alimenter pendant les épreuves et ainsi éviter les phénomènes de « fringale ». • Évitez les boissons excitantes (café, sodas…).
SOMMEIL	• Couchez-vous dès que vous sentez le premier signe de fatigue. • Installez un rituel régulier afin de faciliter la venue du sommeil. • Évitez le sport tard en soirée.

59830 - (II) - (1) - OSB 80° - 2603 - SOF - API

JOUVE
1, rue du Docteur Sauvé, 53100 MAYENNE
N° 2161800E
Dépôt légal : juin 2013
Suite du tirage : juin 2014

Imprimé en France